高等院校人文素质教育系列教材

现代社交礼仪

鲁琳雯　主　编

清华大学出版社
北京

内 容 简 介

本书在编写时充分考虑了高等院校教育改革发展的新形势、工作岗位对社交能力的需求及学生的实际需要，突出了社交的实用性、技能性和思想性，坚持全员育人、全程育人、全方位育人的教育理念，将中国特色社会主义思想和中华民族的优秀传统文化融入教材，并兼顾创新。

本书内容以岗位需求为导向，以技能训练为基础，以立德树人为核心，旨在培养读者对社交礼仪的驾驭能力，解决读者日常生活、工作、社交中的实际问题，从而提高读者的综合素养。本书从礼仪概述、个人形象塑造礼仪、言谈礼仪、日常交往礼仪、公共礼仪、网络通联礼仪、餐饮礼仪、求职礼仪、主要贸易国习俗礼仪等方面进行了系统的归纳和总结，每节前都以典型案例引入，每节后都附有实践练习，以增强本书的实用性和可操作性。

本书既可以作为高等院校学生学习礼仪知识和技能的教学用书，也可以用作各行业人员学习和了解社交礼仪知识的职业培训教材。

图书在版编目(CIP)数据

现代社交礼仪 / 鲁琳雯主编. -- 北京：清华大学出版社，2024. 7. (2025.1 重印)
(高等院校人文素质教育系列教材). -- ISBN 978-7-302-66464-2

Ⅰ. C912

中国国家版本馆 CIP 数据核字第 2024ND6733 号

责任编辑：石　伟
装帧设计：刘孝琼
责任校对：李玉茹
责任印制：刘　菲
出版发行：清华大学出版社
　　　　网　　　址：https://www.tup.com.cn, https://www.wqxuetang.com
　　　　地　　　址：北京清华大学学研大厦 A 座　　　　邮　　　编：100084
　　　　社 总 机：010-83470000　　　　邮　　　购：010-62786544
　　　　投稿与读者服务：010-62776969, c-service@tup.tsinghua.edu.cn
　　　　质量反馈：010-62772015, zhiliang@tup.tsinghua.edu.cn
　　　　课件下载：https://www.tup.com.cn, 010-62791865
印 装 者：三河市天利华印刷装订有限公司
经　　销：全国新华书店
开　　本：185mm×260mm　　　　印　　张：15.75　　　　字　　数：380 千字
版　　次：2024 年 7 月第 1 版　　　　印　　次：2025 年 1 月第 2 次印刷
定　　价：49.00 元

产品编号：104904-01

前　言

礼仪是人生的必修课，在全球都是一个重要的话题，中国更是讲究以礼立身。它既是现代人的处世根本，也是成功者的潜在资本。

礼仪是指在人际交往中，自始至终以一定的、约定俗成的程序、方式来表现律己敬人的行为规范。自古以来，礼仪都是一个国家、一个民族文明程度的重要标志，是衡量社会公众教养和道德水平的标尺。中国是具有五千年文明历史的礼仪之邦，从西周视礼为"国之大柄"到现代的"社会主义核心价值观"，从荀子的"国家无礼则不宁"到今天的精神文明建设，礼仪一直是传统文化的核心内容之一，讲"礼"重"仪"也一直是中华民族的优秀传统，源远流长的礼仪是先人留给我们的一笔丰厚遗产。如今，随着社会竞争日趋激烈，人们社交面的不断扩大，社交世界里的礼仪越发显得重要，涵盖举止、穿着、交往、沟通、情商等方面。一个人若要表现出更强的竞争力，除了要拥有出色的专业能力外，还需要拥有良好的形象与卓越的社交礼仪。在社交的过程中，礼仪不仅可以有效地展现一个人的教养、风度和魅力，还体现出一个人对社会的认知水准，更体现了个人的学识、修养和价值。对于职业人士来说，学习社交礼仪，不仅能够塑造出专业的形象，更能令他人对自己产生有节、有礼、严谨与专业的良好印象，从而形成个人独特的竞争优势。

本书基于新时期人们的社交需要，基于学生的认知规律和应用型本科院校教育教学改革的需要，基于教学工作的总结与归纳，在内容的选择上，本书以现代社交礼仪为主线，对基本理论、基本知识的选择以"必要、够用"为原则，力求做到由浅入深，感性与理性结合，通俗易懂与理论探讨并重，融知识性、实用性、趣味性、系统性和实践性为一体，体现出与时俱进的特点。

本书从礼仪概述、个人形象塑造礼仪、言谈礼仪、日常交往礼仪、公共礼仪、网络通联礼仪、餐饮礼仪、求职礼仪、主要贸易国习俗礼仪等方面进行了系统的归纳和总结。为了帮助读者掌握并在实践中更好地应用交际礼仪知识，每节前都以典型案例引入，每节后都附上了实践练习；在每章后不仅有本章小结，还设置了关键概念、课堂讨论、复习思考题，具有很强的实用性和可操作性。本书力求理论上有新意，实践上有根据，结构上严谨，系统性强，语言通俗易懂，内容丰富完整。

本书是银川科技学院四位教师集体劳动的成果。第二、三、四章由鲁琳雯编写；第一、五、七章由孙韵芳编写；第六、九章由哈青梅编写；第八章由王颖编写。全书由鲁琳雯统稿、审定。

本书编写过程中，我们参考了国内外许多礼仪方面专家、教授、学者的理论观点、研究成果和著作，借鉴了众多礼仪实际工作者的实践经验、体会及总结，得到了同行的大力支持和帮助，在此深表谢意。由于编写经验不足，错误和不当之处在所难免，敬请读者批评、指正。

编　者

目　　录

第一章　礼仪概述 1

  第一节　礼仪 1

    一、礼仪的起源与发展 1

    二、礼与礼仪的内涵 3

    三、礼仪的特点及功能 7

    四、礼仪的原则及社会作用 8

  第二节　社交礼仪 12

    一、社交礼仪的含义与特点 13

    二、社交礼仪的作用 14

  第三节　礼仪修养 15

    一、礼仪修养的含义 15

    二、提高礼仪修养的途径 16

  本章小结 17

  关键概念 18

  课堂讨论 18

  复习思考题 18

第二章　个人形象塑造礼仪 19

  第一节　仪表礼仪 19

    一、对仪表美的认识 20

    二、仪表美的基本要求 21

    三、仪表与头发 22

  第二节　服饰礼仪 29

    一、着装的"TPO"原则 30

    二、着装的整体协调 30

    三、着装的技巧 31

    四、套裙的礼仪 37

    五、西装礼仪 40

    六、饰品佩戴礼仪 46

  第三节　仪容礼仪 49

    一、仪容的概念 50

    二、仪容的基本要求 50

    三、个人修饰仪容 50

    四、护肤常识 54

    五、窗口企业员工仪容的基本要求 56

  第四节　仪态礼仪 57

    一、仪态的概念及特征 57

    二、仪态美包含的内容 58

  第五节　表情礼仪 75

    一、表情 76

    二、构成表情的核心因素 76

  本章小结 84

  关键概念 84

  课堂讨论 84

  复习思考题 84

第三章　言谈礼仪 85

  第一节　言谈礼仪概述 85

    一、掌握正确的说话原则 86

    二、使用敬语、谦语、雅语 88

    三、日常场合应对 89

  第二节　言语交谈技巧 92

    一、闲谈 93

    二、谈心的语言技巧 95

    三、问答的语言技巧 96

    四、言谈的注意事项 97

  本章小结 101

  关键概念 101

  课堂讨论 101

  复习思考题 101

第四章　日常交往礼仪 102

  第一节　会面礼仪 102

    一、称谓礼 103

    二、握手礼 106

    三、介绍礼 109

    四、名片礼 114

    五、其他会面礼仪 117

  第二节　接待礼仪 124

一、接待前的准备 124
二、接待室布置礼仪 125
三、迎接来宾礼仪 127
四、待客礼仪 128
五、送行礼仪 130
第三节 拜访礼仪 130
一、拜访前的准备工作 131
二、拜访时的礼仪 132
三、拜访中的注意事项 134
第四节 馈赠礼仪 135
一、馈赠原则 135
二、馈赠礼品的选择 136
三、赠送礼节 138
四、接受馈赠 139
五、送花的礼仪 140
本章小结 142
关键概念 142
课堂讨论 142
复习思考题 143

第五章 公共礼仪 144
第一节 位次礼仪 144
一、行进中的位次礼仪 145
二、乘车的位次礼仪 146
三、会议位次礼仪 149
四、宴会位次礼仪 152
第二节 办公室礼仪 157
一、办公室工作人员的仪表言行礼仪 158
二、办公室环境礼仪 160
三、在办公室与人相处的礼仪 161
四、到别人办公室的礼仪 162
五、办公室内的注意事项 162
第三节 公共场合礼仪 163
一、公共场合礼仪的原则 164
二、公共生活礼仪 165
三、公共场所礼仪 173
本章小结 181
关键概念 181

课堂讨论 181
复习思考题 182

第六章 网络通联礼仪 183
第一节 网络通联礼仪概述 183
一、网络通联礼仪的概念 183
二、网络通联礼仪的组成要素 184
三、网络通联礼仪的特点 184
四、网络通联礼仪的核心原则 185
第二节 电话礼仪 186
一、固定电话礼仪 187
二、移动电话礼仪 188
三、电话礼仪的"5W1H" 189
第三节 电子邮件礼仪 189
一、电子邮件的概念 189
二、电子邮件的优缺点 190
三、电子邮件的信息格式 190
四、电子邮件的地址格式 190
五、电子邮件的发送和接收 191
第四节 微信微博礼仪 192
一、微信礼仪 192
二、微博礼仪 194
三、网络中的自我保护 195
第五节 网络直播礼仪 196
一、网络直播平台简述 196
二、网络直播礼仪 196
本章小结 197
关键概念 197
课堂讨论 197
复习思考题 198

第七章 餐饮礼仪 199
第一节 中餐礼仪 199
一、中式餐饮的特点 199
二、日常进餐礼仪 201
三、中餐宴请礼仪 203
四、宴请者的礼仪 207
五、赴宴的礼仪 208
六、中餐用餐礼仪的注意事项 209

七、饮酒礼仪..............................210

第二节　西餐礼仪..........................212

一、西餐的特点..........................213

二、西餐的分类..........................214

三、西餐餐具的摆放和使用礼仪.....215

四、西餐上菜顺序和食用方法........216

五、西餐宴会礼仪......................219

本章小结..............................224

关键概念..............................224

课堂讨论..............................224

复习思考题..............................224

第八章　求职礼仪..........................225

第一节　求职礼仪概述....................225

一、求职礼仪的概念......................226

二、求职礼仪的作用......................226

三、求职礼仪的特点......................226

第二节　求职前的礼仪....................227

一、求职前目标设定.....................228

二、求职前的资料准备.................228

三、求职前的渠道准备................230

四、求职者的职业形象设计..........233

第三节　求职面试的礼仪...................235

一、求职举止礼仪......................235

二、求职交谈礼仪......................236

第四节　求职后的礼仪....................238

一、致谢..............................239

二、询问..............................240

三、做好再次面试的心理准备........241

本章小结..............................242

关键概念..............................242

课堂讨论..............................242

复习思考题..............................242

第九章　主要贸易国习俗礼仪............243

参考文献..............................244

第一章 礼仪概述

学习目标

1. 了解礼仪的起源与发展。
2. 掌握礼仪的内涵。
3. 掌握礼仪的原则，了解礼仪在社会交往中的作用。
4. 掌握社交礼仪的概念及特点。
5. 明确礼仪修养的概念、重要性及如何加强礼仪修养。

学习内容

1. 礼仪
2. 社交礼仪
3. 礼仪修养

第一节 礼 仪

【典型案例】

【指出中西方礼仪不同之处】

一对美国夫妇到中国朋友家里做客，主人按照中国传统的礼仪热情周到地接待客人，为客人准备一顿丰盛的晚餐。按照程序先上几个凉菜，一边上菜一边说："没准备什么，请原谅！"外国朋友以为就这么多菜，谁知道，热菜和饺子又陆续端了上来，而主人还在说："没什么吃的，请原谅！"外国朋友不明白为什么准备了这么多的食物而中国朋友却说没什么吃的。

【分析提示】

问题在于中西方历史和文化背景不同，礼仪的特点也不同。中国礼仪强调谦虚谨慎、含蓄内向；而西方礼仪则推崇个性和自由，不提倡过分客套和过度的自谦。

礼仪是人类社会文明的标志，是社会和谐进步的象征。礼仪作为在人类历史发展中逐渐形成并积淀下来的一种文化，始终以某种精神的约束力支配着每个人的行为。掌握礼仪知识，讲究礼节，培养良好的礼仪修养，不仅是现代社会人们必备的基本素质，也是社会交往和事业成功的重要条件。

一、礼仪的起源与发展

(一)礼仪的起源

礼仪源于礼。礼的产生，可以追溯到远古时代，自从有了人，有了人与人之间的交往，礼便产生和发展起来。

　　首先，为维持自然的人伦秩序而产生礼。自然的人伦秩序又是一种需要被所有成员共同认可、保证和维护的社会秩序。例如，在刀耕火种时代，人类已经知道应有的礼貌。那时，人类的祖先以打猎为生，世界对他们来说充满着危险，因而他们外出打猎时会随身携带武器，当不同部落里的人相遇时，如果双方都怀着善意，便伸出一只手来，手心向前，向对方表示自己手中没有石头或其他武器，走近之后，两人相互摸摸对方的右手，以示友好。这一源于安全交往需要的动作沿袭下来，便成为今天人们表示友好的握手礼。

　　其次，礼还起源于原始的宗教祭祀活动。《说文》中解释礼为"履也，所以事神致福也。"就是说，礼是祈福祭神的一种仪式。由于原始人类认识自然的能力很低，面对变幻莫测的自然现象和无法驾驭的自然力量，原始人往往迷惑不解，从而对自然界充满了神秘莫测感和恐惧敬畏感，于是便产生了"万物有灵"的原始宗教观念。在这种观念的影响下，原始人开始执着地用原始宗教仪式等手段来影响神灵，祭祀活动就是人类表达这种崇拜之意而举行的仪式。后来人类的自然崇拜逐渐扩展到人类自身，开始转移到那些在与自然界斗争中创造了奇迹、做了贡献的"英雄"身上，如中国古代的"教民农桑的伏羲氏""尝百草的神农氏""治水有功的大禹"，等等，他们都成了人类心目中的神，理所当然地受到了人类的赞颂、崇拜、祭祀等。随后，祖先也成为人类崇拜的对象。于是原始人虔诚地向这些"神灵"和"祖先"打恭跪拜、祈祷，表示崇拜、祈福。祭祀活动日益频繁，原始人的"礼仪"便产生了。

(二)礼仪的发展

　　原始人类的礼仪发展是随着社会生产力水平的提高，人们的认知能力得以提高，对复杂的社会关系有了一定的认识之后而形成的。比如，由血缘引申出的家庭关系，由生活引起的生产、交换关系，由地缘引起的人与人之间亲疏、敌友关系，等等。于是，人们就将事神致福活动中一系列行为，从内容到形式扩展到了各种人际交往活动，从最初的祭祀之礼扩展到各种形式的礼仪。比如，用手舞足蹈庆祝胜利，用拍手击掌、拉手、拥抱表达友谊等。这都是人类交往礼仪形式的雏形。

　　进入阶级社会后，礼仪带上了明显的阶级色彩，统治阶级成为礼仪的核心，礼仪也就从原始社会的祭祀天地祖先的形式跨入全面制约人的领域。比如，"跪拜"这种原始社会中人们互相致意的姿势，到阶级社会中便演变成一种表示臣服的礼节。

　　礼仪随着文明的发展而发展。从世界的范围来看，不论是东方的国家，还是西方的国家，虽然每个国家的制度各异，但都提倡礼貌、礼节，讲礼仪的程度随着文明程度的提高而提高。目前，随着社会的不断发展和进步，社会主义核心价值观集中体现了当代中国精神，并反映了全体人民共同价值追求。在礼仪的发展过程中，我们可以结合社会主义核心价值观，使其成为我们行为的指导准则，构建一个更加和谐、文明的社会。礼仪的核心在于尊重他人，通过尊重他人，建立良好的沟通和合作关系。以诚实的态度对待他人，坚守自己的承诺，通过诚实守信的行为，建立信任，增进良好的人际关系。在礼仪的发展中，鼓励勤奋学习、努力工作，追求个人的进步和发展。通过勤奋进取，我们可以为社会创造更大的价值。在礼仪的发展中，我们应该树立爱国敬业的价值观，关心国家的利益，为国家的繁荣贡献自己的力量。在个人的成长过程中，我们可以培养家国情怀和社会责任感，弘扬传统文化，注重传统文化的传承，尊重传统、保护传统，将传统文化融入礼仪的规范中，增强文化自信和国家认同感。总之，将社会主义核心价值观融入现代礼仪中，我们可以构建一个具有积极向上、文明和谐的社会环境，这不仅是对个人行为的规范，更是对整个社会价值观的塑造。只有人们共同遵循社会主义核心价值观，并将其融入日常生活中，才能实现个人和社会的全面发展。

二、礼与礼仪的内涵

(一)礼仪的含义

1．中国礼仪的含义

(1) 礼的含义

"礼"是从小篆"禮"字演变而来的，小篆中的"禮"源于甲骨文中的"豊"，意思是盛了玉石的盒子放在架子上，拿这样的东西供神。以后逐步引申，礼就成为规定社会行为的法则、规范、仪式的总称。后来"礼"字的含义越来越多。为了调整人们之间的关系，于是把"礼"与"德"结合起来。随着等级制度的出现，"礼"成了区分贵贱、尊卑、顺逆、贤愚的人际交往准则，位于其他社会观念之上。正如荀子所说，"人无礼则不生，事无礼则不成，国家无礼则不宁"(《荀子·修身》)。这三个"礼"字各有各的含义。用现代的观点来说，第一个"礼"字指的就是生活交往中的行为规范；第二个"礼"字指的是规矩、规则；第三个"礼"是指政治法律制度。

(2) 仪的含义

"仪"字的含义包括五个方面的内容：①法度、准则；②典范、表率；③形式、仪式；④容貌、风度；⑤礼物。

(3) 礼仪的内涵

"礼仪"一词，最早见于《诗经》。现代社会的"礼仪"一词有了更加广泛的含义，其内容包括行为规范、交往程序、礼宾次序、道德规范等。社会上对"礼仪"的理解和认识是多层次的，主要包括以下几个层次的含义。

- 礼仪：指社会生活中由于风俗习惯而形成的为大家共同遵守的仪式，同时也包括了道德品质的含义。
- 礼节：指人们在社会交往过程中表示出的尊重、祝颂、致意、问候、哀悼等惯用的形式和规范。
- 礼貌：指人类为维系社会正常生活而共同遵守的最起码的道德规范。
- 礼宾：指按一定的礼仪接待宾客。
- 礼俗：指礼仪习俗，即婚丧、祭祀、交往等各种场合的礼节。
- 礼制：指礼仪制度，即国家规定的礼法。

2．西方礼仪的含义

在西方，"礼仪"一词源于法语 Etiquette，原是指法庭上的"通行证"，用来发给进入法庭的每一个人，上面写有进入法庭时应遵守的事项，作为入庭后的行为准则。后来，各种其他场合也都制定了相应的行为规则，这些规则由繁而简，形成体系，逐渐得到公认，成为共同遵守的礼仪。可见，礼仪是一种社会成员交往时共同遵守的行为规范，是一个人被周围人员所接受，并获得尊重与好感的"通行证"。英语中"礼仪" etiquette 源于法语，意即"人际交往的通行证"。它有三种含义：一是指谦恭有礼的言谈举止；二是指教养和规矩，即礼节；三是指仪式、典礼和习俗等。

西方的文明史，在很大程度上体现了人类对礼仪追求及礼仪演进的历史。人类为了维持与发展血缘亲情以外的各种人际关系，避免"决斗"或"战争"，逐步形成了各种与"决斗"和"战争"有关的礼仪。如为了表示自己手里没有武器，让对方感觉到自己没有恶意而创造了举手礼，后来演进为握手；为了表示自己的友好与尊重，愿意在对方面前"丢盔卸甲"，于是创造了脱帽礼等。

在古希腊的文献典籍(如苏格拉底、柏拉图、亚里士多德等先哲的著述)中，有很多关于礼仪的论述。中世纪更是礼仪发展的鼎盛时代。文艺复兴以后，欧美的礼仪有了新的发展，从上层社会对遵循礼节的烦琐要求，到 20 世纪中期对优美举止的赞赏，一直到适应社会平等关系的比较简单的礼仪规则的今天，传统的礼仪文化不但没有随着市场经济发展和科技现代化而被抛弃，反而更加多姿多彩。国家有国家的礼制，民族有民族独特的礼仪习俗，各行各业都有自己的礼仪规范，国际上也有各国共同遵守的礼仪惯例。有的国家和民族对不遵守礼仪规范者还规定了一定的处罚规则，有的已把礼仪作为公民就业前的"入门课"，被企业录用的大学毕业生，也必须先经过严格的礼仪训练，才能上岗工作。

(二)中西方礼仪的特点

1. 中国礼仪的特点

(1) 重视血缘和亲情

重视血缘和亲情是中华民族的历史文化传统，因为人际关系中最稳定的因素就是血缘关系，所以我国人民信奉"血浓于水"的传统观念。家长具有绝对的权威，并维系家庭各个成员的关系，尊老敬老、"父母在，不远游"等传统思想充分体现了我国传统的家庭观念。"故土难离""落叶归根"等思想，也是这种传统观念的反映，这种传统观念，正是我国传统礼仪的基础。

(2) 强调共性

中国人民注重共性，具有较强的民族感，在社会生活中奉行集体主义，个人要服从集体。人们注重他人和社会对自己的评价，而往往忽视自身的感受，在人际交往中的礼仪也反映出这种倾向。

(3) 谦虚谨慎、含蓄内向

中国人性格一般平和宽厚、含蓄内向，忍耐力强，与人相处往往表现出谦虚谨慎、克制自己。随着改革开放的深入和国际交流的增加，中国人在保持民族礼仪特色的基础上，学习和借鉴西方礼仪的长处，也在不断地丰富和完善自己的礼仪内容。

(4) 讲究礼尚往来

在人际交往中，中国人往往更富有人情味，强调礼尚往来。这里的"礼"主要指礼物，"礼尚往来，往而不来，非礼也；来而不往，亦非礼也。"也就是说，在交往中，如果接受了别人的礼物而不回赠，是不礼貌的。通过相互赠送礼物，可以加强联系，表达感情。

2．西方礼仪的特点

（1）强调个性，崇尚个性自由

西方礼仪强调以人为本、个人至上，个人在法律允许的范围内拥有绝对的自由。在社会交往中，强调个人的尊严神圣不可侵犯，十分注意维护个人的自尊。在待人接物时，把个人作为社会的主体，习惯以自己的立场作为行为的中心。在社会生活中崇尚个人力量，追求个人利益。西方人尊重别人的隐私权，也要求对方尊重他们的隐私权。

（2）尊重妇女，女士优先

在社交场合，为表示尊重妇女，特别强调女士优先的原则。在社交中，不尊重妇女是十分失礼的，会令人鄙视。

（3）注重务实

西方礼仪强调交际务实，既讲究礼貌，又不过度客套，不喜欢过度自谦，尤其反对虚假、自轻、自贱的行为。西方礼仪在一定程度上反映出西方人感情外露和交往中注意效率的精神，具有很强的现实性。

（4）平等、自由、开放

西方礼仪强调"平等、自由、开放"，提倡人人平等，机会平等。包括男女平等、尊重老人、爱护儿童。自由涵盖了言论自由、信仰自由、经济自由、个人自由等多个方面。在人际交往中，西方人士一般开放自然，敢于发表自己的意见，富有竞争意识，具有外向型倾向。

(三)礼仪相关名词的区别与联系

要真正了解礼仪，有必要先来了解与礼仪相关的名词。在一般的表述中，与礼仪相关的词最常见的即礼、礼貌、礼节、礼仪。在大多数情况下，礼貌、礼节和礼仪都是人们在相互交往中表示尊重、友好的行为，三者是相互联系、相辅相成的。从本质上说，三者是一致的，但又各有其自身的特殊含义和要求。其实，从内涵上来看，三者不可简单地混为一谈，它们之间既有区别又有联系。

1．礼

"礼"的含义比较丰富，涵盖的范围广泛，差异性也比较大。"礼"的含义主要有以下四个方面。

（1）指敬意。本来的含义是敬神，后引申为表示敬意。如敬礼、礼貌。

（2）指仪式。为表示敬意或隆重而举行的仪式。如典礼、婚礼、丧礼。

（3）指准则与法规。泛指奴隶社会、封建社会贵族的等级制度，以及社会生活中的社会准则和道德规范。

（4）指礼物。如送礼、礼品、礼单。

随着历史的发展，"礼"的内涵已经有了延伸和扩展，在许多场合它已成为"礼貌""礼节""礼宾""礼仪"等的代名词。因此，礼用于表示敬意，它是人们在社会生活中处理人际关系并约束自己行为以示他人的准则。礼属于道德的范畴，是社会公德中极为重要的部分。道德是由社会经济基础决定的一种社会意识形态，是一个社会用以调整人们之间以及个人和社会之间关系的行为的总和。礼渗透于人们的日常生活中，体现着人们的道德水准，确定着人们交往的准则，指导着人们的行动。在社会生活中，对他人以礼相待，人与人互尊、互爱、互谅，并成为自觉的行动，这是社会文明进步的表现。

2. 礼貌

礼貌一般是指在人际交往中，通过言语、动作向交往对象表示谦虚和恭敬。它侧重于表现人的品质与素养，是人们在交往时相互表示敬重和友好的行为规范，体现了时代的风尚与道德水准，也体现了人们的文化层次和社会文明程度。礼貌总是在一个人待人接物的过程中，通过仪表、仪容、仪态及言谈举止来体现的。人们交往时，礼貌的基本要求是诚恳、谦恭、和善和有分寸，做到待人"诚于中而形于外"。在日常工作中，礼貌还表现在服务的规范程序上，表现在对客人的态度上。一个微笑，一个鞠躬，一声"您好"，一句"祝您旅途愉快"，这些都是礼貌的具体表现。良好的教养和道德品质是礼貌的基础，在有教养的人中，礼貌应该是出于自然的。我们应该自觉地培养和训练自己的礼貌习惯。从道德、社会风尚方面来研究礼貌，可以将它分为三类：一是各种公共场所最起码的行为准则；二是各种个人交往中最起码的礼节；三是个人私生活中起码应有的行为习惯。礼貌的主要内容包括遵守秩序、言而有信、敬老尊贤、待人和气、仪表端庄、讲究卫生。礼貌的内容既是社会公德的核心内容，也是职业道德的基本规范。

3. 礼节

礼节是礼貌的具体表现形式，是礼貌在语言、行为、仪表等方面的体现。礼节是人们在日常生活中，特别是在交际场合相互表示尊敬、祝颂、问候、致意、哀悼、慰问，以及给予必要协助和照料惯用的规则和形式，是社会文明的重要组成部分。从形式上看，它具有严格的仪式；从内容上看，它反映着某种道德原则，反映着对他人的尊重和友善。例如，在某人生日那天，他的亲戚、朋友、同事、同学对他说一句"生日快乐"，或给他送上生日贺卡，或送上一束鲜花，或送上一个生日蛋糕等，这是礼节；在宴会服务时，服务员送茶、斟酒、上菜、递毛巾等按照先宾客后主人、先女宾后男宾等程序进行，这也是礼节。在国际交往中，交际礼节也是各式各样的，日常见面礼节就有鞠躬礼、点头致意礼、举手注目礼、握手礼、吻手礼和接吻礼等。虽然现代社会的交际礼节有从简及趋向一致或相通的趋势，但各国人民的文化特征是客观存在的，各国、各地区、各民族也有着不同的习惯，因此，我们平时应十分注意不同礼节的具体运用，在交往时必须注意尊重对方，以避免出现"失礼"的行为。

4. 礼仪

礼仪作为一种调整人际关系的道德行为要求，是人类社会为维系正常社会生活而共同遵循的最简单、最起码的道德行为规范。对个人而言，礼仪是一个人思想水平、文化修养、交际能力的外在表现；对社会而言，礼仪是精神文明建设的重要组成部分，是社会文明程度、道德风尚和生活习俗的反映。从礼仪的历史沿革看，现代社会的礼仪主要是在人际交往、社会交往和国际交往中，表示尊重和友好的一系列行为；是表现道德、社会规范惯用的形式。狭义的礼仪通常是指举行的合乎社交规范和道德规范的仪式，即是指人们在社会交往中由于受历史传统、风俗习惯、宗教信仰、时代潮流等因素的影响而形成，既为人们所认同，又为人们所遵守，以建立和谐关系为目的的各种符合礼的精神及要求的，在较大或较隆重的场合，为表示重视、尊重、敬意等的行为准则或规范的总和。例如，在接待外宾时鸣放礼炮；外宾到达宾馆时，服务人员在宾馆门前列队站立、微笑、鼓掌等。

礼仪也可从以下几个不同的角度进行解释。

(1) 从个人修养的角度来看，礼仪是一个人的内在修养和素质的外在表现。也就是说，礼仪即修养和素质的体现，它体现了对交往礼节的认知和应用。

(2) 从道德的角度来看，礼仪是为人处世的行为规范或标准做法、行为准则。

(3) 从交际的角度来看，礼仪是人际交往中的一种交往艺术，也可以说是一种交际方式。

(4) 从民俗的角度来看，礼仪是在人际交往中必须遵守的律己敬人的习惯形式，也可以说是在人际交往中约定俗成的待人尊重、友好的习惯做法。简言之，礼仪是待人接物的一种惯例。

(5) 从传播的角度来看，礼仪是人际交往中进行相互沟通的技巧。

(6) 从审美的角度来看，礼仪是一种形式美，是人的心灵美必然的外化。

所以说，礼、礼貌、礼节、礼仪，它们之间既有联系，又有区别。

其联系是：礼包括礼貌、礼节、礼仪，其本质都是表示对人的尊重、敬意和友好。礼貌、礼节、礼仪都是礼的具体表现形式。

其区别在于：礼貌是礼的行为规范，礼节是礼的惯用形式，礼仪是礼较隆重的仪式。

三、礼仪的特点及功能

(一)礼仪的特点

1. 礼仪具有认同性

认同性是全社会约定俗成的，共同认可、普遍遵守的准则。一般来说，礼仪代表一个国家、一个民族、一个地区的文化习俗特征。但我们也看到不少礼仪是全世界通用的，具有全人类的共同性。例如，问候、打招呼、礼貌用语、各种庆典仪式、签字仪式，等等，大体是世界通用的。

礼仪的普遍认同性，主要源于共同的经济生活和文化生活。经济的发展必然导致礼仪的变化。比如，现代经济的快节奏、高效率，使现代礼仪向简洁、务实方向发展；共同的文化孕育了共同的礼仪。礼仪的普遍认同性，表明社会中的规范和准则必须得到全社会的认同，才能在全社会中通用。

2. 礼仪具有规范性

礼仪的规范性，主要是指礼仪对具体的交际行为具有规范性和制约性。这种规范性的实质是一种被广泛认同的社会价值取向和对他人的态度。无论是具体言行还是具体的姿态，均可反映出行为主体的思想、道德等内在品质和外在的行为标准。

3. 礼仪具有广泛性

礼仪的广泛性，主要是指礼仪在整个人类社会的发展过程中普遍存在，并被人们广泛认同。礼仪无处不在，礼仪无时不在。

4. 礼仪具有沿袭性

礼仪的沿袭性，是指礼仪的形成是一个动态发展过程，是在风俗和传统变化中形成的行为规范。在这个发展变化中，表现为一种继承和发展。礼仪一旦形成，就有一定的相对独立性。我们今天的礼仪形式就是从昨天的历史中继承下来的，有不少优秀的行为规范还要继续传承下去，而那些封建糟粕，则会逐渐被抛弃。总之，交际礼仪的沿袭和继承是一个不断扬弃的社会进步的过程。

世界上任何事物都是发展变化的，礼仪虽然有较强的相对独立性和稳定性，但它也会随着时代的发展而发展变化。随着社会交往的扩大，各国、各民族的礼仪文化都会互相渗透，中华礼仪在保持传统民族特色的基础上，也发生了更文明、更简洁、更实用的变化。

(二)礼仪的功能

1. 沟通功能

在人际交往中双方都自觉地遵守礼仪规范，这样容易使双方之间的感情得到沟通，从而容易使人们之间的交际往来获得成功，进而有助于人们各自的事业发展。

2. 协调功能

礼仪的重要功能是对人际关系的调节，从一定意义上说，它是人际关系和谐发展的调节器。人们在交往时按礼仪规范去做，有助于加强人们之间相互尊重、友好合作的新型关系，避免某些不必要的感情对立。

3. 维护功能

现代社交礼仪是整个社会文明发展程度的反映和标志，同时礼仪也反作用于社会，对社会的风尚产生广泛、持久和深刻的影响。社会上讲究礼仪的人越多，社会便会越和谐安定。在维护社会秩序方面，礼仪起着法律所起不到的作用。

4. 教育功能

现代社交礼仪通过评价、劝阻、示范等教育形式纠正人们不正确的行为习惯，倡导人们按礼仪规范的要求去协调人际关系，维护社会正常生活。遵守礼仪规范的人，客观上也起着榜样的作用，无声地影响着周围的人。大家互相影响、互相促进，就会共同加强社会主义精神文明建设。

四、礼仪的原则及社会作用

(一)礼仪的基本原则

1. 律己的原则

律己就是自我约束，按照礼仪规范严格要求自己，不该做什么不去做。

律己原则是礼仪的基础和出发点。学习、应用礼仪，最重要的就是要自我要求、自我约束、自我对照、自我反省、自我检查。

2. 敬人的原则

敬人就是尊敬他人，也包括尊敬自己，维护个人以及组织的形象。不可损人利己，这也是人的品格问题。

敬人的原则是礼仪的核心和灵魂。因此人们在社会交往中，要敬人之心常存，处处不可失敬于人，不可伤害他人的尊严，更不能侮辱对方的人格。

3. 宽容的原则

人们在交际活动中，既要严于律己，更要宽以待人。

宽容就是豁达大度，有气量，不计较小节，不追究过错，具体表现为一种胸襟，一种包容意识和自控能力。

4. 平等的原则

平等是礼仪的重点，即尊重交往对象，以礼相待，对任何交往对象都必须一视同仁，给予同等程度的礼遇。

礼仪是在平等的基础上形成的，是一种平等的、彼此之间的相互尊重关系的体现，其核心是满足相互之间获得尊重的需求。在交际活动中既要遵守平等的原则，同时也要善于理解具体条件下对方的一些行为，不应过多地挑剔对方的行为。

5. 适度的原则

适度就是把握分寸。礼仪是一种程序，而程序自身就是一种"度"。礼仪无论是表示尊敬还是热情，都有一个"度"的问题，没有"度"，礼仪就可能进入误区。

6. 真诚的原则

真诚就是在交际过程中做到诚实守信，不虚伪、不做作。交际活动作为人与人之间传递信息、交流情感、沟通思想的过程，如果缺乏真诚，则不可能达到目的，更无法保证交际效果。

7. 入乡随俗的原则

由于国情、民族、文化背景的不同，必须坚持入乡随俗，与绝大多数人的习惯做法保持一致，切勿目中无人，自以为是。

入乡随俗就是指交往各方都应尊重彼此的风俗、习惯，了解并尊重各自的禁忌，如果不注意禁忌，就会在交际中造成障碍，产生麻烦。

8. 涉外交往的原则

交往的对象也有许多来自国外的朋友客商，在与外国人交往中一定要遵守以下原则。

(1) 维护本国和自身的形象

在与外国人交往过程中，一个人往往代表着所属国家、所属民族的形象。因此，一定要重视维护本国和自身的形象。

(2) 不卑不亢

在外国人面前，不要表现得畏惧自卑、低三下四，也不应该表现得狂妄自大、过分嚣张。正确的态度应该是不卑不亢，既尊重外国宾客的风俗习惯，虚心向外国宾客学习他们的长处；同时，也要自尊自爱，积极宣扬本国的文化和传统。

在面对不同国家的人时，更要平等待人，不因国大国小、国强国弱、国富国穷而亲疏有别。

（3）求同存异

各国的礼仪和习俗都存在着一定的差异，在涉外交往中，一定要遵循求同存异的原则。求同是要重视礼仪的共性，遵守有关礼仪的国际惯例；存异是对他国的礼仪和习俗保持宽容的态度，不全盘否定，在必要的时候，应该对服务对象所在国的礼仪和习俗表示尊重。

（4）信守约定

在对外交往中，与人约会要严格守时，不能失约超时，这是极不礼貌的行为。

在答应或者向对方许诺时一定要慎重，要根据自己的实际情况量力而行，不可轻易地向人许诺。一旦允诺别人，就要"言必信，行必果"。失信或失约是有损于自己人格的。

万一遇到不可抗拒的因素而造成失约或者失信，一定要尽早通知对方，如实地向对方解释原因并道歉，并且要主动地采取各种措施弥补给对方造成的某些损失。

（5）不要过分谦虚

中国人喜欢含蓄和委婉，尤其是他人对自己进行赞美或者表扬的时候，往往主张自谦或自贬，认为过多地表现自我是一种张扬的行为。但在外国人看来，一个人即使不应该自吹自擂、自我标榜，却也不应过分谦虚。过分谦虚被认为是没有自信的一种表现，因此，当外国人赞美你的长相、服饰及手艺等的时候，你应该说："谢谢！"这样外国客人才会觉得你比较自信，而且也体现了对对方的礼貌。

（6）尊重个人的隐私

个人隐私往往是一个人出于个人尊严和其他方面的考虑，不愿意公开的个人秘密和私人事宜。

在国际交往中，人们非常重视个人的隐私，不尊重个人隐私的人会被视为没有教养的。因此，在交往中一定要注意尊重别人的隐私。

一般来说，下面八个方面被视为个人隐私，不宜问及：一是收入支出；二是年龄；三是恋爱婚姻；四是健康状况；五是家庭住址；六是个人经历；七是信仰政见；八是外出目的。

（7）坚持女士优先

女士优先是国际社会上公认的一条重要的礼仪原则。这种习惯起源于中世纪的骑士风度，为了表示尊重妇女，在公众场合处处都要遵守"女士优先"的原则。强调女士优先，并不是因为妇女被视为弱者，值得同情和怜悯，而是将妇女视为"人类的母亲"。

女士优先的具体表现有：

① 发表演说，开场称呼总是要先说"女士们"，再说"先生们"。

② 进入电梯，出入门厅，男士要抢先一步把门打开，然后让女士先行。

③ 打招呼问好时应先向女士问候。

④ 上楼梯时，是女先男后，下楼梯则是男前女后，这样便于男士保护女士。

⑤ 女士下车，男士要为其打开车门。

⑥　入座时男士要为女士拉开椅子、脱大衣，女士站到位以后，再把椅子推回，让她坐下。

⑦　男士不可与女士发生争执，不要与女士当众争吵。

⑧　女士示意需要帮助时，任何一名男士都有义务给予热情的帮助。

⑨　当女士遇到困难时，男士应该挺身而出保护女士，等等。

总之，女士优先的意思就是，在一切社交场合，每一名成年男士，都有义务自觉主动地以自己的行动来尊重女士、照顾女士、体谅女士和保护女士，还要竭尽全力地为女士排忧解难。

(8)　爱护周围的环境

在涉外交往中，能否爱护环境已经被认为是一个人有没有教养的重要标志之一。在接待外国宾客的时候，要注重环境保护，否则会引起外宾的不快。

(二)礼仪的社会作用

1. 塑造良好形象

在社交活动中，人们常常根据对方的外貌、举止、表情、谈吐及服饰等给对方做出初步的评价并对其形成某种印象，即第一印象。这种人际认知的第一印象虽然具有表面性和片面性，但一旦形成，往往使人产生某种心理定式，对人际交往的成败和人际关系融洽与否起着重要作用。

现代社交礼仪，就是研究塑造和维护人们社交形象的学问。学习、应用社交礼仪，可使自己仪表堂堂，风度翩翩，应对进退，表现不俗，塑造良好的个人形象。正如英国哲学家约翰·洛克所说：“礼仪是在一切别种美德之上加上一层藻饰，使它们对它具有效用，去为他获得一切和他接近的人的尊重和好感。”

在社会交际生活中，每个人都是一个角色群，在不同的场合扮演不同的角色与人交往。有时是以个人身份去待人接物，此时表现的纯粹是个人形象；有时是以个人代表组织或单位去与他人或单位交往，此时表现的则是组织或单位的形象；而有时一个人的言谈举止会被外界视为一个民族、一个国家的形象。因此，欧洲旅游协会制定旅游者应遵循的九条基本准则中第一条就这样写道：“你不要忘记，你在自己的国度里不过是成千上万同胞中一名普通公民，而在国外你就是西班牙人或法国人。你的言谈举止决定着他国人士对你的国家的评价。”

2. 沟通有益信息

交往就是信息沟通的过程。在现代社会，由于大众传播媒体非常发达，各种信息的传播速度很快，信息传播面日益广泛。尽管如此，人际交往中的信息沟通仍具有大众媒体所不能替代的作用，而且从人际交往中沟通的信息往往更生动，给人的印象更深刻，更富有启发性。市场经济是开放的经济，这就要求人们从多角度、重契约的方式进行交往；应从信息交流、能力互补、事业合作等多种交往动机出发，结识有不同个性、特长和职业的各方朋友，这就叫作广交友，多收益。

3. 协调人际关系

《礼记·礼器》说："君子有礼，则外谐而内无怨。"现代社交礼仪是人际关系的润滑剂和调节器。由于社交礼仪的基本原则是敬人律己，真诚友善，因而它能联络人们的感情，架设友谊的桥梁，协调各种人际关系，营造一个和谐友善的社会氛围；也有助于建立和发展人与人之间相互尊重和友好合作的新型关系，即使在人与人之间发生了某种不快、误会和碰撞时，通过一句礼貌用语，一个礼节形式，也能会化干戈为玉帛，重新获得彼此的理解和尊重。初次相遇的陌生人，只要礼节周全，也可能成为一见如故的知心朋友；相反，即使是亲朋故友，如忽视来往礼仪，也会变得疏远。唐人罗隐曾说："敬一人，则千万人悦；慢一人，则千万人怨。"可见，社交礼仪在协调人际关系方面的重要作用。

4. 促进社会文明

《礼记·冠义》说："凡人之所以为人者，礼义也。"礼仪是人类社会脱离野蛮阶段，进入有序的文明社会的标志。当今，礼仪更成为一个民族、一个国家文明程度的重要标志。

【实践练习】

创设场景练习：当你走进一个房间时，应该做哪些行为来表示礼貌？

第二节 社 交 礼 仪

【典型案例】

【指出得体之处】

《林肯传》中记录了这样一件事：一天，林肯总统与一位南方的绅士乘坐马车外出，途遇一老年黑人深深地向他鞠躬。林肯点头微笑并也摘帽还礼。同行的绅士问道："为什么你要向黑人摘帽？"林肯回答说："因为我不愿意在礼貌上不如任何人。"可见林肯深受美国人民的热爱是有其原因的。

【分析提示】

从本案例可以看出，作为总统的林肯在礼貌上都做得非常到位，因此，受到了民众的喜爱。在 1982 年美国举行的民意测验中，要求人们在美国历届的 40 位总统中挑选一位"最佳总统"时，名列前茅的就有林肯。

社交就是人际交往，人际关系就是社会关系。关系与交往是同一个意思的不同表达。关系是静态表述，就是某种联系；交往是动态表述，指明了互动的状态。

社交包括两大方面：一方面，是指以利益为基础的角色关系，是一种狭义的社会关系；另一方面，是指以感情为基础的个性交往。这两方面都需要建立和发展人际关系，而且实际生活中有许多人际交往是兼有利益与感情两个方面的。角色关系和个性交往的区别主要是指各自的侧重点和目的性有所不同。

一、社交礼仪的含义与特点

(一)社交礼仪的含义

社交礼仪是指人们在社会交往活动过程中形成并应共同遵守的行为规范和准则，具体表现为礼节、礼貌、仪式、仪表等。

人际关系通过人与人之间的交往和联系表现出来，这些交往和联系要得以正常进行，就需要一定的行为规范。社交礼仪正是在上述情况下根据实际需要而产生的，特别是随着商品经济的大规模发展，社交礼仪更成为人们社会生活中不可缺少的内容。讲究礼仪，注重礼貌，遵守一定的礼仪规定，已成为文明社会的一项重要标志。因此，社交礼仪就是人们在社会交往中相互沟通必须遵循、掌握的礼节和礼貌行为。

(二)社交礼仪的特点

1. 广泛性

每个人都是独立的个体，也是社会大家庭的一员，人与人之间离不开彼此的交往，不论男女老少，都必须与他人或社会发生一定的关系，如同学、同事、同乡、同行、邻里、朋友关系；又如个人与学校、个人与企业、个人与国家的关系，等等。因此，广泛性是社交礼仪的首要特点。

2. 真诚性

真诚是人际交往得以持久的重要因素。在人际关系中，待人接物时，言行举止合乎礼仪，是社交礼仪的重要内容，但其内在核心是对人的尊重和关怀，是与人为善、真诚待人、谦虚礼让的思想和态度。一个人只有从内心真正尊重他人、真诚待人，才能自觉地遵守社交礼仪规范，也只有这样，才能有助于建立和谐的人际关系。

要做到真诚待人，就必须做到言谈得体、举止合仪、谦虚礼让、与人为善。真诚不仅是一个人的美好品质，也是建立和谐的人际关系的重要前提。人与人的交往是一个从不了解到了解，从了解到熟悉的过程。在这个过程中，唯有真诚才能沟通心灵，赢得信任，别人才有可能对你推心置腹。

3. 层次性

人的交往活动具有一定的层次性。而礼仪的需要则是一个高层次的需要。

美国著名社会心理学家亚伯拉罕·马斯洛认为人的心理需要主要有五个层次，即生理需要、安全需要、社交需要、尊重需要、自我实现需要，而礼仪属于社交、尊重、自我实现三个层次上的需要。

从情感角度看，由于人与人的层次不同，其情感交流与礼仪要求也有所不同。如果误入不该进入的层次，往往就会感到压力和不习惯。

由于人们的礼仪修养不同，在行为表现上也往往会反映出自身所属的层次。如礼仪行为的低、中、高；礼仪水平的良、中、差；礼仪交流的内与外；礼仪反映人的心理素质的优劣；等等。因此，礼仪的层次性是社交礼仪的又一个重要特点。

二、社交礼仪的作用

礼仪是人的自我修养的重要内容之一，因此，在现代的社会生活及工作交往中起着越来越重要的作用。社交礼仪的作用，简而言之，可以内强素质，外塑形象。具体而言，社交礼仪有以下重要作用。

1. 社交礼仪有助于提高个人素质

个人的素质也是个人修养的表现，修养体现在细节上，细节展示素质。所谓个人素质，就是一个人在社会交往中待人接物的基本表现。比如，一般有修养的人在外人面前是不吸烟的，有修养的人在大庭广众之下是不高声讲话的。在社会交往中，首饰佩戴也要讲究场合，遵循一定的原则：必须符合身份，以少为佳，工作场合一般不多于三种，每种不多于两件，同时要注意与服装搭配和谐。

2. 社交礼仪有助于建立良好的人际关系

在社会交往中，人们互相影响、互相作用、互相合作；如果不遵循一定的规范，双方就缺乏协作的基础。在众多的规范中，礼仪规范可以使人明白应该怎样做，不应该怎样做，哪些可以做，哪些不可以做，有利于塑造自我形象，赢得友谊。

3. 社交礼仪有助于维护企业的形象

员工的日常表现在一定程度上也体现了企业的形象，好的企业形象有助于企业在激烈的市场竞争中取得有利的地位，而不好的企业形象往往会导致一个企业走向衰亡。社交礼仪是塑造个人形象的重要手段，如在人际交往中，言谈讲究礼仪使人文明；举止讲究礼仪使人高雅；行为讲究礼仪使人美好；穿着讲究礼仪使人增强自信。通过社交礼仪，可以在公众心目中塑造出良好的组织形象，使企业在激烈的市场竞争中立于有利之地，并产生很好的社会效益和经济效益。

4. 社交礼仪有助于联络感情

如果人们都能自觉主动地遵守礼仪规范，按照礼仪规范自己，就容易使感情得以沟通，建立起相互尊重、彼此信任、友好合作的关系，进而有利于各项事业的发展。联络感情，不仅是公关与社交礼仪的重要职能，也是公关与社交礼仪的一个重要特征。行使礼仪行为的基础必须是情感，礼仪行为有感而发，才能产生得体的表现形式；否则，礼仪只不过是一套僵硬的程序和手段而已。

【实践练习】

创设场景练习：在参加社交活动时，你应该注意些什么？

第三节 礼 仪 修 养

【典型案例】

【指出失礼之处】

有一批应届毕业生共有 32 人，实习时被导师带到某公司里参观。全体学生坐在会议室里等待经理的到来，这时有秘书给大家倒水，同学们表情漠然地看着她忙活，其中一个还问了句："有绿茶吗？天太热了。"秘书回答说："抱歉，刚刚用完了。"林晖看着有点别扭，心里嘀咕："人家给你水喝还挑三拣四。"轮到他时，他轻声说："谢谢，大热天的，辛苦了。"秘书抬头看了他一眼，虽然这是很普通的客气话，却是她今天唯一听到的一句。

门开了，经理走进来和大家打招呼，不知怎么回事，静悄悄的，没有一个人回应。林晖左右看了看，犹犹豫豫地鼓了几下掌，同学们这才稀稀落落地跟着拍手，由于不齐，越发显得零乱起来。经理挥了挥手："欢迎同学们到这里来参观。平时这些事一般都是由办公室负责接待，因为我和你们的导师是老同学，非常要好，所以这次我亲自来给大家讲一些有关情况。我看同学们好像都没有带笔记本，这样吧，王秘书，请你去拿一些我们公司印的纪念手册，送给同学们作纪念。"接下来，更尴尬的事情发生了，大家都坐在那里，很随意地用一只手接过经理双手递过来的手册。经理脸色越来越难看，来到林晖面前时，已经快要没有耐心了。就在这时，林晖礼貌地站起来，身体微倾，双手握住手册，恭敬地说了一声："谢谢您！"经理闻听此言，不觉眼前一亮，伸手拍了拍林晖的肩膀："你叫什么名字？"林晖照实作答，经理微笑点头，回到自己的座位上。早已汗颜的导师看到此景，才微微松了一口气。

两个月后，林晖成功地应聘到该公司。有几位一起投了简历的同学找到导师："林晖的学习成绩最多算是中等，凭什么选他而没选我们？"导师看了看这几张尚属稚嫩的脸，笑道："其实你们的机会是完全一样的，你们的成绩甚至比林晖还要好，但是除了学习之外，你们需要学的东西太多了，修养是第一课。"

【分析提示】

从以上案例可以看出，一个人在正式场合中的一言一行、一举一动不仅反映着一个人的交际技巧和能力，还直接反映了一个人的修养水平。林晖同学在此次活动中能够做到彬彬有礼、礼貌待人，引起了经理和秘书的关注，获得了他们的好感，自然也获得了不错的机会。因此，我们每个人不仅要学习好或工作好，还应该在修养方面下功夫。

一、礼仪修养的含义

每个人都希望自己在社会交际活动中能够做到谈吐文雅、举止大方、彬彬有礼，能够引起人们的关注，获得他人的好感。礼仪绝不仅是一种简单的外在表现形式，它还与人的自身修养密切相关，一个人的修养与他的礼仪水平是成正比的。因此，我们除了要注意礼仪的外在表现形式之外，还应该在修养方面下功夫，在勤奋的求知中不断地充实自己，以提高自己的礼仪水平。

修养是一个含义广泛的概念，指人们在思想、道德、学术以及技巧等方面勤奋学习和刻苦锻炼，经过长期努力所达到的一种品质和能力。

礼仪修养是指人们为了达到某种社交目的，按照一定的礼仪规范要求，结合自己的实际情况，在礼仪的品质、意识等方面所进行的自我锻炼和自我改造，从而形成一种境界和涵养。

现代礼仪修养继承了传统优秀修养理论，不但包括依照现代礼仪的基本原则和规范而进行的自我反省、自我检讨、自我批评和自我解剖，还包括在现代礼仪实践中形成的礼仪品质。

二、提高礼仪修养的途径

(一)自觉学习礼仪教育，从思想上提高礼仪修养水平

在人际交往中，礼仪不仅反映着一个人的交际技巧和能力，更反映着一个人的气质、风度和教养。

通过学习礼仪，可以提高自身的道德修养，更好地展示自身的优雅风度，塑造自己的良好形象。一个彬彬有礼、言谈得体的人，会受到人们的尊重和赞扬，而且他自己犹如一片春光，可以给他人、社会带来温暖和欢乐。人的自觉性不是先天就有的，而是要依靠教师的指点与不断的培养，靠社会健康的舆论导向和良好的社会风气共同作用。礼仪教育是个人礼仪修养充实完美的先决条件。通过礼仪教育，可以使人分清是非，明辨美丑，懂得常识，树立标准。礼仪教育也是人们礼仪行为形成的外因条件，为进一步的自我修养的内因创造了条件。通过这一重要条件，促使大学生不断努力，不断学习，提高自我修养的水平，最后达到处处讲究礼仪的目的。古人强调"吾日三省吾身"，说明提高个人修养必须注意反躬自省，学习礼仪也应时时注意自我检查，这样将有助于我们发现缺点，找出不足，不断总结经验，自我提高。

(二)通过书籍、网络等途径广泛阅读艺术作品，学习科学文化知识，使自己博闻多识

加强文化艺术方面的修养，对提高礼仪素质大有裨益。文化艺术修养的提高可以大大丰富礼仪修养的内涵，提升礼仪品位，并使礼仪水平不断提高。

一般来说，讲文明、懂礼貌、有教养的人大多是科学文化知识丰富的人。这种人逻辑思维能力强，考虑问题周密，分析事情较为透彻，处理事件较为得当，在人际交往时能显示出独有的魅力，而不显得呆板。

我国素有"礼仪之邦"之称，从古至今，有关礼仪的知识繁多，我国加入 WTO 后，对外交往更加频繁。世界各国的礼仪风俗千差万别，大学生有必要注意搜集、整理、学习和领会中外的礼仪知识，并在实践中运用，久而久之，必能使自己的礼仪修养提到新的高度。

(三)积极参加社会实践活动，逐步提高礼仪修养

现代社会，人际交往越来越广泛，仅仅从理论上弄清礼仪的含义和内容，而不去在实践中运用是远远不够的，礼仪修养关键在于实践，离开实践，修养就成为无源之水，无本之木。在培养礼仪修养时，要以主动积极的态度，坚持理论联系实际，将自己学到的礼仪知识积极地应用于社会生活实践的各个方面，要在学校、家庭等场合中，时时处处自觉地从大处着眼、从小处着手，用礼仪的准则来规范自己的言谈举止，如不随地吐痰，不乱扔纸屑，不在宿舍酗酒，不在深夜大声喧哗或放大音响音量，在购物付款、银行存款或候车排队时遵守公共秩序，依次而行。这样持之以恒，就会逐渐增强文明意识，培养礼貌行为，摒弃粗俗不雅的不良习惯，成为一个有礼仪修养的人。多实践，就不要怕出"洋相"，通过各种人际交往的实践，不断锻炼和提高。要注意既要克服妄自尊大，自命不凡的顽症，也要克服自卑自怯，畏首畏尾的通病。潮汕地区有一个礼节就是：当有客人来家做客时，要冲工夫茶给客人喝，如果因为不会或不熟而不敢冲茶招待客人，这显然是不太礼貌的。其实，假如我们努力去尝试，即使我们做得不好，客人也会被我们的真诚所感动的。生活中遇到老师或领导时，认为对方不认识自己甚至不会理自己，不敢跟老师或领导打招呼，其实，只要礼貌问好，没有一个老师或领导会无缘无故地不理会和自己打招呼的学生。

(四)自觉养成文明习惯

高度的物质文明和高度的精神文明是互为条件、互相促进的，讲究礼仪是精神文明的重要内容，而其中更为重要的是要培养良好的行为习惯。习惯是已经自动化了的行为活动，一旦形成，就会成为无意识的行为表现出来。假如一个养成了待人接物有礼貌习惯的人，当他在交际场合遇到他人时，就会自然而然地主动向对方问好；在现场观看体育比赛和文艺演出时，就会自然而然地用掌声来表达情感，而不是无节制地乱喊乱叫；当不慎碰到他人时，就会自然地说声对不起。做到"明礼诚信"，有助于建立良好的人际关系，反之，就容易引起他人反感，伤害情感，也表现了个人缺乏应有的文化道德修养。有好习惯，就有好人生，习惯可以在无意中形成，也可以有意识地培养和加以控制。

【实践练习】

创设情景训练：根据女士优先原则，分小组设置不同情景进行表演练习。

本 章 小 结

本章介绍了礼仪的起源与发展，礼与礼仪的内涵，礼仪的特点及对社会、个人发展的功能，礼仪及社交礼仪应遵循的原则及作用。礼仪修养的含义、重要性及提高礼仪修养的途径。

关 键 概 念

礼仪　礼貌　礼节　仪式　礼仪修养

课 堂 讨 论

1. 中西方礼仪为什么有较大的差异？
2. 礼仪的原则有哪些？
3. 礼仪有什么功能？
4. 礼仪修养对我们有何帮助？

复习思考题

1. 什么是社交礼仪？
2. 社交礼仪有哪些功能？
3. 简述社交礼仪的原则。
4. 如何提高礼仪修养？

第二章　个人形象塑造礼仪

学习目标

1. 能说出个人形象塑造的重要性。
2. 理解仪表美的三个层次，能根据脸型、体型选择适宜的发型。
3. 能描述着装的"TPO"原则及技巧和要求；知道不同肤色、脸型、身材与服装的搭配技巧。
4. 掌握男士着西装与女士着套裙的穿着要领。
5. 掌握仪容的保养和化妆修饰方法；了解不同脸型的化妆技巧；熟悉首饰佩戴的要求。
6. 能根据正确仪态的要求执行仪态训练方法。

学习内容

1. 仪表礼仪
2. 服饰礼仪
3. 仪容礼仪
4. 仪态礼仪
5. 表情礼仪

第一节　仪 表 礼 仪

【典型案例】

【指出失礼之处】

某公司招聘文秘人员，由于待遇优厚，应聘者很多。中文系毕业的小张同学前往面试，她的个人履历可能是最棒的：大学四年，在各类刊物上发表了三万字的作品，有小说、诗歌、散文、评论、政论等，还为六家公司策划过周年庆典，英语口语也极为流利，书法也很棒。小张五官端正，身材高挑、匀称。面试时，面试官拿着她的材料等她进来。小张穿着露出大腿的迷你裙，上身是露脐装，涂着鲜红的唇膏，轻盈地走到一位面试官面前，不请自坐，随后跷起了二郎腿，笑眯眯地等着问话。三位面试官互相交换了一下眼色，主面试官说："张小姐，请回去等通知吧。"她喜形于色："好！"挎起小包飞跑出门。

【分析提示】

小张是等不到录取通知的。因为小张的仪表不符合面试的要求。首先，她的着装不符合面试的礼仪；其次，她的妆容也不符合要求；此外，她的仪态也是有失礼仪的。

一、对仪表美的认识

(一)什么是仪表美

1. 仪表

仪表即人的外表，一般包括仪容、仪态、服饰及个人卫生等方面，是一个人精神面貌的外在体现。

一个人的仪表，不单纯是由其先天的生理条件决定的，也不仅仅是穿戴和修饰的问题，还与他的道德修养、文化素质、审美情趣和文明程度有关。

爱美是人的天性，追求仪表美是人们热爱生活的象征。随着社会文明程度的提高，追求仪表美越来越成为人们的一种共识。人们通常用仪表端庄、容貌俊秀、风度翩翩、举止潇洒等来赞扬一个人的仪表美。

2. 仪表美

仪表美是一个综合概念，包括三个层次的含义。

(1) 自然美：是指人的容貌、形体、体态等的优美。如体格健美匀称，五官端正秀丽，身体各部位比例协调，这些先天的生理因素是仪表美的基本条件。

(2) 修饰美：是指经过修饰打扮以后及后天环境的影响形成的美。无论一个人的先天条件如何，都可以通过化妆、服饰搭配、外形设计等方式使自己拥有仪表美。仪表美是每个人都可以去追求和创造的。

(3) 内在美：是一个人淳朴高尚的内心世界和蓬勃向上的生命活力的外在体现，这是仪表美的本质。真正的仪表美是内在美与外在美的和谐统一，慧于中才能秀于外。一个人如果没有道德、智慧、志向、风度等内在美作为基础，无论有多么好的先天条件，打扮得再精心，也只能是一种肤浅的美。缺少丰富深刻内涵的美，不可能产生魅力。因此，一个人的仪表美是其内在美的一种自然展现。

(二)仪表美的意义

1. 仪表美可以给人留下良好的第一印象

第一印象是指人际交往中形成的对他人的最初印象。社交中人们历来重视给对方留下良好的第一印象。实践证明，第一印象在某种程度上对一个人形象的形成起决定作用，良好的第一印象就像一张最好的通行证，是最权威的介绍信。

在社会交往中，人们首先是通过仪表开始相互认识的。在最初的交往中，仪表往往比一个人的档案、介绍信、证明、文凭等更能产生直接的效果。人们往往通过仪表来判断一个人的身份、地位、职业、学识、个性，等等。修饰得体的仪表能够给人留下深刻的印象，影响着人们相互交往的进展与深度。从这个意义上说，仪表美是社交活动的"通行证"。

2. 仪表美是自尊自爱的需要

一个衣冠不整、不修边幅的人，会被认为作风拖沓、生活懒散、社会责任感不强，难以得到人们的信任。一个热爱生活、富于理想、工作作风严谨的人，应当是注重仪表的。良好的仪表，既体现了一个人的精神风貌，展示了自己的内在美，也是自尊自爱的表现。

3. 仪表美是尊重他人的要求

注重仪表是讲究礼节、礼貌的表现，是对他人的一种尊重。仪表美使人们在思想上、感情上容易沟通，有利于增进相互了解和友谊。尊重是人们在社交活动中最普遍的心理需要，仪表美在一定程度上起到了调整人际关系、增进友谊的作用。

4. 仪表美能满足客人审美的需要

客人在进行消费时，需要美的环境、优质的商品，以及服务人员真诚的微笑、美的仪表。为满足顾客审美的需要，不少企业在美化环境的同时，对企业职工的仪容、仪表都有明文规定，旨在通过满足顾客审美的需要，获得顾客的好感和信赖。

5. 仪表美是企业公关活动的需要

企业公关人员的仪表，不仅反映了个人的精神面貌，还代表了企业的形象。公关人员每天接触来自五湖四海、各行各业的宾朋，仪表美会产生积极的宣传效果，给朋友们留下良好的印象。公关人员的仪表和仪态，反映了企业的管理水平和服务质量，其对接待服务工作的影响是不可低估的。美观整洁、端庄大方的仪容、仪表，能使客人产生好感，提升工作效果。企业贸易洽谈人员仪表美，有助于谈判的成功；服务人员仪表美，有利于提高服务质量。

二、仪表美的基本要求

张伯苓在天津南开中学东楼中的过道左侧立一面一人高的大镜子，上面镌刻着张伯苓请严范孙书写的四十个字，具体如下。

面必净，发必理，衣必整，纽必结，头容正，肩容平，胸容宽，背容直。

气象：勿傲、勿暴、勿怠

颜色：宜和、宜静、宜庄

这段箴言影响了包括周恩来总理在内的一代又一代南开学子。

仪表既然是一个人的精神面貌、内在气质的外在表现，那么对仪表美的总体要求就应当是：容貌端正，举止大方，行为端庄，遇事稳重，态度诚恳，待人亲切，服饰整洁，打扮得体，不卑不亢，彬彬有礼。

(一)追求秀外慧中

仪表美是内在美与外在美的和谐统一。要有美的仪表，必须从提高个人的内在素质入手。如果没有文明礼貌、品德修养、知识才能这些内在素质做基础，那么所有外在的容貌、服饰、打扮、举止，都会让人感到矫揉造作。

(二)强调整体效果

仪表美是多方面美的和谐统一。某一局部的美不等于是仪表美，仪表美是一种独具匠心的和谐的整体美。

(三)讲究个人卫生

在与人交往时，必须讲究仪表的整洁。应做到以下几点。

(1) 勤洗澡、勤换衣，男士要经常修面，女士要适度地使用化妆品，保持皮肤细腻、清洁。

(2) 保持口腔清洁，养成饭后刷牙的习惯，防止口臭。

(3) 工作前一般不要食用蒜、葱、韭菜等有刺激性气味的食物。

(4) 在工作岗位上不要浓妆艳抹和佩戴华贵的饰物，不应在众人面前炫耀自己。

(5) 头发要经常梳洗，发型要大方得体，指甲要经常修剪，保持指甲清洁。

三、仪表与头发

在当今社会，人们可以通过某人的头发来判断其职业、身份、所受教育程度、生活状况及卫生习惯，同时可以推断出其是否身心健康和对生活、事业的态度。人们观察一个人往往是"从头开始"的，头发经常会给他人留下十分深刻的印象。

(一)了解自己的发质

头发的基本成分是蛋白质，发质一般分为油性、中性、干性、混合性四类。

1. 油性发质

油性发质容易产生头屑，总是让人产生不适感，如瘙痒、油腻感。头皮上出油，头屑比较多，吹干之后，头发很容易变形，而且油亮发光。头发比较细，而且比较脆弱，虽然说比较多的皮脂能够保护头发，使头发不容易断裂，但比较细的头发皮脂覆盖的总面积会比较小，皮脂供过于求，水小于油，头发就呈现出油性。头部的皮脂腺非常丰富，所以分泌的油脂也非常旺盛。

2. 中性发质

柔滑光亮，不油腻，也不干枯，容易造型打理，这是健康正常的头发，水和油适中，可能会有少量的头屑。

3. 干性发质

头皮上皮脂分泌少，头发表现为粗壮、僵硬，无弹性，黯淡无光，发根往往卷曲，发梢分裂或缠结成团，易断裂分叉；风吹日晒、空气干燥等，均可使头发上的油脂和水分流失，导致头发油和水都过少，发干受损。染烫时易受损发质也属于干性发质，在染烫过程中，头发处在强碱环境下，此环境会造成头发的一些结构被破坏，使其失去锁水能力。

4. 混合性发质

头皮油但头发干，是一种靠近头皮头发很多油，越往发梢越干燥甚至分叉的混合状态。处于月经期的妇女和青春期的青少年的头发多为混合型发质，此时头发处于最佳状态，而体内的激素水平又不稳定，于是出现头发多油和干燥并存的现象。此外，频繁进行烫发或染发，又护理不当，也会造成发丝干燥但头皮油腻的现象。

(二)头发的保养

1. 洗发

头发位于人体的最顶端，打量一个人，首先看到的是这个人的头发。保养头发最重要的就是整洁，要勤于洗头，保持干爽。

一般来说，洗头的最佳频率是冬天 4～5 天洗一次，夏天 2～3 天洗一次，油性发质和干性发质的人，要分别缩短和延长 1～2 天。洗头时应轻柔，不要太用力挠，适当地按摩头皮。很多人在洗头的时候或感觉到头皮痒的时候，总喜欢使劲地挠，其实这会对头皮造成一定程度的损伤。适当地按摩能很好地促进头皮的血液循环，对头皮与头发都是有益的。洗头用温水，不能用冷水或热水，太冰冷或太热的水都会刺激头皮，容易造成头痛甚至脱发等问题。洗头后，应及时吹干，否则，容易造成脱发、头痛甚至失眠的后果。

2. 洗发水选择原则

(1) 油性发质：宜选用中性、微碱性的洗发水。伴有由于细菌滋生引起头屑的可以选用加去屑剂的洗发水。

(2) 中性发质：宜选用中性、微酸性洗发水，含简单护理成分的即可。

(3) 干性发质：宜选用微酸、弱酸性带护理成分的洗发水，配合护发素使用，经常焗油也可改善干性发质。

(4) 混合性发质：先清洁，后护理。即先按油性发质处理，再对发丝用护发素护理，并避免接触头皮。

3. 洗头发注意事项

(1) 早上为什么不宜洗头？

早上人刚起床，身体各个器官都处于苏醒阶段，血液循环还没有恢复到正常水平，血液运行得比较缓慢。当早上洗头的时候，由于头部皮肤比较敏感，水的刺激会突然使血液循环加速，血液循环的突然提速会令人感到头部不舒服。

(2) 晚上为什么不宜洗头？

由于晚上的空气湿度比较大，洗头后头发不容易干，当入睡的时候如果头发没干，由于头部皮肤紧贴枕头，无法通风，水分只能依靠人体体温蒸发，未及时蒸发的水分不断侵蚀头部皮肤，会引起头部皮肤不适。

由于副交感神经的作用，末梢血液循环最活跃的时间是在晚上 10 点到凌晨 2 点，此时也是让头发生长的毛母细胞新陈代谢最旺盛的时候，随着细胞增殖，头发会在早上 3 点到 10 点期间生长，此时头皮上的毛孔呈现松弛状态，如果在此期间洗发，洗发水成分很有可能会阻塞毛孔，从而造成掉发。

4. 梳头

梳头也很重要。不管头发长短，洗发后的梳头对头发都很有帮助。首先，梳头有利于保持头发的整洁；其次，梳头可以很好地刺激头皮，按摩头皮，促进血液循环，对大脑和头发的保养都很有帮助。

(三)发型的选择

选择发型时要考虑自己的职业、年龄及性格，力求实用、美观，并体现自己的个性。一般情况下，男士前面的头发不能遮住眉毛，两鬓的头发不要挡住耳朵，后面的头发不要碰到衬衫的领口，否则既不美观，又容易弄脏衣领；女士在重要的场合头发不应披散，以不过肩为宜，必要时应束发或盘发。男性发型应体现潇洒稳重、阳刚之气；女性发型应端庄大方又不失美感。每个人的脸型、身材特征都不尽相同，在选择发型时应注意扬长避短，梳理出适合自己脸型的发型。

1. 脸型的分类

一般而言，人的脸型大体有以下六种，如图2-1所示。

图2-1　六种脸型

2. 判断脸型的步骤

一般判断脸型有以下四步：第一步，量出脸部最宽的位置，如图 2-2 所示；第二步，比较脸的宽度和长度，如图 2-3 所示；第三步，比较额头和下颚的宽度，如图 2-4 所示；第四步，确定下巴轮廓，如图 2-5 所示。

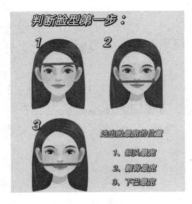

图2-2　量出脸部最宽处

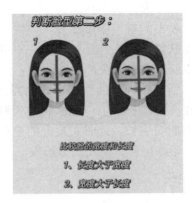

图2-3　比较脸的宽度和长度

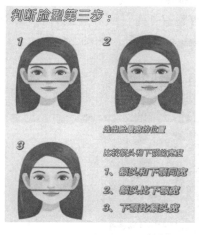

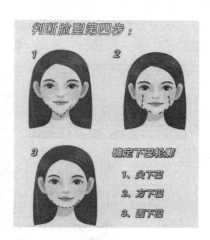

图 2-4　比较额头和下颚的宽度　　　　图 2-5　确定下巴轮廓

3. 根据脸型选择发型和刘海

绝大多数人面部都或多或少存在着某些缺陷，如颧骨过高，下巴过宽，前额窄小，等等。如果发型和刘海选择得好，就能掩盖面部的一些缺陷。

(1) 长脸型。这种脸型的人看起来端庄凝重，给人一种老成感。因此，应选择优雅可爱的发式来冲淡这种感觉。选多层次、两侧蓬松的发型为宜；前额处留刘海，可使脸看起来较短；两边修剪少许短发盖住腮部，脸就不显得长了。可以留长发，也可以齐耳，可以但发尾要松散流畅，以发型的宽度来缩短脸的视觉长度。若将头发做成自然成型的柔曲状会更理想，如图 2-6 所示。

图 2-6　长脸型适合发型

(2) 方脸型。这种脸型的特点是前额较宽、两腮突出，显得面部短阔。选发型的主要目的是尽量把下颚角盖住，不要使下颚角过于明显。适宜选择自然的大波浪发式，使整个头发柔和地将脸部包起来，两颊头发略显蓬松并遮住脸的宽部，让圆润的视觉线条冲淡脸部方正直线条的印象。头发不要剪得太短，也不要选择太平直或中分的发型，那样会使脸显得更方。头发要有高度，使脸看起来稍长，并在两侧留刘海，缓和脸的方正感。头发侧分，会增加蓬松感；头发一边多，一边少，可营造鸭蛋脸的感觉，如图 2-7 所示。

图 2-7　方脸型适合发型

（3）圆脸型。此脸型接近孩童脸，双颊较宽，适合两边削薄，挽到后脑勺的发型，可适当增加头顶发层的厚度，这样就能让脸显得长一些，增加稳重感，又不失甜美。男士的发型最好是两鬓很短，顶部留稍长一点的侧分头。吹发时将顶部头发吹得蓬松一点，可以显得脸长一些。圆脸型的人尤其适合选择线条垂直向下的发型或是盘发，这样的发型使人显得挺拔而秀气，如图 2-8 所示。

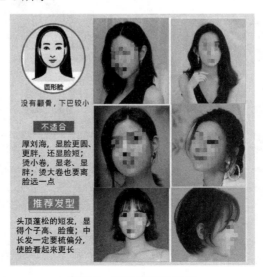

图 2-8　圆脸型适合发型

（4）椭圆脸型。此脸型是一种比较标准的脸型，许多发型与它配合都能达到很和谐的效果。但若采用中分发型，左右均衡、顶部略蓬松的发式，会更合适，以显示脸型之美，如图 2-9 所示。

图 2-9　椭圆脸型适合发型

（5）心形脸型。刘海可以设计成齐眉的一排，头发长度以超过下巴两厘米为宜，可向内卷曲，增加下巴的宽度，如图 2-10 所示。

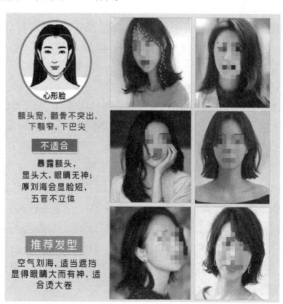

图 2-10　心形脸型适合发型

（6）菱形脸型。设计发型时，重点考虑颧骨突出的地方，用头发修饰一下前脸颊，把额头头发做蓬松并拉宽，能够增加额头发量，同时保持额头两侧头发蓬松饱满，耳朵附近的头发线条流畅，如图 2-11 所示。

图 2-11　菱形脸型适合发型

4. 根据体型选择发型

(1) 身材高大威壮者，应选择展现出大方、健康和洒脱美感的发式。

为避免给人大而粗、呆板生硬的印象，身材高大的女士，一般以简单的短发或盘发为好，切忌花样复杂，不宜留蓬松发。烫发时，不应卷小卷，以免发型与身材不协调。

(2) 身材高瘦者，适合留长发，可以适当增加些发饰。

若选择卷曲的波浪式发型，会让身材高瘦者看起来更协调。但身材高瘦者不宜盘高发髻，或将头发削剪得太短，以免给人一种更加瘦长的感觉。

(3) 身材较矮者，适宜留短发或盘发。

露出脖子可以使身材显得高些，并可以根据自己的喜好，将发式做得精巧、别致些，追求优美、秀丽。但身材较矮的人不宜留长发或粗犷、蓬松的发型，那样会使身材显得更矮。

(4) 身材较胖者，适宜梳淡雅舒展、轻盈俏丽的发式。

此类身材者选择发型的原则是将整体发型向上，将两侧束紧，使脖子亮出，这样会使人产生视错觉，产生瘦身的视觉效果。但若选择长波浪、两侧蓬松的发型，则会显得更胖。

另外，如果上身比下身长，或上下身等长，可选择长发以遮盖其上身；如肩宽臀窄，就应选择披肩发或下部头发蓬松的发式，以发盖肩，使肩部看上去较窄；若颈部细长，可选择长发的发式，不适宜采用短发式，以免使脖颈显得更长；若颈部较粗，则适宜选择中长发式或短发式，以分散颈粗的感觉。

总之，进行发式选择时，必须根据自己的体型选择一个与之相称的发型。

5. 根据职业选择发式

(1) 运动员、女学生宜选择轻松活泼的发型。

(2) 职业女性宜选择清秀、典雅的发型。应当避免佩戴与职业形象不符且过于艳丽的头饰，选择一些自然或深色的发饰，它们在增加美观的同时还可维持头发的整洁。长及背部(肩胛骨以下)的头发应当束起，因为盘束发型气质高雅，造型丰富美观，所以职业女性可以采用各种不同的盘发样式。

(3) 商务男士发型一般要求是：头发前不掩额，侧不掩耳，后不及领，并且面不留须。不管梳什么发型，最重要的原则就是干净和整齐。避免怪异、过于新潮的发型，不宜使用任何发饰。

6. 根据性格选择发式

(1) 活泼开朗的女性：宜以短发或流行发式为主。
(2) 稳重干练的女性：宜选用高雅且成熟的发型。
(3) 温柔清纯的女性：宜选用直发。

【实践练习】

根据自己的脸型、体型、职业、性格、性别找到适合自己的发型。

第二节　服饰礼仪

【典型案例】

【指出失礼之处】

国内一家效益很好的大型企业的总经理叶明，经过多方努力和上级有关部门的牵线搭桥，终于使德国一家著名的家电企业董事长同意与自己的企业合作。谈判时，为了给对方留下精明能干、时尚新潮的好印象，叶明上身穿了一件T恤衫，下身穿了一条牛仔裤，脚穿一双旅游鞋。当他精神抖擞、兴高采烈地带着秘书出现在对方面前时，对方瞪着不解的眼睛看着他，上下打量了半天，非常不满意。最终这次合作没有达成。

【分析提示】

问题原来在于，国外商界人士普遍认为：在正式场合应穿正装。而本案例中叶明的着装不合时宜，给客户留下了不好的印象，导致合作未果。

服饰是对人们衣着及其装饰品的统称。穿着服饰是一门艺术，服饰美是仪表美的要素之一，是人际交往的第二语言。虽说穿衣戴帽各有所好，但从中却能体现出一个人的文化修养、品格和审美情趣。一个人如果讲究服饰礼仪，穿戴得体，就会赢得别人的喜爱和尊重。反之，如果不修边幅，或穿戴不伦不类，则会大大损害自己的形象。整洁、大方、美观的服饰有一种无形的魅力。因此，外出时要衣冠整洁，以便给人良好的第一印象。

服饰是一种文化，能够反映出一个国家、一个民族的精神与物质文明发展的程度。服饰还是一种"语言"，它能表达一个人的社会地位、文化品位、审美意识以及生活态度等。商务人士的服饰不仅传递着穿着者的个人信息，还体现了所在企业的形象。因此，许多企业要求员工工作时穿着统一的制服，在其他正式场合穿着西服套装。有人说，"服饰在左右着你的成就""对一个企业家来说，西装就等于您的名片，等于贵公司的徽章"。因此，在社交活动中应当注意着装，根据自身的特点，以及特定场合的需要，选择得体的服装，表现和谐的美。

一、着装的"TPO"原则

"TPO"原则是有关服饰礼仪的基本原则之一。"TPO"代表三个英语单词，它们分别是时间(Time)、地点(Place)和场合(Occasion)，即着装应该与当时的时间、所处的地点和场合相协调。

(一)时间原则

根据不同的时间段选择适当的服装风格。例如，白天工作或参加活动时，可以选择正装或华丽、高雅的服装；而在休闲时，可以选择舒适、轻松的服装。服装还要根据季节气候的特点进行选择，保持与潮流大势同步。

(二)地点原则

在不同的地点，人们的着装也应该有所不同。例如：在办公室、商务场合或正式场合，应该选择正式、专业的服装；在户外、休闲场合或度假胜地，则可以选择休闲、舒适的服装。

(三)场合原则

根据不同的场合选择适当的服装。例如：在晚宴、婚礼、庆典等正式场合，应该选择正式、华丽的服装；在运动、体育赛事、户外等场合，可以选择运动、休闲的服装；在日常生活中，则可以选择简约、大方的服装。

二、着装的整体协调

(一)与年龄协调

老年人服装应体现成熟、稳重的特点，应穿结构简单，色彩简洁，质地较好的服装；青年人的服装应突出活力与时尚的特点，选择色彩鲜艳、样式新颖，富有时代感的服装。

(二)与身份协调

教师的着装应朴素大方，样式不宜过于新颖，以免分散学生的注意力；医生宜穿浅色，显出清新、洁净，并力求稳重，给人以安全感；党政干部服装应简朴、庄重；青少年学生应保持纯真活泼，不要过于成人化。

(三)与个人条件协调

肤色深可穿浅色衣服，肤色白可穿深色衣服，用这种反衬突出形体的优势，遮掩不足。总之，服饰之美要注重整体的协调和谐，以达到服饰的修饰作用。

三、着装的技巧

俗话说得好："三分人才，七分打扮。"我们应在合理的着装上下功夫，通过巧妙的装扮使人的外表无懈可击，形成一个和谐的整体美，达到"视其装而知其人"的效果。在不同的时间、地点、场合穿着符合身份的得体服装，是社交活动中着装的基本原则。着装得体，能显示出特有的品位和风格，产生特殊的魅力。如果不符合这条原则，即使穿上华丽、昂贵的服装，也会让人觉得品位较低，甚至闹出笑话。

(一)着装应满足他人对其"社会角色"的期待

人们的仪表、言行必须符合他们的身份、地位，与个人社会角色相匹配的着装才能被人理解、接受。

(二)选择得体的服装款式

符合服装穿戴"TPO"的原则，即穿着要符合自己的年龄、性格、体形。突出长处，遮掩某些缺陷，能与个性融为一体的服装，会使人自然生动。

(三)不同场合的着装

选配和穿着服装，还必须适合不同的地点和场合。在铺着丝绒地毯的豪华宾馆里，在辽阔碧绿的田野里，在琳琅满目的购物市场或喧闹的游乐场，着装应与环境相协调，穿出不同的款式和风格。假如穿着牛仔裤和套头 T 恤衫进五星级宾馆参加盛宴，不但对主人来说是一种不礼貌，自己也会感到有损尊严而局促不安。在悲哀的场合，若有人穿红戴绿，浓妆艳抹，就会破坏肃穆的气氛，令人生厌。社交界对衣着穿戴非常敏感，尤其是与陌生人初次见面，人们往往会以貌取人，从衣着打扮上品评你的才能及人格。只有穿着打扮与环境相得益彰，才能展示出优雅、迷人的风度。

服装可分为三类，即正式服装、工作服装、休闲服装。原则上讲，正式、隆重的场合应着礼服，一般场合可着便服。

1. 隆重场合着礼服

西方传统礼服有大礼服、小礼服和晨礼服之分。大礼服也称燕尾服，由黑色与白色衣料做成，背后裁剪得就像燕子的尾巴，是晚间的正式礼服，一等勋章的授勋仪式、诺贝尔奖授奖仪式都要求穿燕尾服。小礼服也称晚餐服和便礼服，一般参加晚六时以后举行的晚宴、音乐会、剧院演出等活动着这种礼服。晨礼服为白天参加典礼、星期日教堂礼拜的着装。女士礼服可分为常礼服、小礼服和大礼服。女士礼服的特点是日间密实，夜间露肤，晚礼服使用闪光布料及装饰品。近些年，大多数国家在着装方面日趋简化，在许多正式场合，男士穿着质地上等的深色西装即可。

我国的服装没有严格的礼服、便服之分。在正式场合，男士一般的正式服装有西装套装、中山装、制服及民族服装等。女士的正式服装主要有西装套裙、旗袍、连衣裙、民族服装等。

2. 工作场合着工作服

工作服不像正式场合的礼服那么正规、华贵，颜色、质地没那么考究，也不像便服那么随意。上班穿的服装要整洁、大方、雅致、端庄，不可过分惹人注目，女士不可穿过于时髦和暴露的服装。无论是否统一着装，上班的着装必须是庄重整齐的，它表明了员工的责任感，增加了企业的可信任程度，也表现了对他人的尊重。

3. 休闲场合着休闲服

休闲服是指家常服装、运动装等，有随意、宽松、舒适的特点，适用于外出旅游，参观游览或休闲居家，可根据自己的特点、爱好选择。如 T 恤衫、连衣裙、牛仔服、运动服、夹克衫、羊毛衫等，但也要注意得体适度。随着生活水平和着装品位的提高，人们已逐步改变了那种休闲时穿旧的或宽松衣服的观念。

(四)注重服装色彩的协调

服装色彩是体现服饰艺术的重要因素，没有不美的颜色，只有不美的搭配。人们经常根据服装配色的优劣来决定是否适合穿着，并以此来评价穿着者的文化艺术修养。因此，服装配色是衣着美的重要一环。服装色彩搭配得当，能使人在视觉上产生美感，可使人显得端庄优雅、风姿卓著；搭配不当，则使人显得不伦不类、俗不可耐。要巧妙地利用服装色彩神奇的魔力得体地打扮自己，就要掌握服装配色的基本原理，如浅色具有扩张感，深色具有收缩感。服装色彩与肤色也有关系，如黄皮肤的人应避免选用蓝紫、朱红等颜色，皮肤黑的人不宜选用深褐、大红等颜色，脸色红的人应避免选用绿色，白色几乎适合任何人。一般来说，服装色彩的搭配有四种方法。

1. 同种颜色相配

同色搭配是一种简单易行的配色方法，即把同一色相、明度接近的色彩搭配起来。如深蓝与淡蓝、西瓜红与浅粉、蓝色与灰色等。这样搭配的服装，可以产生一种和谐、自然的色彩美，如图 2-12 所示。

图 2-12　同种颜色相配

2. 邻近色相配

相近的色彩搭配起来，易起到调和的效果，如绿与黄、紫与蓝、蓝与绿等色的搭配。邻近色搭配时，两种或三种颜色的明度与纯度最好错开。例如，用深一点的绿和浅一点的黄相配，或中紫和淡蓝相配，都能显出调和中的变化，起到一定的对比作用，如图 2-13 所示。

图 2-13 邻近色相配

3. 主色调相配

以一种主色调为基础色，再配上次要色，使整个服饰的色彩主次分明，相得益彰，这是常用的配色方法。采用这种配色方法需要注意，用色不要太繁杂、凌乱，尽量少用、巧用。一般来说，男性服装不宜有过多的颜色变化，以不超过三种颜色为好。女装常用的各种花色面料，色彩也不要过于堆砌，色彩过多，会显得太浮艳、俗气。常见主色调相配的搭配如图 2-14 所示。

图 2-14 主色调相配

4. 对比色相配

服装色彩相配，也常采用对比色相配的手法。红与绿、黄与紫、蓝与橙、白与黑都是对比色。对比的色彩,既有互相对抗的一面,又有互相依存的一面,在吸引人或刺激人视觉感官的同时,产生强烈的审美效果。鲜艳的色彩对比,有时也能给人和谐的感觉。红色与绿色是强烈的对比色,如果搭配不当,就会显得过于醒目、艳俗。若在红与绿衣裙间适当添一点白色、黑色或灰色的饰物,使对比之间有一定的过渡,就能变得协调;或者红、绿双方都加以白色,使之成为浅红与浅绿,看起来就不那么刺眼了。

(五)肤色与服装的搭配

1. 白皙肤色

肤色白皙的人穿淡蓝色、淡黄色、粉红、淡绿色等粉色系列的服装,会显得格外青春活力,甜美和温柔。穿上大红、深蓝、深灰等深色系的服装,会使皮肤显得更白皙、楚楚动人。如果肤色太白或者偏青色,则不宜穿冷色调衣服,否则会愈加突出脸色的苍白。

2. 黝黑肤色

肤色较黑的人宜穿暖色调的衣服,亦可穿纯黑色的衣服,以绿、红和紫罗兰色作为补充色,可选择白、灰和黑色三种颜色作为调和色。以主色调相配搭配服装时,主色调可以选择浅棕色或者带浅蓝、深灰的两种颜色,配上鲜红、白、灰色,也是相宜的。此外,若穿上黄棕色或黄灰色的衣服,脸色会显得明亮一点;若穿上绿灰色的衣服,脸色会显得红润一点。不要穿大面积的深蓝色、深红色等色调较暗的颜色,这样会让人看起来灰头土脸的。

3. 小麦色肤色

小麦色肤色的人宜穿深蓝、灰色等色彩的服装,深红、翠绿这些色彩也能很好地突出开朗的个性。不适合穿茶绿、墨绿色的衣服,因为这些色彩与肤色的反差太大。

4. 红润肤色

肤色红润的人宜穿非常淡的丁香色和黄色的服装,无须过分强调主色调。以主色调相配搭配服装时,可穿淡咖啡色配蓝色,黄棕色配蓝紫色,红棕色配蓝绿色等。面色红润的黑发女士,最宜穿着微饱和的暖色调衣服,同时佩戴淡棕黄色、黑色加彩色的佩饰,用以陪衬健美的肤色。尽量少穿绿色或灰色调的衣服,避免显得皮肤有"病色"。

5. 偏黄肤色

肤色偏黄的人适合穿蓝色或浅蓝色的上装,它能衬托出皮肤的洁白娇嫩,也适合穿粉色、橘色等暖色调服装。尽量少穿绿色或灰色调的衣服,避免皮肤显得更黄,甚至会显出"病容"。

(六)脸型、身材与服装的搭配

1. 长脸

长脸如图 2-15 所示,这种脸型的人不宜穿领口与脸型相同的衣服,更不宜穿 V 形领口和领口开得较低的衣服,不宜戴长的下垂的耳环;适宜穿圆领口的衣服,如图 2-16 所示；也可穿高领口的衣服，如图 2-17 所示；还可穿马球衫或带有帽子的上衣，可戴宽大的耳环。

2. 方脸

方脸如图 2-18 所示，这种脸型的人不宜穿方形领口的衣服，不宜戴宽大的耳环，适合穿 V 形领(见图 2-19)或勺形领(见图 2-20)的衣服，可戴耳坠或者小耳环。

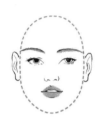

图 2-15　长形脸

图 2-16　圆领口上衣

图 2-17　高领口上衣

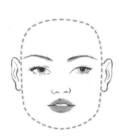

图 2-18　方形脸

图 2-19　V 形领上衣

图 2-20　勺形领上衣

3. 圆脸

圆脸如图 2-21 所示，这种脸型的人不宜穿圆领口的衣服，也不宜穿高领口的马球衫或带有帽子的衣服，不适合戴大而圆的耳环，戴耳坠或者小耳环比较好。这种脸型的人最好穿 V 形领衣服，或者穿翻领衣服，如图 2-22、图 2-23 所示。

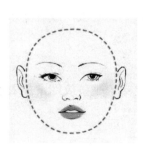

图 2-21　圆形脸

图 2-22　V 形领上衣

图 2-23　翻领上衣

4. 粗颈

脖子较粗的人不宜穿关门领式或窄小的领口和领型的衣服；不宜佩戴短而粗的紧围在脖子上的项链或围巾。适合穿宽敞的开门式领型的衣服，领子不宜太宽或太窄；适合戴长珠子项链。

5. 短颈

脖子较短的人不宜穿高领衣服，不宜戴紧围在脖子上的项链；适宜穿敞领、翻领或者低领口的衣服。

6. 长颈

脖子较长的人不宜穿低领口的衣服，不宜戴长串珠子的项链；适宜穿高领口的衣服，系紧围在脖子上的围巾；宜戴宽大的耳环。

7. 窄肩

肩较窄的人不宜穿无肩缝的毛衣或大衣，不宜穿窄而深的 V 形领的衣服；适合穿开长缝的或方形领口的衣服，可穿宽松的泡泡袖衣服；适宜加垫肩类的饰物。

8. 宽肩

肩宽的人不宜穿长缝的或宽方领口的衣服，不宜用太大的垫肩类的饰物，不宜穿泡泡袖衣服；适宜穿无肩缝的毛衣或大衣；适宜穿深的或者窄的 V 形领的衣服。

9. 粗臂

手臂较粗的人不宜穿无袖衣服，穿短袖衣服也以衣袖在手臂一半处为宜；适宜穿长袖衣服。

10. 短臂

手臂较短的人不宜穿袖口边太宽的衣服，衣服袖长是通常袖长的 3/4 为好。

11. 长臂

手臂较长的人不宜穿衣袖又瘦又长的衣服，衣服的袖口边也不宜太短；适合穿短而宽的盒子式袖子的衣服，或者宽袖口的长袖子衣服。

12. 小胸

胸部较小的人不宜穿领口露乳沟的衣服；适合穿开细长缝领口的衣服，或者穿水平条纹的衣服。

13. 大胸

胸部较大的人不宜穿高领口或者在胸围打碎褶的衣服，不宜穿水平条纹图案的衣服或短夹克；适合穿敞领和低领口的衣服。

14. 长腰

腰长的人不宜系窄腰带，且以系与下半身服装同颜色的腰带为好；不宜穿腰部下垂的服装。适合穿高腰的、上有褶饰的罩衫或者带有裙腰的裙子。

15. 短腰

腰短的人不宜穿高腰式的服装，系宽腰带；适合穿使腰、臀有下垂感的服装，系与上衣颜色相同的窄腰带。

16. 宽臀

臀部较宽的人不宜穿在臀部补缀口袋的裤子，不宜穿打大褶或碎褶鼓胀的裙子，不宜穿宽松袋状的裤子。适合穿柔软合身、线条苗条的裙子或裤子，裙子最好有长排纽扣或中央接缝。

17. 窄臀

臀部较窄的人不宜穿太瘦长的裙子或过紧的裤子，适合穿宽松袋状的裤子或宽松打褶的裙子。

18. 臀部大

臀部较大的人不宜穿紧瘦的长裤和上衣，适合穿柔软合身的裙子和上衣，或穿长而宽松的裤子。

四、套裙的礼仪

所有适合职业女士在正式场合穿着的裙式服装中，套裙是首选。套裙是西装套裙的简称，上身是女式西装，下身是半截式裙子，也有三件套的套裙，即女式西装上衣、半截裙外加背心。

套裙可以分为两种基本类型，一种是用女式西装上衣和任意一条裙子进行的自由搭配组合成的"随意型"，一种是女式西装上衣和裙子成套设计、制作而成的"成套型"。

(一)怎样选择套裙

一套在正式场合穿着的套裙，应该由高档面料缝制，上衣和裙子要采用同一质地、同一颜色的素色面料。在造型设计上要为着装者扬长避短，所以提倡个性化定制，并且做工讲究。上衣注重平整、挺括、贴身，较少使用饰物和花边进行点缀。裙子要以窄裙为主，并且裙长要及膝或者过膝。

色彩方面以冷色调为主，应当清新、雅致而凝重，以体现着装者的典雅、端庄和稳重。选用藏青、炭黑、茶褐、土黄、紫红等稍冷一些的色彩都可以，最好不选鲜亮抢眼的颜色。有时两件套套裙的上衣和裙子可以是同一色，也可以是两种不同的色彩，这样形成鲜明的对比，可以强化它留给别人的印象。

有时候，穿着同色的套裙，可以搭配不同颜色的衬衫、领花、丝巾、胸针、围巾等衣饰，来加以点缀，显得生动、活泼。另外，还可以采用不同色彩的面料，来制作套裙的衣领、兜盖、前襟、下摆，这样也可以使套裙的色彩看起来比较活泼。为避免显得杂乱无章，一套套裙的全部色彩不应超过两种，如图 2-24 所示。

图 2-24　女士马甲配短裙

　　正式场合穿的套裙可以不带任何图案，要讲究朴素而简洁，如图 2-25 所示。以方格为主体图案的套裙，可以使人静中有动，充满活力。一些以圆点、条纹图案为主的套裙也可以穿着，但不能用花卉、宠物、人物、符号等为主体图案。套裙上不要添加过多的点缀，否则会显得杂乱而小气，若喜欢可以选择少而且制作精美、简单的点缀，如图 2-26 所示。

　　套裙的上衣和裙子的长短没有明确的规定。一般认为裙短不雅，裙长无神。最理想的裙长，是裙子的下摆恰好抵达小腿肚子最丰满的地方。套裙中的超短裙，裙长应以不短于膝盖以上 15 厘米为限，如图 2-27 所示。

图 2-25　女士套裙一

图 2-26　女士套裙二

图 2-27　女士套裙三

(二)套裙穿着和搭配的六个要点

1. 大小适度

上衣最短可以齐腰，裙子最长可以达到小腿中部，上衣的袖长要盖住手腕。

2. 认真穿好

要穿得端端正正。上衣的领子要完全翻好，衣袋的盖子要拉出来盖住衣袋。衣扣要全部系上，不允许部分或全部解开，更不允许当着别人的面随便脱下上衣。

3. 注意场合

女士在各种正式活动中，一般以穿着套裙为好，尤其是涉外活动中，其他场合就没必要一定穿套裙。当出席宴会、舞会、音乐会时，可以选择和这类场合相协调的礼服或时装，在这种高度放松的场合里还穿套裙的话，会使你和现场"格格不入"，还有可能影响别人的情绪。外出观光旅游、逛街购物、健身锻炼时，当然是休闲装、运动装等便装最合适了。

4. 协调妆饰

通常穿着打扮，讲究的是着装、化妆和配饰风格统一，相辅相成。穿套裙时，要特别注意维护好个人的形象，所以不能不化妆，但也不能化浓妆。配饰要少而精，合乎身份。在工作岗位上，不佩戴首饰也是可以的。

5. 兼顾举止

套裙最能够体现女性的柔美曲线，这就要求你举止优雅、注意个人的仪态等。当穿上套裙后，要站得又稳又正，不可以双腿叉开，站得东倒西歪。就座以后，务必注意姿态，不要双腿分开过大，或是跷起一条腿来，抖动脚尖，更不可以脚尖挑鞋直晃，甚至当众脱下鞋来。走路时不能大步地奔跑，只能小步走，步子要轻而稳。当拿自己够不着的东西时，可以请他人帮忙，千万不要逞强，尤其是不要跷起脚尖、伸直胳膊费力地去够，或是俯身、探头去拿。

6. 搭配衬裙

穿套裙的时候一定要穿衬裙。特别是穿丝、棉、麻等较薄的面料或浅色面料的套裙时，假如不穿衬裙，就很有可能使内衣"若隐若现"。可以选择透气、吸湿、单薄、面料柔软的衬裙，而且应为单色，如白色、肉色等，必须和外面套裙的色彩相互协调，不要出现任何图案，应该大小合适，不要过于肥大。

(三)套裙鞋袜的选择

用来和套裙配套的鞋子，应该是皮鞋，并且黑色的牛皮鞋最好，和套裙色彩一致的彩色皮鞋也可以选择。袜子可以是尼龙袜、丝袜或羊毛袜，但鲜红、明黄、艳绿、浅紫色的最好别穿。袜子可以选肉色、黑色、浅灰、浅棕等几种常见颜色，最好是单色。穿套裙的时候，有意识地注意一下鞋、袜、裙之间的颜色是否协调。鞋、裙的色彩应与袜子的色彩相同或略深。如果一位女士在穿白色套裙、白色皮鞋时穿上一双黑色袜子，就只会给人以长着一双"乌鸦腿"的感觉。不论是鞋子还是袜子，图案和装饰都不要过多。穿着网眼、镂空、珠饰、吊带、链扣或印有时尚图案的鞋袜，会给人肤浅的感觉。

在和套裙搭配穿着时，鞋子款式也有讲究。鞋子应该是高跟、半高跟的船式皮鞋或盖式皮鞋。系带式皮鞋、丁字式皮鞋、皮靴、皮凉鞋等，都不适合采用。高筒袜和连裤袜，是套裙的标准搭配。中筒袜、低筒袜，绝对不要和套裙同时穿着。

另外，鞋袜应当大小相配套，完好无损。穿的时候不要随意乱穿，也不能当众脱下；不要同时穿两双袜子，也不可将九分裤、健美裤等当成袜子穿；有些女士喜欢有空便脱下鞋子，或是处于半脱鞋状态；还有个别人经常将袜子撸下去一半，甚至当着外人的面脱去袜子，这些都是不礼貌的行为习惯。

不要暴露袜口。暴露袜口，是公认的既缺乏服饰品位又失礼的表现，穿套裙时应自觉避免这个情形的发生，穿开衩裙的时候也要注意。

(四)女士穿着职业套裙的注意事项

女士在穿着职业套裙时一般要注意以下几点，如图 2-28 所示。

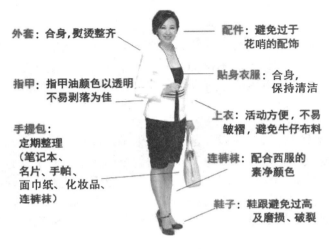

外套：合身，熨烫整齐

配件：避免过于花哨的配饰

指甲：指甲油颜色以透明不易剥落为佳

贴身衣服：合身，保持清洁

上衣：活动方便，不易皱褶，避免牛仔布料

手提包：定期整理（笔记本、名片、手帕、面巾纸、化妆品、连裤袜）

连裤袜：配合西服的素净颜色

鞋子：鞋跟避免过高及磨损、破裂

图 2-28　女士着职业套裙

1. 不可自由搭配

标准的西装套裙主要是西装上衣和半截裙的"完美"搭配，不可随意搭配。一定不要穿黑色皮裙。

2. 鞋袜干净

鞋袜颜色大小匹配，不能光腿；袜子不能残破，袜口不能从裙下露出；不能出现"三截腿"。鞋的款式简单大方，以黑色为宜，鞋跟高度适中。

五、西装礼仪

西装是一种国际性的服装，源于欧洲，清朝末年传入我国。西装线条流畅挺括，做工讲究，再加上实用性强，四季皆宜，使穿着者显得稳重高雅、自然潇洒，在我国普及得很快，是正式场合着装的首选。而居家、旅游、娱乐的时候，不必穿西装。根据国际惯例，参加正式、隆重的宴会，欣赏高雅的文艺演出时，应该穿着西装。

鉴于西装在对外活动中往往充当正装或礼服的用途，面料的选择应尽可能高档。藏蓝色西装是首选，灰色或棕色也可以，而黑色的西装适合在庄严、肃穆的礼仪性活动中穿着。

按照惯例，越是正规的场合，越讲究穿单色西装。

要想使自己所穿着的西装真正得体，就必须在西装的款式、穿法、搭配等方面严守规范。

(一)西装的分类

西装主要有三种常见的区分方法：版型、件数和纽扣数量。

1. 按版型划分

主要分为欧式西装、英式西装、美式西装和日式西装四种版型。

(1) 欧式西装，也有人称为意版西装。欧式西装洒脱大气，是在欧洲大陆流行的西装样式，其主要特征是：上衣成倒梯形。宽肩收腰，多为双排两粒扣式或双排六粒扣式，而且纽扣的位置较低，它的衣领较宽，垫肩与袖笼较高，强调肩部与后摆，后摆不开衩，下摆稍长，适合身材高大魁梧的人穿，如图 2-29 所示。从样式来说，双排扣早已不再流行，不符合当前简约的时尚风格。现在多为单排三扣或是单排双扣。

(2) 英式西装。英国人强调优雅的绅士风度，个性考究、矜持。其服装也带有明显的内敛严肃的特征。英式西装裁剪得体，其主要特征是：肩部垫肩明显，腰部收缩。后摆两侧开衩，衣领是 V 形领，并且较窄，领型比例适当，不刻意强调肩宽，讲究穿在身上自然、贴身。英式西装多为单排扣式，高三粒扣和低三粒扣款式较为多见。由于款式的裁剪非常包身合体，适合普通身材条件和精致身材的男性着装，如图 2-30 所示。英式西装不适合高大、腰腹部过于丰满的男士，脖颈偏短的男性也不适合，因为纽扣的位置太高，领带、衬衫的领子和西服领子都挤在脖子下面，会使身体上部的紧缩感明显。

图 2-29 欧式西装

图 2-30 英式西装

(3) 美式西装。美式西装强调舒适、随意，主要特征是宽松肥大、肩部不加衬垫，因而被称为"肩部自然"式西装，其领型为宽度适中的 V 形，腰部宽大，后摆中间开衩，多为单排扣式。外观上方方正正，宽松舒适，较欧式西装稍短一些，适合休闲场合穿，所以美版西装往往以单件者居多，一般都是休闲风格，如图 2-31 所示。

(4) 日式西装。日式西装贴身凝重，主要特征是：一般不收腰，垫肩不高，衣身较短，上衣的外观呈现 H 形。领子较短、较窄，后摆不开衩，多为单排扣式，后衣身长要比欧式西服短一厘米左右，适合肩不是特别宽、身材中等的男士穿着，如图 2-32 所示。比较而言，英式西装与日式西装更适合中国人穿。

图 2-31　美式西装　　　　　　　　　　图 2-32　日式西装

2. 按件数划分

按件数划分可将西装分为单件和套装两类。

单件西装是一件和裤子不配套的西装上衣，仅适用于非正式场合。

在正式的商务交往中所穿的西装，必须是西装套装。西装套装分为两件套和三件套。两件套西装套装包括一衣和一裤，如图 2-33 所示。三件套西装包括一衣、一裤和一件马甲，如图 2-34 所示。三件套西装比起两件套西装来，显得更正规。一般参加高层次的对外活动时，可以穿三件套西装。

3. 按照西装上衣的纽扣数量来划分

按上衣纽扣数量可将西装上衣分为单排扣和双排扣两类。

单排扣的西装上衣比较传统，最常见的有三种：一粒纽扣西装、两粒纽扣西装(见图 2-35)和三粒纽扣西装(见图 2-36)。一粒纽扣和三粒纽扣单排扣西装上衣穿起来比较时尚，而两粒纽扣的单排扣西装上衣就显得更为正统一些。

双排扣的西装上衣最常见的有两粒、四粒、六粒纽扣三种，如图 2-37 所示。两粒纽扣和六粒纽扣两种款式的双排扣西装上衣属于流行的款式，而四粒纽扣的双排扣西装上衣就明显地具有传统风格。

图 2-33 男士两件套西装

图 2-34 男士三件套西装

图 2-35 两粒纽扣西装

图 2-36 三粒纽扣西装

图 2-37 双排扣西装

(二)西装的穿着要领

西装的缝制和穿着都有讲究,有"西装七分在做,三分在穿"之说。怎样穿西装,才能符合国际上的礼仪呢?须注意以下几点。

1. 讲究规格

西装有二件套、三件套之分,无论哪种规格,穿着时都必须整洁、笔挺。正式场合应穿同一面料、同一颜色的毛料套装,内穿单色衬衫、系领带、戴领夹、穿皮鞋。三件套外衣在正式场合不能脱下。按国际惯例,西装里面不加毛背心或毛衣,否则显得十分臃肿,以致破坏西装的线条美。

2. 穿好衬衫

西装里面直接穿着衬衫,衬衫领子要挺括,不能有污垢,要系好领口和袖扣,衬衫的下摆要塞在裤腰里,衬衫领子与衣袖要稍长于西装领子和衣袖 1~2 厘米,以显示穿着的层次。衬衫里面的内衣领和袖口不能外露;否则,会显得不伦不类,很不得体。衬衫之内不宜穿棉纺或毛织的背心、内衣。如果寒冷难忍,也只宜穿上一件较薄的 V 领的单色羊毛衫或羊绒衫。

3. 系好领带、领夹

西装驳领间的 V 字区最为显眼，领带系在这个部位的中心，领带的领结要饱满，与衬衫的领口吻合要紧凑，领带的长度以系好后大箭头垂到皮带扣处为最标准。西装系纽扣时，领夹夹在衬衫第二粒与第三粒纽扣之间为宜；西装敞开时，领夹夹在第四粒至第五粒纽扣之间为好。

4. 用好衣袋

上衣两侧的两个衣袋只作装饰用，不可装物品，不然会使西装上衣变形。西装上衣左胸部的外衣袋只可放折叠好的装饰手帕，其余东西一般不可装入，尤其不应当在袋口别钢笔、挂眼镜。有些物品(如票夹、名片盒等)可放在上衣内侧衣袋里，裤袋里亦不可装物，以求裤型美观，裤子后兜可装入手帕。

5. 系好纽扣

西装有单排扣、双排扣之分。双排扣西装一般要求把全部纽扣系上。单排三粒纽扣的西装只系上中间一粒；两粒纽扣的西装只系上面一粒，或全都不系，但不能全系。外国人是这样认为的："只系上面是正统，只系下面是流气，全都系上是土气，全都不系是潇洒。"因此，一般在较正式的场合，把第一粒纽扣系上，在坐下时方可解开，以防衣服走样，但起身站立时，应当系上纽扣。

6. 穿皮鞋

穿西装一定要穿皮鞋，黑色的皮鞋素雅大方，因而穿着比较普遍。皮鞋一定要经常上油打亮。不能穿旅游鞋、轻便鞋、布鞋或凉鞋。

(三)男士西装穿着注意事项

男士在着西装时一般要注意以下几点，如图 2-38 所示。

图 2-38　男士着西装注意事项

男士穿西装时还要做到三个"三"，如图 2-39 所示。

图 2-39　男士着西装的原则

1．三色原则

着西装时全身颜色不能超过三种，包括上衣、下衣、衬衣、领带、鞋和袜子。身上三个部位的风格必须协调统一。

2．三一定律

男士穿着西服、套装出席商务活动、庆典、签字仪式等场合时，"鞋子、腰带、公文包"三个要保持协调。

3．三个错误

(1) 穿西装时，左袖商标没拆。购买回来的西装一定要记得拆除左衣袖上的商标、纯羊毛标志以及其他标志。

(2) 男士在正式场合穿着西服套装时，穿尼龙袜、丝袜、白袜是错误的。

(3) 领带佩戴场合出错，如在非常正式的场合穿着夹克打领带。

(四)领带的常见系法

在日常交往中，个人形象也是非常重要的，穿一套整洁的西装，会让客户及朋友都对你留下非常好的印象，领带是西装的"点睛"之笔，所以领带打得好坏，将直接决定服饰整体效果的好坏。

一般领带的系法有如图 2-40 所示的九个步骤。

① 宽的一端(下面称大端)在左，窄的一端(下面称小端)在右。大端在上，小端在下，呈交叉状。

② 大端由内侧向上翻折，从领口三角区域抽出。

③ 继续将大端翻向右边，即大端绕小端旋转一圈。

④ 大端由内侧向左边翻折。

⑤ 左边同右边一样，绕小端旋转一圈。

⑥ 整理好骨架，拉紧。

⑦ 从正面向右翻折，成环状。

⑧　将大端从中区域内侧翻折出来。

⑨　系紧领带结，完成。

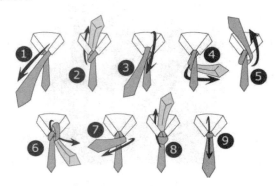

图 2-40　领带的系法

六、饰品佩戴礼仪

随着人们生活水平的不断提高，各类饰物逐渐走进人们的家庭，增添了新时代人们的神采。穿着一身精心设计的服装，切不可忽视饰品的搭配，巧妙地使用饰品，能更好地衬托人物的形象，首饰与服饰能达到互相烘托、交相辉映的装饰效果。

饰品的佩戴也是有讲究的，要注意与服装搭配，与自己的肤色、脸型、年龄、性别相契合。另外，学生是不应该佩戴饰品的。

服装的饰物很多，根据其作用大致可以划分为两大类：装饰类和实用类。耳环、手镯、戒指、项链、胸花等属于装饰类；鞋子、袜子、帽子、腰带、皮包等属于实用类。服饰与服装搭配得当，有锦上添花的作用；搭配不当，则会产生画蛇添足的后果。饰品的特点是体积较小，效果明显，其功能是点缀、美化整体形象。因此，选用饰品的主要原则是有利于表现整体形象。如果集美丽、昂贵的饰物于一身，刻意佩戴不合适的首饰，皮包、腰带、帽子满身披挂，这并不是美，而是让人见物不见人，掩盖了独具特色的自然美，破坏了和谐的整体形象。

(一)饰品佩戴原则

1. 季节原则

饰品佩戴应考虑四季有别的原则。夏季应佩戴色彩鲜明的饰品，以体现夏季的浪漫；冬季则应佩戴一些金、银、珍珠等饰品，以彰显庄重、典雅。

2. 场合原则

女士赴宴或参加舞会等，可佩戴一些较大的胸针，以期达到雍容华贵之效；而平日上班或在家休闲时，可佩戴一些小巧精致、淡雅的胸针、项链、耳环等。

3. 服饰协调原则

饰品佩戴应与服装相配。一般领口较低的袒肩服装必须佩戴项链，而立领上装可以不佩戴项链。项链颜色应与衣服颜色相协调。穿运动服或工作服可以不佩戴项链和耳环，带坠子的耳环忌与工作服相配。

4. 体型相配原则

脖子粗短者，不宜戴多串式项链，而应戴长项链；相反，脖子较细长者，可以戴多串式项链，让脖子看起来稍短。宽脸、圆脸型和戴眼镜的女士，应少戴或不戴大耳环和圆形耳环。

5. 年龄吻合原则

年轻女士可以佩戴一些造型稍夸张的饰品；而年纪较大的妇女应戴一些较贵重、精致的饰品，这样显得庄重、高雅。

6. 同质同色原则

若同时佩戴两件或两件以上饰品，应使色彩一致或与主色调一致，千万不要打扮得色彩斑斓，像棵"圣诞树"。

7. 简单原则

戴饰品的一个最简单原则就是少而精，一般佩戴首饰的数量上限不过三。如果把全部家当全往身上戴，整个人就像个饰品推销商，除了给人以俗气、平庸的感觉外，没有任何美感。

8. 符合习俗原则

佩戴饰品要注意其寓意和习俗，不能只凭个人喜好，如戒指佩戴在不同手指上有不同的意义等。

(二)首饰的佩戴

佩戴首饰要注意场合，参加晚会或外出做客时，可佩戴大型胸针、带宝石坠的项链，带坠的耳环等，在灯光下会显得更加美丽。平日里可戴小型的胸针、串珠、耳环等。从事劳动、体育活动和出席会议时，尽量不戴首饰。

1. 戒指

戒指一般只戴在左手，而且最好只戴一枚，最多戴两枚。戴两枚戒指时，可戴在左手两个相邻的手指上，也可戴在两只手对应的手指上。戒指是首饰中最明确的爱情信物，是无声的语言，表明你的婚姻状况：戴在食指上表示求婚；戴在中指上表示已在恋爱中；戴在无名指上表示已订婚或结婚；戴在小指上则是强调独身，并且近期不打算恋爱。有的人手上戴了好几枚戒指，炫耀财富，这是不可取的。戴薄纱手套时戴戒指，应将戒指戴在手套内(新娘不受限制)。

2. 手镯

手镯一般戴在左手上，只有成对的手镯才能同时戴在手腕上。戴手镯时不应同时戴手表。

3. 耳环

耳环是女性的重要首饰，佩戴时应根据脸型特点来选择，原则就是：耳环的形状避免与脸型相似，也不可与脸型形成对比。圆形脸的人不宜佩戴圆形耳环，因为耳环的小圆形与脸的大圆形组合在一起，会加强"圆"的信号。方形脸的人也不宜佩戴圆形和方形耳环，因为圆形和方形并置，在对比之下，会显得方的更方，圆的更圆。长形脸可佩戴如圆形、方形等形状偏横向的珠宝首饰，它们圆润或方正的特色，能够巧妙地让长形脸看起来较宽、较短。正三角形脸应选择"下缘小于上缘"的耳环、坠子，才能达到平衡下颚宽度、创造柔美脸部线条的目的。若是佩戴有坠子的耳环，请特别注意坠子的长度，最好不要出现在下颚的位置，因为坠子所在的地方，刚好就是人们目光停留的焦点。倒三角形脸的人下巴比较尖，适合佩戴"下缘大于上缘"的耳环与坠子，如水滴形、葫芦形、角度不是非常锐利的三角形的耳环。菱形脸最宜佩戴的耳环与坠子，也是"下缘大于上缘"形的，应避免佩戴像菱形、心形、倒三角形的坠饰。椭圆形脸对于任何适合自己脸部皮肤色调、脸型大小、个人风格的耳环与坠子都可尽情佩戴。

4. 项链

项链也是受女性青睐的主要首饰之一。项链是平安、富有的象征，要根据身材和个性特点，选择适当的款式来佩戴。它的种类很多，大致可分为金属项链和珠宝项链两大类。佩戴的项链应和自己的年龄及体形协调，例如，脖子细长的女士佩戴仿丝链，更显玲珑娇美；马鞭链粗实成熟，适合年龄较大的妇女选用。佩戴项链也应和服装相呼应，例如，身着柔软、飘逸的丝绸衣衫裙时，宜佩戴精致、细巧的项链，显得妩媚动人；穿单色或素色服装时，宜佩戴色泽鲜明的项链，这样在首饰的点缀下，服装色彩显得丰富、活跃。此外，佩戴项链时也要考虑脸型特点，例如，方形脸的人佩戴有坠子的项链或长于锁骨的项链，会在胸前形成 V 字形或优美的弧形，可以平衡较宽的下颚线条，因此，方形脸的人比较适合佩戴具有"圆润效果"的项链。

(三)饰物的使用

随着人们审美品位的提高，帽、围巾、提包、眼镜、耳饰、项链、戒指等饰物的装饰作用越来越被重视。

围巾和帽子对服装的整体效果影响很大。围巾、帽子与服装的风格一致，可以使人物整体形象更加和谐。在冬季，如果人们穿的服装色彩较暗，可以用颜色鲜艳的围巾和帽子点缀，使整个形象生动、活跃起来；如果穿的服装颜色很艳丽，则可以用颜色素雅的帽子、围巾取得一种色彩的平衡。此外，帽子还可以用来修饰脸型，长脸型的人应戴宽边帽，宽脸的人则忌戴小檐高顶帽。

手提包一般要求与服装的颜色协调。夏季提包应小巧，显得轻松、凉快；冬天提包的颜色可鲜艳些，草编的手提包配上运动衫和棉布便装十分自然、和谐。

眼镜现在的作用不仅仅是矫正视力，它不但能保护眼睛，还可作为装饰品。一副精美的金边眼镜，会让人显得斯文，而大框架的眼镜会让人有一种豪放的气派。

手帕也是装饰物，西装左上方口袋里，露出折叠成三角形、三尖形、双尖形、花瓣式的手帕，可以给人平添风度。

女性职业装的饰品搭配切忌多，一两件是精巧的装饰和点缀，而多于三件则显得庸俗不堪。职场女性的常见饰品有耳饰、项链、戒指等。耳饰应该选择耳钉或是小型吊坠，不要选择过大、过长的耳饰，也不要在一只耳朵上佩戴多个耳饰。珍珠宝石的项链显得高贵优雅，适合黑白色系的服装；亮片式项链俏皮生动，适合年轻的职场女性。佩戴戒指时不仅要美观得体，还要注意戒指戴在不同手指上的意义。

【实践练习】

1. 判断自己的肤色。
2. 利用布料色板选择适合自己的服装颜色。
3. 请根据自身情况，搭配出适合自己的两套服饰。
4. 请男(女)同学选择一种领带(丝巾)的系法进行练习。

第三节　仪 容 礼 仪

【典型案例】

　　吴菲是某高校文秘专业的高才生，毕业后就职于一家公司做文员。为适应工作需要，上班时，她毅然放弃了"清纯少女妆"，化起了整洁、漂亮、端庄的"白领丽人妆"：不脱色粉底液，修饰自然、稍带棱角的眉毛，与服装色系搭配的灰度高偏浅色的眼影，紧贴上睫毛根部描画的灰棕色眼线，黑色自然型睫毛，再加上自然的唇型和略显浓艳的唇色，虽化了妆，却好似没有化妆，整个妆容清爽自然，尽显自信、成熟、干练的气质。但在公休日，她又给自己来了一个大变脸，化起了久违的"清纯少女妆"：粉蓝或粉绿、粉红、粉黄、粉白等颜色的眼影，彩色系列的睫毛膏和眼线，粉红或粉橘的腮红，自然系的唇彩或唇油，整个人看上去清纯可爱。

【分析提示】

　　得体的妆容在表达礼仪、扬长避短、增强自信以及适应不同场合等方面，都能起到积极的作用。通过合理的妆容搭配，可以更好地展现个人的魅力和自信，为个人的社交和职业发展带来帮助。

　　心情好，自然工作效率就高。一年来，吴菲以自己得体的外在形象、勤奋的工作态度和骄人的业绩，赢得了公司同人的好评。

　　你如何评价吴菲的两种妆容？对"化妆不只是技术，还是一门艺术、一种生活"这句话你是如何理解的？

　　爱美之心，人皆有之，自古有之，人们总会赞赏美丽的容貌，容貌美会给社交活动带来许多便利。但天生丽质的人总是少数，大多数人都是相貌平平，而且即使是天生丽质的人，白驹过隙，时光荏苒，也会感叹容颜易逝。那么怎样才能使人们的容貌变得更加美丽，青春常驻呢？在今天，美容化妆越来越受到人们的普遍重视，进入普通现代人的日常生活。

　　美容化妆对于仪表美有举足轻重的作用，因为它突出地表现了人体的最富于感情的部分，可以使人焕发青春的光彩，增强自信心，在工作和学习中精力充沛，在社会交往中增强魅力。同时，仪表美也是社交活动中相互尊重的一种表现，从这个意义上来说，美容化妆具有促进社交成功的神奇作用。

一、仪容的概念

仪容主要指人们的容貌，具体指面容和发型，它与人的生活情调、思想修养、道德品质和文化程度息息相关。

二、仪容的基本要求

仪容的基本要求是洁净、卫生、自然、端庄、秀丽。让人看上去赏心悦目。

仪容在一定意义上讲，是一个人仪表的自然条件。人无法选择自己的容貌，但人在现代科技条件下可以适当地修饰自己的容貌。

容貌的美有天生丽质和精神气质两方面，不能把容貌美绝对化。俗话说"三分长相，七分打扮"，说明长得美同样需要装扮。

三、个人修饰仪容

仪容修饰包括面部修饰和化妆修饰。

(一)面部修饰

1. 面部修饰总要求

(1) 清洁无异物

勤洗脸，除了早上起床后、晚上睡觉前洗脸之外，午休后、劳动出汗后都应自觉及时洗脸，且要耐心细致，洗得干净清爽。

(2) 健康无疮破

若面部或肢体裸露部位长了疖子、皮癣、痤疮、疱疹等，应及时医治。

(3) 清新而自然

清新是仪容修饰的最佳状态，自然是仪容修饰的最高境界。在进行面部修饰的时候，注意把握分寸，不要修饰得过于夸张。

2. 眼部修饰

(1) 眼部的清洁

及时清除眼角分泌物。

(2) 眼病的防治

注意预防"沙眼""红眼病"等传染性眼病，一旦患病，必须及时医治，并注意防止传染他人。

(3) 眼镜的佩戴

其一，眼镜的选择。选择眼镜时除了考虑实用性之外，还必须注意其质量和款式。

其二，眼镜的清洁。佩戴框架式眼镜时，一定要及时擦拭眼镜以保持镜片清洁，必要时还应定期清洗镜框。

其三，墨镜的佩戴。墨镜的主要作用是防止强光伤害眼睛，在室内，如果佩戴墨镜与人交往，是不礼貌的行为。

3. 口部修饰

(1) 勤刷牙

勤刷牙是保证口腔卫生的重要手段。刷牙时要注意采用正确的方法，尤其是要做到：每天刷牙次数是早、中、晚三次，每次的刷牙时间宜至少三分钟。

(2) 多漱口

吃完食物及时漱口，照镜子，检查牙缝里是否有异物，如果有异物，可使用牙签到无人的地方处理。

(3) 防异味

尽量避免食用一些气味过于刺鼻的食物，如葱、蒜、韭菜、腐乳、虾酱等。

(4) 善护唇

有意识地呵护自己的唇部，用心保养，防止唇部起皮、干裂或生疮，天气干燥的秋、冬季节，可适当使用滋润唇膏。

(二)化妆修饰

1. 化妆的原则

淡雅端庄，简洁大方，整体协调。

2. 化妆的基本要求

美容化妆是女性打扮的重点。自然美固然值得崇尚，但恰当的化妆可以将自然美得以更好地修饰，让人更赏心悦目，从而增强女性的自信心。

化妆是一门学问，有很强的艺术性和技巧性，需要经常练习才会达到美的效果。下面简单介绍一下化妆的要点。

(1) 正确认识自己

化妆的目的是突出自己的优点，修饰缺点。正常的五官比例应是"三庭五眼"，一个人的脸型如果符合这个比例，就会产生匀称感；如果不符合，则要在化妆时运用一定的技法进行调整和弥补。

(2) 以和谐、自然为准则

生活中的美容化妆，以修整统一、和谐为准则，尽量突出自然美，切忌再造一副面孔，完全改变自我。化妆应是在自然基础上的修整，源于自我，高于自我。浓妆艳抹、过分地修饰是不可取的。

(3) 正确选择、使用化妆品

化妆品是美容化妆的物质条件。当前化妆品琳琅满目，种类繁多，必须正确地选择和使用。根据化妆品功用的不同可以将其分为三大类：①清洁类化妆品，用于清洁皮肤；②护肤类化妆品，用于保养皮肤；③修饰类化妆品，用于修饰化妆。

(4) 不同的场合，化不同的妆容

化妆的浓淡要视时间、场合而定。在白天日光下，在工作时间，在工作场合，适合化淡妆。浓妆艳抹，厚厚的粉底，浓浓的唇膏，与周围的工作气氛不相宜，让人感觉你不是在认真地工作，甚至认为你不稳重。在这样的环境中，妆容应表现出天然、质朴，因此，应采用不露痕迹的化妆手法。

晚上，参加舞会、宴会等社交活动，可穿着艳丽、典雅的服装，因为有灯光的照射，所以妆色可浓些，可使用发亮的化妆品。

外出旅游或运动时，不要化浓妆，可使用一些保护皮肤的化妆品。在秀丽的天然风光中，最宜表现一个人的自然美。

(5) 注意化妆的礼节

除非不得已，一般不在众人面前化妆，因为那是非常失礼的行为，也是不自重的举动。假若需要化妆，应到房间去。不要非议他人的化妆，每个人都有自己的审美情趣和化妆手法，切不可对他人的化妆评头论足。不要借用别人的化妆品，这既不卫生，也不礼貌。男士化妆要能体现男子汉的气质，切不可搞得油头粉面，花里胡哨。

3. 脸型与化妆技巧

不同脸型具有不同的特点，化妆中可以运用技巧扬长避短，达到更为美观的化妆效果。根据亚洲人的面部及五官美的标准比例，人们认为标准的脸型应该符合"三庭五眼"和"四高三低"的比例，"三庭五眼"即人的脸长与脸宽的一般标准比例。"三庭"指脸的长度比例，把脸的长度进行三等分，从前额发际线至眉骨，从眉骨至鼻底，从鼻底至下颌，各占脸长的 1/3。"五眼"指脸的宽度比例，以眼睛的长度为单位，把脸的宽度进行五等分，从左侧发际至右侧发际，为五只眼睛的长度。两只眼睛之间是一只眼睛的长度，两眼外侧至侧发际各为一只眼睛的长度，如图 2-41 所示。

"四高三低"是指人脸的四个部位要高，三个部位要低。"四高"即一高是额部，二高是鼻尖，三高是唇床，四高是下巴尖。"三低"即一低是两只眼睛之间，鼻额交界处必须是凹陷的；二低在唇床的上方，人中沟是凹陷的，美女的人中沟都很深，人中脊明显；三低在下唇的下方，有一个小小的凹陷，如图 2-42 所示。

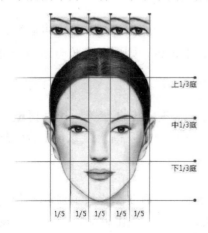

图 2-41　"三庭五眼"的脸型

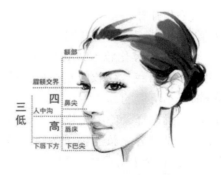

图 2-42　"四高三低"脸型

4. 化妆的基本程序

每个人都应在掌握基本化妆程序的基础上，根据自己的特点，采用最适宜的化妆技法。

(1) 清洁面部

首先，洗面奶等清洁类化妆品洗脸，用水冲净。然后涂以护肤类化妆品，如收缩水、营养化妆水、乳液、护肤霜、美容蜜等。使用这类化妆品的目的有两个：一是润泽皮肤；二是起隔离作用，防止带颜色的化妆品直接进入毛孔。

(2) 打粉底

打粉底的目的是遮盖皮肤的瑕疵，统一皮肤色调。应根据自己的脸型打粉底，突出面部的优点，修饰其不足。不宜用太白的底色，否则会让人感到脸色失真。最好是选用两种颜色的底色：在脸部的正面，用接近自己天然肤色的颜色，均匀地、薄薄地涂抹；深色有后退和深陷的视觉效果，在面部需要后退和深陷的部位，都可以巧妙、自然地使用深底色，这样做可以收到增强脸型立体感的效果。

(3) 定妆

上完底色后用粉定妆，目的是柔和妆面，固定底色。定妆粉不要太白，否则会让人感到像"挂霜"一样。粉一定要涂得薄，而且要均匀。

(4) 画眼线

画眼线是为了增加眼部的美感，增强眼睛的神采。画眼线时，使用眼线笔紧贴睫毛由外眼角向内眼角方向描画，上眼线画得比下眼线重些，可根据自己的眼部特点，有针对性地去修饰，画出适合自己的眼线。

(5) 施眼影

合理使用眼影制品可使眼睛更加明亮、传神，增强眼睛的立体感。眼影颜色要选择适应自己的肤色及服装色。涂眼影时，贴近睫毛部位要重些，眼角部位也要重些，然后用眼影刷轻轻扫开去，使眼影与鼻侧影自然衔接。

(6) 描眉

描眉是面部化妆的重要步骤，眉毛对面部的美感和整体轮廓起着重要作用。眉毛通常是两头淡、中间深，上面淡、下面深，标准眉型是在眉毛的 2/3 处有转折，如图 2-43 所示。描画时，应根据眉的这种生长规律，将其修饰得接近于标准眉形，如图 2-44 所示。

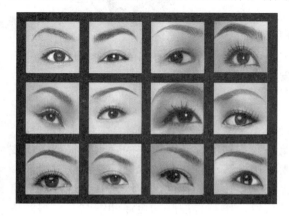

图 2-43　各种眉型

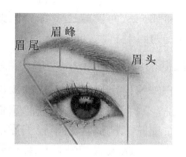

图 2-44　标准眉型

(7) 涂腮红

腮红刷于颧骨下方，高不过眼，低不过嘴角，宽不过眼长的二分之一。注意"胭脂无边粉无迹"。长脸要横打，圆脸要竖打，从而矫正脸型。

(8) 涂口红

涂口红可以加深嘴的轮廓，使其生动润泽，富有魅力。涂口红时应先用线笔勾出理想的形，若嘴过大、过小，或嘴唇太厚、太薄，应注意修饰，最后用口红在轮廓内涂抹即可。

(9) 涂睫毛膏

为了更好地表现眼睛的神采，使其生动而有立体感，可用睫毛夹、睫毛膏等使睫毛卷曲，并增加其浓密感。

总之，高明的化妆，既要显得漂亮，又不要显露人工痕迹，俗话说"淡淡妆，天然样"，这正说明淡雅、自然是我们化妆必须坚持的原则。

四、护肤常识

一个人要保持青春活力，就应该注意保护自己的皮肤，它是仪容美的基础。健美的皮肤需要科学护理和保养，天然优良的肤质，是任何化妆品修饰的皮肤所无法比拟的。

(一)认识皮肤

1. 皮肤的构造

美容必须有好的皮肤，好的皮肤是仪容美的基础。

要保护好皮肤，首先必须了解皮肤的构造。人的皮肤分为表皮、真皮和皮下组织三大部分，如图 2-45 所示。表皮位于最外层，下面是真皮和皮下组织，表皮与化妆美容的关系最为密切。表皮由外向内又可以分为四层：角质层、颗粒层、棘状层和基底层。表皮的四层不断地新陈代谢，基底层向角质层生长转化，角质层不断地衰老并脱落。与真皮相接的基底层含有黑色素，从而形成皮肤的颜色。黑色素能保护深层的组织免受紫外线强烈照射的伤害，但强烈的阳光可以使黑色素增加，从而使肤色变深。因此，要保护皮肤免受紫外线的照射。

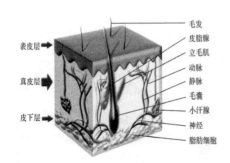

图 2-45　皮肤的构造

2. 皮肤的健美

皮肤的健美，可以用四个标准来衡量。第一是皮肤的湿润。皮肤的含水量很高，就皮肤本身来说，水分的重量占皮肤总重量的 70%。因此，保持皮肤的水分，是皮肤光滑润泽的前提，而皮肤光滑润泽是年轻美丽的象征。第二是皮肤的弹性。皮肤富有弹性，就会有光泽、平整；皮肤失去弹性，就会松弛，出现皱纹。第三是皮肤的色泽和细腻。白皙的皮肤，通常都被认为是美丽的皮肤，其实晒得黝黑的皮肤也是美丽的。但无论皮肤是黑是白，美丽的前提是要细腻。第四是皮肤的健康。健康的皮肤能够抵御细菌，防止感染，皮肤的健康是皮肤美丽的基础。

3. 皮肤的类型

人的皮肤可分为中性、干性、油性三种类型。不同类型的皮肤应选用不同的化妆品并采用不同方法来保护。

(1) 中性皮肤，也称正常皮肤，皮肤表面油脂分泌量适中，皮肤柔滑滋润，富有光泽，是比较理想的皮肤。

(2) 干性皮肤，皮肤外观洁白细嫩，皮肤表面油脂分泌量少，毛孔不明显，不易长粉刺，但皮肤无光泽，易起小皱纹。这种皮肤应使用含有保湿成分的化妆品，以保持皮肤的润泽。

(3) 油性皮肤，皮肤表面油脂分泌量多，皮肤油亮有光泽，皮肤表面肌纹粗，毛孔明显，易生粉刺，但不易起皱纹，这种皮肤的护理要注意皮肤表面的清洁。

此外，也有人是混合性皮肤，如额头、鼻子、下巴部位的皮肤偏油性，其他部位的皮肤偏干性。

随着季节和年龄的变化，皮肤的类型也会有所改变。一般在夏季皮肤普遍偏油，干性皮肤也会显得光泽滋润；冬季皮肤偏干，油脂分泌量相应减少。随着年龄的增长，皮肤的油脂分泌量逐渐减少，年轻时皮肤为油性或中性，中年以后皮肤会逐渐转成中性或干性。

(二)科学护肤的方法

随着年龄的增长，人的皮肤会老化，失去光泽和弹性，产生皱纹，这种生理现象是不可避免的，但是用科学的方法保护皮肤，延缓皮肤的衰老却是可能的。

1. 要经常保持乐观的情绪

乐观是最好的"润肤剂"，人在笑的时候，面部表情肌肉活动舒展，促进血液循环，能够增强皮肤的弹性。

2. 要保证充足的睡眠

睡眠充足，会使人感到精神振作，容光焕发，眼睛明亮有神。

3. 养成多喝水的习惯

多喝水可以使皮肤细嫩、滋润，室内空气保持湿润也有利于护肤。

4. 注意合理的饮食

从食物中摄取的各种营养成分，起到的美容功效是任何化妆品所难以达到的，而且所获得的是一种健康的美。

5. 用正确的方法洗脸

洗脸水的温度不宜过高，可以早晨用冷水，晚上用热水。洗脸的方向应从下向上，从内向外，长期养成习惯，可以防止肌肉下垂。中性及干性皮肤在选用洗面奶时要选择碱性较弱的产品，尽量少使用香皂等偏碱性的产品；油性皮肤可选用去污力较强的香皂或深层洁面产品，以达到面部彻底清洁的目的。

6. 正确选用化妆品

选用化妆品时要注意几点：一是根据自己的肤色选择，二是根据自己皮肤性质选择，三是要注意化妆品的质量，四是不要频繁更换化妆品。

五、窗口企业员工仪容的基本要求

(一)头发

头发要及时梳理，不能有头皮屑，发型要朴实大方。男员工鬓发不盖过耳部，不触及后领，不烫发；女员工长发要盘起或扎起，短发要梳理整齐，发不遮脸，前刘海不过低，也不可将头发染成怪异的颜色，避免染过亮的彩发。

(二)面部

面部要注意清洁和进行适当的修饰。女子可适当化妆，但以淡妆为宜，不能浓妆艳抹；男子每天要剃须修面，不留胡子。

(三)手

手要经常保持干净、卫生。指甲要经常修剪，不得留长指甲，不得涂有色指甲油。男子的手不应带烟渍。

(四)首饰

企业员工首饰佩戴要限制，除结婚戒指和手表外，一般不宜戴耳环、手镯、戒指、手链等饰物。

(五)个人卫生

做到勤洗澡，勤换衣服，勤漱口，身上不能留有异味，上班前不能喝酒，忌吃葱、蒜、韭菜等有刺激性气味的食物。

【实践练习】

1. 请判断自己的脸型。
2. 根据脸型选择眉形。把刘海梳起来露出整张脸，自拍一张面部正面照片，再用美颜软件中的画笔功能把自己的脸型勾勒出来，根据脸型找到适合自己的眉形。
3. 根据自己的脸型找到适合自己的化妆方法，并按职业妆容进行练习。
4. 用五分钟化出职业妆。

第四节 仪 态 礼 仪

【典型案例】

【指出失礼之处】

小段是某公司营销部职员，在一次与客户的谈判中，因中途返回取遗漏的资料而迟到。进入谈判会场，小段在入座时，使椅子发出很大声响，影响了谈判的正常进行。接着，在听取对方意见时又长时间低头翻阅手中资料，并不去看对方的产品演示。谈判进行一小时后，小段开始不耐烦地用胳膊肘支住下巴，跷起的二郎腿不停地抖动，引起与会人员的极大反感，此次谈判以失败告终。

【分析提示】

小段的行为至少有四处不符合礼仪规范，首先是迟到；其次是入座时动作不规范；再次是谈判时不看对方的产品演示；第四是小段做出的支下巴、跷二郎腿、抖动腿脚的表现出不耐烦的动作。最终引起众人的反感，谈判失败也是在情理之中的。

每个人总是以一定的仪态出现在别人的面前，一个人的仪态包括他的所有行为举止：一举一动、一笑一颦、站立的姿势、走路的步态、说话的声音、对人的态度、面部的表情，等等。而这些外部的表现又是一个人内在的品质、知识、能力等的真实反映。

我们往往可以从一个人的仪态来判断他的品格、学识、能力和其他方面的修养程度。礼貌的举止是一种修养，更是一种财富，在任何交际场合，它就像阳光一样受人欢迎。

仪态的美是一种综合的美、完整的美。这种美应是身体各部分器官相互协调的整体表现，同时也是一个人内在素质与外在仪表的综合。仪态的美是一种深层次的美，容貌的美只属于那些幸运的人，而仪态美的人，往往是一些出色的人，因而仪态的美更富有永久的魅力。

一、仪态的概念及特征

(一)仪态

仪态是指人的举止、行为和姿态，礼仪中的仪态也包括人的风度。

姿态是指身体所呈现的样子；风度是指一个人的内在美通过其言谈、举止、服饰、态度和作风等形式的一种自然流露，是气质方面的表露，也是内在气质的外化。潇洒的风度，优雅的举止，常常令人羡慕，赞叹不已，给人留下深刻而美好的印象。

(二)良好仪态的重要性

(1) 良好的仪态是得体优美的体态语言，能够向客户表达欢迎、尊重、真诚等意愿，满足他们对尊重和审美的需要。

(2) 良好的仪态可以使青年人的躯体得到健康的发育。

(3) 商务人员的良好仪态是商务工作的要求，是礼貌服务的重要内容，是向客户表示尊重和友好的礼节礼貌。

(三)仪态的特征

1. 仪态是一种"无声的语言"

在日常交往中，人们通过语言交流信息，但在说话的同时，你的身体的姿态也在传递着信息。对方在接收信息时，不仅"听其言"，而且也在"观其行"。仪态语言是一种极其丰富、复杂的语言。据研究者估计，世界上至少有 70 多万种可以用来表达思想意义的姿势动作，这个数字远远超过当今世界上最完整的一部词典所收集的词汇数量。信息的传递与反馈，从表面上看，主要是嘴、耳、眼的运用。事实上，表情、姿态等的作用，远远超过自然语言交流的本身。仪态是一种很广泛、很实用的语言，能起到"此处无声胜有声"的效果。

2. 仪态是内在素质的真实表露

仪态在表情达意方面也许不像语言那么明确和完善，但它在表露人的性格、气质、态度、心理活动方面却更真实、可靠。语言可以言不由衷，而人的仪态却往往是真实的。在社交中，仪态还是一种无形的"名片"，可以用来判断你的身份、地位、学识和能力，并因此而影响着对你信任的程度和交往的深度等。

3. 仪态具有习惯性

仪态是人们在成长的过程中逐步形成的，因而具有习惯性的特点。这种习惯并不都是先天的，也可以通过后天的生活和训练形成，一旦形成，就很难改变。人们的仪容美会随着时间的流逝而失色，而仪态的美却能够随着年龄的增长而增添几分成熟的美、稳重的美、深刻的美。

总之，仪态的美是一种更完善、更深刻的美。它不是可以通过外表的打扮得到的，也不是单纯地通过动作、表情的模仿可以体现的；它有赖于内在素质的提高和自身修养的加强，有赖于性格、意志的磨炼和能力、学识的充实。仪态的美是长期培养磨炼的结果，只有那些热爱生活、积极进取、自信自爱、卓有才华的人，才会拥有真正的仪态美。

二、仪态美包含的内容

仪态既包括日常生活的仪态，也包括在工作中的举止。如站立的姿势、端坐的姿势、走路的步态、得体的蹲姿、恰当的手势等。

(一)站立的姿势

1. 基本要求

站姿要端正、自然、稳重、亲切，精神饱满。它是一种静态造型的外在表现。站姿优雅、庄重，可以展现人的内在气质、修养和风度。

2．具体要领

站正直立，身体重心放在两脚中间，头正目平，嘴微闭，面带微笑，颈挺直，微收下颌，肩平挺胸，直腰收腹，两臂自然下垂，两腿相靠直立，肌肉略微收缩。

3．女士的两种站姿

（1）双臂侧放式

双手自然垂直于身体两侧，虎口向前，手指自然弯曲。双膝并拢，两腿绷直，两脚跟靠紧，脚尖分开约 45 度，呈 V 字形，正面如图 2-46 所示，侧面如图 2-47 所示。

图 2-46　女士双臂侧放式正面图

图 2-47　女士双臂侧放式侧面图

（2）前腹式站姿

① V 字形站姿

双手自然并拢，右手在上，左手在下，两手自然交叉，握于手指部位，轻贴于腹前，如图 2-48 所示。双膝并拢，两腿绷直，两脚跟靠紧，脚尖分开约 45 度，呈 V 字形，如图 2-49 所示。

图 2-48　前腹式站姿

图 2-49　V 字形站姿

② "丁"字步站姿

两脚尖略分开，右脚在前，将右脚跟靠在左脚脚弓处，两脚成"丁"字步。身体重心可放在两脚上，也可放在一脚上，并通过重心的移动减轻疲劳。这种站姿端正中略有自由，慎重中略有放松，是一种常用的接待站姿。左右"丁"字步站姿分别如图 2-50、图 2-51 所示。

4. 男士的三种站姿

(1) 双臂侧放式

双手自然垂直于身体两侧。常有两种脚位：第一种，双膝并拢。两腿绷直，脚跟靠紧，脚尖分开 45～60 度，呈 V 字形，如图 2-52 所示；第二种，双脚平行分开，两脚间距离不超过肩宽，如图 2-53 所示。

图 2-50　左"丁"字步　图 2-51　右"丁"字步　　　图 2-52　男士双　　图 2-53　男士双臂
　　　　站姿　　　　　　　　站姿　　　　　　　　臂侧放式站姿一　　　　侧放式站姿二

(2) 两脚平行前腹式站姿

双脚平行分开，两脚间距离不超过肩宽，双手手指自然并拢。有两种手位：第一种，两手自然交叉，右手在上，左手在下，握于手背部位，轻贴于腹部，如图 2-54 所示；第二种，右手握左手手腕部位，这是一种常用的接待站姿，如图 2-55 所示。

(3) 两脚平行背后握指式

双脚平行分开，两脚之间距离不超过肩宽，一般以 20 厘米为宜，双手在身后交叉，左手握住右手，握于手背部位，放于尾骨处，如图 2-56、图 2-57 所示。这种站姿优美中略带威严，易产生距离感。

5. 不同的场合，不同的站姿

(1) 当站着与人交谈时，如果空着手，则可双手在体前交叉，右手放在左手上。若手上拎着皮包，则可利用皮包摆出优美的姿势。同时还要注意，不要双臂交叉，更不能两手叉腰，或将手插在裤袋里或下意识地做小动作，如摆弄打火机、香烟盒等。

图 2-54　男士前腹式站姿一　　图 2-55　男士前腹式站姿二　　图 2-56　男士后背式站姿正面图　　图 2-57　男士后背式站姿背面图

(2) 当与人交谈时，要面向对方站立，且保持一定的距离，太远或过近都是不礼貌的。

(3) 当向长辈、朋友、同事问候或做介绍时，不论握手或鞠躬，男子双足应当并立，相距约 10 厘米左右，且膝盖要挺直；女子双腿并拢，膝盖挺直。

(4) 当女子在穿礼服或旗袍时，最好不要双脚并列，要让两脚之间前后距离 5 厘米，以其中一只脚为重心。

(5) 当等车或等人时，两脚的位置可一前一后成 45 度站立，这时的肌肉要放松且自然，但仍要保持身体的挺直。

(6) 在升国旗、接受奖品、接受接见、致悼词等庄严的仪式场合，应采取严格的标准站姿，而且神情要严肃。

(7) 在发表演说、新闻发言、作报告时，为了减小身体对腿的压力，减轻双腿由于较长时间站立产生的疲倦，可以用双手支撑在讲台上，两腿轮流放松。

(8) 主持文艺活动、联欢会时，可以将双腿并拢站立，女士甚至站成"丁"字步，让站立姿势更加优美。站"丁"字步时，上身前倾，腰背挺直，臀微翘，双腿叠合，立于众人间，富有女性魅力。

(9) 门迎、服务性人员往往站的时间很长，双腿可以平分站立，双腿分开不宜超过肩；双手可以交叉或前握垂放于腹前，如图 2-58 所示。也可以背后交叉，右手放到左手的掌心上，但要注意收腹。

(10) 礼仪小姐的站立，要比门迎、侍应更趋于艺术化，一般可采取立正的姿势或"丁"字步。如双手端执物品时，上手臂应靠近身体两侧，但不必夹紧，下颌微收，面含微笑，给人以优美、亲切的感觉，如图 2-59 所示。

图 2-58 服务性人员前腹式站姿

图 2-59 礼仪小姐前腹式站姿

6. 站姿的禁忌

(1) 站立时，切忌东倒西歪，无精打采，懒散地倚靠在墙上、桌子上。

(2) 不要低着头、歪着脖子、含胸、端肩、驼背、挺肚后仰。

(3) 不要将身体的重心明显地移到一侧，只用一条腿支撑着身体。

(4) 身体不要下意识地做小动作(如单腿抖动)。

(5) 在正式场合，不要将手插在裤袋里面，切忌双手交叉抱在胸前，或是双手叉腰。

(6) 男子双脚左右开立时，注意两脚之间的距离不可过大，不要挺腹翘臀。

(7) 不要两腿交叉站立。

(二)端坐的姿势

坐是最常见的一种举止。坐姿也有美与不美、优雅与粗俗之分。正确的坐姿可以给人庄重、安详的印象。

1. 基本要求

坐得端正稳重、自然亲切、文雅自如。

2. 端坐的具体要领

入座时轻而缓，走到座位前转身，右脚后退半步，用小腿靠椅，以确定位置，上身略前倾，然后轻稳地坐下。臀部接触椅面要轻，避免发出声响。女子穿裙装入座时，应将裙向前收拢一下再坐下。

坐下后，上体自然坐直，头正目平，嘴微闭，面带微笑；胸微挺，腰伸直，臀部坐在椅子中央，坐满椅子的 2/3 处；两腿自然弯曲，小腿与地面基本垂直，两脚平落地面，双膝并拢。双肩平整放松，双臂自然弯曲，如图 2-60 所示。

离座时，要自然稳当。右脚往后退半步，右脚掌用力蹬地，上身略前倾，向上起立。起身后将右脚收回与左脚平齐。

图 2-60　女士的端坐

3. 端坐时两手、两腿和两脚的摆法

入座后两手、两腿和两脚的摆法，要根据椅面的高低及有无扶手、靠背决定。有扶手时，两手双搭或一搭一放腿上，掌心向下；无扶手时，两手相交、轻握，如图 2-61 所示。

图 2-61　正式场合女士的端坐

椅高适中时，两腿稍靠、稍分但不超肩宽；椅面低时，两腿并拢或自然倾斜于一方，如图 2-62 所示；椅面高时，一腿略搁于另一腿上，脚尖向下。

图 2-62　女士的搁腿坐姿

两脚脚跟、脚尖可以全靠或一靠一分，也可一前一后。两脚可靠拢，也可稍分或右脚放在左脚外侧。

4. 女士常见的坐姿

(1) 标准式

轻缓地走到座位前，转身后两脚成小"丁"字步，左前右后，两腿并拢，上身略前倾，向下落座，坐在椅子的 2/3 处，然后将左脚收回与右脚平齐。小腿并拢，小腿与地面垂直。如果穿的是裙装，在落座时要用双手在后边从上往下把裙子拢一下，以防坐出皱褶或因裙子打褶被压住。上臂自然下垂，右手手指握在左手手指上，两手叠放在双腿中间，靠近小腹，距膝盖约整个大腿的 2/3 处，如图 2-63 所示。坐下后，上身挺直，头正肩平，下颌微收，双目平视，面带微笑，如图 2-64 所示。

(2) 前交叉式

在标准坐姿的基础上，右小腿向前伸出一脚的距离，脚尖不要翘起。左脚后缩，与右脚交叉，两踝关节重叠，两脚尖着地。双臂自然下垂，双手掌心向下，双手相握，右手握住左手手指部分，叠放在双腿中间，如图 2-65、图 2-66 所示。

图 2-63　标准式坐姿　　图 2-64　面带微笑坐姿　图 2-65　前交叉式坐姿一 图 2-66　前交叉式坐姿二

(3) 后点式

在标准坐姿的基础上，两小腿向后缩进一脚的距离，小腿并拢，两脚并拢脚尖着地。双臂自然下垂，双手掌心向下，双手相握，右手握住左手手指部分，叠放在双腿中间，如图 2-67 所示。

(4) 曲直式

右脚前伸，左小腿屈回，大腿靠紧，两脚前脚掌着地，并在一条直线上。双臂自然下垂，双手掌心向下，双手相握，右手握住左手手指部分，叠放在双腿中间，如图 2-68 所示。

(5) 侧点式

在标准坐姿的基础上，两小腿向左斜出，两膝并拢，右脚跟靠拢左脚内侧，右脚掌着地，左脚尖着地，头和身躯向左斜。注意，大腿与小腿要成 90 度，小腿要充分伸直，尽量显示小腿长度。双臂自然下垂，双手掌心向下，双手相握，右手握住左手手指部分，叠放在双腿中间，如图 2-69 所示。

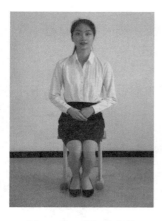

图2-67　后点式坐姿　　　　　图2-68　曲直式坐姿　　　　　图2-69　侧点式坐姿

（6）侧挂式

在侧点式基础上，左小腿后屈，脚绷直，脚掌内侧着地，右脚提起，用脚面贴住左踝，膝和小腿并拢，上身右转。双臂自然下垂，双手掌心向下，双手相握，右手握住左手手指部分，放在跷起的大腿上，如图2-70所示。

（7）重叠式

重叠式也叫二郎腿或标准式架腿等。在标准式坐姿的基础上，两腿向前，一条腿提起，腿窝落在另一条腿的膝关节上边。要注意上边的腿向里收，贴住另一条腿，脚尖向下。双臂自然下垂，双手掌心向下，双手相握，右手握住左手手指部分，放在跷起的大腿上，如图2-71、图2-72所示。

图2-70　侧挂式坐姿　　　　　图2-71　重叠式坐姿一　　　　　图2-72　重叠式坐姿二

5. 男士的坐姿

（1）标准式

上身端正上挺，双肩平正，两手放在两腿上，双膝微微分开，小腿垂直地落在地面，两脚平行脚尖向前。双臂自然下垂，双手掌心向下，分别放在双腿前部，如图2-73所示。

(2) 前伸式

在标准式的基础上，两小腿前伸一脚的长度，左脚向前半脚，脚尖不要翘起。双臂自然下垂，双手掌心向下，分别放在大腿前部，如图 2-74 所示。

(3) 前交叉式

在标准式的基础上，小腿前伸，两脚踝部交叉。双臂自然下垂，双手掌心向下，分别放在大腿前部，如图 2-75 所示。

图 2-73　标准式坐姿　　　　图 2-74　前伸式坐姿　　　　图 2-75　前交叉式坐姿

(4) 交叉后点式

在标准式的基础上，小腿后缩，两脚踝部交叉。双臂自然下垂，双手掌心向下，分别放在大腿前部，如图 2-76 所示。

(5) 重叠式

右腿叠在左膝上部，右小腿内收贴向左腿，脚尖下点。双手相握，左手握住右手手掌部分，双手叠放在跷起的大腿上，如图 2-77、图 2-78 所示。

图 2-76　交叉后点式坐姿　　　图 2-77　重叠式坐姿一　　　图 2-78　重叠式坐姿二

6. 坐姿的注意事项

(1) 要遵循"左进左出"入座规则，从椅子的左侧入座，离开也是从椅子的左侧离开。

(2) 坐下后不可随意挪动椅子。非必要不要随意改变坐姿，频频改变坐姿，会给人"坐立不安"的印象。

(3) 上身不论何时都要保持端正，不要前后左右摇摆，不可前倾后仰，或歪歪扭扭，不要靠椅背。坐沙发时不应太靠里面，不能呈后仰状态。

(4) 不要猛坐猛起。不要双手撑椅，双手不要夹在两腿中间或放于臀部下面。

(5) 与人谈话时不要用手支着下巴。手的动作要自然，不要用手指指点点，不要不安地抓着裙子或裤子，不要摆弄头发和胡子，不要做出摸脸、掩口等动作。

(6) 女士双腿、双脚并拢，不可出现分腿坐姿；男士双腿可以张开，但不要超过肩宽，双腿不可长长地伸出，不可架二郎腿或"4"字形腿。

(7) 不可让腿、脚不停抖动。不要脚跟落地而脚尖离地，脚尖不要指向他人。不要把脚架在椅子或沙发扶手上，或架在茶几上。

(三)走路的步态

1. 对步态的基本要求

女子的步态要轻盈有节奏，展示出曲线美；男子的步态要稳健，显示出阳刚之气。

2. 具体要领

上身端正，两肩相平不摇，两臂摆动自然，摆动幅度以 30～40 厘米为宜，两腿直而不僵。步幅适中均匀，两脚落地一线，身体重心落在脚掌的前部，脚印应正对前方，忌"内八字"和"外八字"脚。步态是否优美，关键取决于步位与步幅：步位是指两脚下落到地面时的位置；步幅是指跨步时两脚间的距离。标准步幅通常是本人的一脚之长，当然，步幅的大小要求与其所处场所、服饰以及鞋有关。

3. 女士的走姿要求

女士行走中要步态自如、协调、轻盈，体现端庄、优雅、自信的阴柔之美。

(1) 走路要走成一条直线。上半身保持正直，微收下颌，肩外展，伸直背肌，收腰提臀。走路的时候，以腰部为中心，以腰带动脚，重心移动。脚跟先着地，后面的腿经过前面那条腿的时候，膝关节内侧互相摩擦，两脚脚跟落在一条直线上，站定时腿与腿之间没有缝隙，这种步态会让人显得修长、娇俏。如果两脚脚跟落在两条线上，踩两条线走路的话，臀部就不能自然而然地摆动，腰部也会显得僵硬。袅袅婷婷的步态，必然是两脚踩着一条线走，如图 2-79、图 2-80 所示。

(2) 步履轻捷。步伐略小，当脚落地的时候，腿部的肌肉收紧，膝关节要有力，这样显得整个人轻盈、精神抖擞。

(3) 注意步韵。走路时，上体的稳定与下肢的频繁规律运动形成和谐对比。行进速度平稳，步幅均匀，有节奏感，使自己走在一定的韵律中，才会显得自然优美。

图 2-79　女士的正面走姿

图 2-80　女士的侧面走姿

4．男士的走姿要求

男士行走中要步态稳健有力，体现稳重、坚定、自信的阳刚之美。

(1) 走路时两脚的印迹成两条平行直线。走路时要身体挺直，下巴微向内收，眼睛平视，双手自然垂于身体两侧，随脚步微微前后摆动。双脚各踏出一条直线，使之平行，脚尖应对正前方。

(2) 步态从容。走路时，腰部应稍用力，收小腹，臀部收紧，背脊要挺直，抬头挺胸，面部表情平和，脚步从容，尽量避免短而急促的步伐，鞋跟不要发出很大的声响。

(3) 步态矫健有节奏感。速度不快不慢，步幅均匀，步履雄健有力，富有稳定的节奏感。

5．走姿注意事项

(1) 忌头不正、肩不平。行走中不要摇头、晃肩，不要左顾右盼、瞻前顾后，不能低着头或是耷拉着眼皮走路。头部不能往前伸。肩部要往外平展，不要含胸。

(2) 忌手臂摆动不当。走路时两只手臂要自然摆动，不能把手插在口袋里、抱在胸前或是倒背着双手走路。不能夹着手臂行走或只摆动小臂。两手臂摆动要匀称，幅度不可太大，也不可一只手臂摆动另一只手臂不摆动，或两手臂摆动幅度明显不同。摆动方向为前后摆动，切忌做左右式的摆动。

(3) 忌躯不挺。走路时不能弯腰驼背，不能大半个身子前倾，也不能突出地往前送胯。

(4) 忌步位不直。走路尽量走直线，不要扭来扭去地走"外八字"步或"内八字"步。女性一定不要岔开双腿走路。

(5) 忌步幅不适度。两脚步幅不可太大或太小，也不可两脚步幅不匀称。穿不同服装要相应调整步幅，如穿礼服、裙子或旗袍时步伐要轻盈优美，不可跨大步。若穿长裤步幅可稍大些，但最大步也不可超过脚长的 1.5 倍。

(6) 忌步速不平稳。行走中不要奔跑蹦跳，也不要拖着脚走。遇到紧急事情，不能慌乱奔跑，把地板踩得"咚咚"作响，可以用加快步伐频率的方法平稳提速。

(7)　忌行走时不端庄大方的行为。行走时不要吹口哨、吃零食，不要左顾右盼，不要手插口袋或打响指。与多人走路时，不要勾肩搭背；不要大声喊叫、奔跑、跳跃；不要边走路边指指点点，对别人评头论足；行走不要与其他人相距过近；不要与他人发生身体碰撞或尾随他人。

6. 男女走姿应形成不同风格

女士行走中走"一"字步，两脚要走成一条直线，不迈大步，不要摇晃臀部，步态要自如、协调、轻盈，体现端庄、优雅、自信的阴柔之美，如图 2-81 所示。

男士行走中双脚走两条线，但两条线应尽可能靠近，地上的横向距离在 3 厘米左右，步幅可稍大，不要扭腰，不可摇头晃脑，步态要稳健有力，体现稳重、坚定、自信的阳刚之美，如图 2-82 所示。

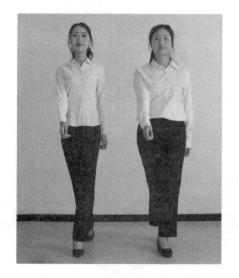

图 2-81　女士"一"字步走姿　　　　　　图 2-82　男女不同走姿

(四)得体的蹲姿

无论是在生活中还是在社交工作中，有时候需要蹲下身体捡拾地上的物品或为顾客服务，良好的蹲姿不仅是自己及所在企业形象的体现，也是对他人的尊重，而不正确的蹲姿容易给人留下不雅的印象。

1. 规范蹲姿的要求

右脚后退一小步，屈膝使重心下移，臀部向下。下蹲时上身挺拔，表情自然。左腿高、右腿低，两腿合力支撑身体。小腿和脚用力平稳起身。

2. 女士的常见蹲姿

(1)　高低式蹲姿

下蹲时，左脚在前，右脚稍后。左脚完全着地，小腿基本上垂直于地面，右脚则脚掌着地，脚跟提起。此刻右膝低于左膝，右膝内侧靠于左小腿的内侧，形成左膝高、右膝低的姿态。臀部向下，基本上用右腿支撑身体，如图 2-83 所示。

(2) 交叉式蹲姿

下蹲时，右脚在前，左脚在后，右小腿垂直于地面，全脚着地。右腿在上，左腿在下，二者交叉重叠；左膝由后下方伸向右侧，左脚跟抬起，并且脚掌着地；两脚前后靠近，合力支撑身体；上身略向前倾，臀部向下，如图 2-84 所示。

图 2-83　高低式蹲姿

图 2-84　交叉式蹲姿

3. 男士的蹲姿

男士一般采用高低式蹲姿，下蹲时，左脚在前，右脚稍后。左脚完全着地，小腿基本上垂直于地面；右脚则脚掌着地，脚跟提起。此刻右膝低于左膝，形成左膝高、右膝低的姿态，双腿可以适度分开。臀部向下，基本上用右腿支撑身体，如图 2-85、图 2-86 所示。

图 2-85　男士正面蹲姿

图 2-86　男士侧面蹲姿

4. 蹲姿的注意事项

(1) 男女蹲姿是有区别的。女士的两腿要尽力并紧，穿着旗袍或职业短裙时需要格外注意双腿之间不留空间。男士下蹲时两腿间可留有适当的缝隙。

(2) 弯腰捡拾物品时，不要两腿叉开、臀部向后撅起，这是最不雅观的姿态。

(3) 下蹲时注意内衣"不可以露，不可以透"。捡拿物品的时候不要低头弓背，下蹲的时候要保持腰部的控制力，不要弓下腰，这样上衣会自然上提，如果露出腰部的皮肤或是内衣，则非常难堪。

(4) 不要突然下蹲，不要离人太近。和他人同时下蹲时，更不能忽略双方的距离，以防彼此"迎头相撞"或发生其他误会。

(5) 不要方位失当。在他人身边下蹲时，最好是和他人侧身相向。不要正面他人，或者背对他人下蹲，这都是不礼貌的。若用右手捡物品，可以先走到物品的左边，右脚向后退半步后再蹲下来。物品在哪一侧就将哪一侧的腿放低，用靠近物品一侧的手去拾拿物品，另一侧的手放在同侧的膝盖上。

(6) 不要蹲在凳子或椅子上。有些人有蹲在凳子或椅子上的生活习惯，但是在公共场合这么做的话，是不能被接受的。

(7) 在由蹲姿变为站姿的时候，不要用手撑着大腿站起，给人以疲惫拖沓的印象，而是轻松自然起身。如果因为拾取物品等情况下蹲，待完成后应尽快起身，长时间蹲在地上是不雅观的，尤其是蹲在地上休息更是不可取的。

(五)恰当的手势

在日常生活中，人们常常有意无意地借助各种手势，来表达自己的意思和情感。久而久之，某个手势便会成为一种定式，什么手势表现什么意思，大家心领神会、不言自明。

1. 递接物品

(1) 一般来讲，递接物品用双手为最佳。用左手递接物品，通常被视为是失礼之举。

(2) 将带尖、带刃或其他易于伤人的物品递给他人时，切忌以尖、刃直指对方。合乎礼仪的做法是，应使尖、刃朝向自己，或是朝向他处。

(3) 递接物品时，如果双方相距过远，应主动走近对方；假如自己是坐着，还应该尽量在递接物品时起身站立。

(4) 递给他人的物品，应直接交到对方手中为好。同时，在递物时应让对方便于接取。在将带有文字的物品递交给他人时，还应使正面朝向对方。

2. 手持物品

(1) 卫生。在为他人服务的过程中，如遇到取拿食物时，如敬茶、斟酒、送汤、上菜等，千万不要把手指碰触到杯、碗、碟、盘的边沿。

(2) 到位。就是手持物品要到位。例如，提箱子应当拎提手，拿杯子应握杯子的中下部。

(3) 自然。手持物品时，服务人员可依据自己的能力与实际的需要，斟酌采用不同的手势，但一定要避免持物时手势夸张、小题大做，失去自然美。

(4) 稳妥。手持物品时，可根据物体的重量、形状及易碎程度来采取相应的手势，切记确保物品的安全，尽量轻拿轻放，防止伤人或伤己。

3. 展示物品

(1) 手位正确。展示物品时，可将物品举至高于双眼之处；或双臂横伸将物品向前伸出，活动范围自肩至肘之处，上不过眼部，下不过胸部，这一手位易给人以安定感。

(2) 便于观看。展示物品时，一定要方便现场的观众观看。因此，一定要将被展示的物品正面朝向观众，举到一定的高度，并注意展示的时间，以便能让观众充分观看。当四周皆有观众时，还需要变换不同角度展示。

(3) 操作标准。服务人员在展示物品时，不论是口头介绍还是动手操作，均应符合有关的标准。解说时，应口齿清晰，语速适中；动手操作时，应干净利索，速度适宜，并经常进行必要的重复。

4. 其他常用手势

(1) "请"的手势。

在表示"请"的时候，可以用右手，五指并拢伸直，掌心不可凹陷，女性为优雅起见，可微微压低食指。手与地面成 45 度，手心斜对上方，肘关节微屈，腕关节要低于肘关节。做动作时，手从腹部抬起以肘关节为轴向右摆动，到身体右侧稍前的地方停住，如图 2-87 所示。注意，不要把手摆到体侧或体后。

(2) 请入座的手势。

在请来宾入座时，前臂不要下摆，紧贴身体，手要以肘关节为轴由上而下摆动，指向斜下方，如图 2-88 所示。

图 2-87　"请"的手势　　　　　　　　图 2-88　请入座的手势

(3) 招呼他人的时候，要使用手掌，而不能仅用手指。

(4) 举手致意时，应全身直立，面向对方，至少上身与头部要朝向对方，在目视对方的同时，应面带微笑；手臂自下而上向侧上方伸出，手臂既可略有弯曲，也可全部伸直；这时的掌心应向外，即面对对方，指尖朝向上方，同时切忌伸开手掌。

(5) 在欢迎客人到来或其他时刻，会用到鼓掌这一手势。使用时应用右手手掌拍左手手心，但要注意避免时间过长、用力过分。

5. 手势语

(1) 跷大拇指手势

中国人对这一手势赋予了积极的意义，通常用它表示高度的赞誉。寓意为"好""第一"等。但是在英国、澳大利亚和新西兰等国家，跷大拇指则是搭车的惯用手势。而在希腊，跷大拇指却是让对方"滚蛋"的意思。因此，中国人在与希腊人交往时，千万不要用跷大拇指去称赞对方，那样一定会闹出笑话，甚至产生不愉快。

(2) 指点手势

在交谈中，伸出食指向对方指指点点是很不礼貌的举动。这个手势，表示出对对方的轻蔑与指责。更不可将手举高，用食指指向别人的脸。西方人比东方人更忌讳别人的这种指点。

(3) 捻指手势

捻指就是用手的拇指与食指捻动并发出"叭叭"的声响。它所表示的意义比较复杂：有时表示高兴；有时表示对别人所说的话或举动感兴趣或完全赞同；有时则被视为一种轻浮的动作，比如对某人或异性"叭叭"地打响指。

在陌生的场合或不熟悉的人面前，随易地捻指，会使人觉得没有教养；碰到熟人打招呼时来上一声捻指，也会使人觉得不舒服。总之，这是一种很随便的举止，慎用为好。

6. 体态语

体态语指凭借身体的动作或表情来表达某种意思、情绪的无声语言。

(1) 感谢

在一般的场合，表示感谢，可用点头来表示。在比较庄重的场合，可用鞠躬来表示谢意。鞠躬的"深度"与致谢的程度有关，感谢的程度越重，躬身的深度越大。表示感谢还可用双手握住对方的手，或者再上下晃几下，晃的程度越大，感谢的程度越重。还可以用双手在胸前抱拳或合十，前后晃动几下表示感谢。在中国广东，人们用右手中指轻轻点击桌面来表示感谢。

(2) 高兴

成语"捧腹大笑"形象地形容了特别高兴的体态。在正式场合男士乐不可支时会仰身大笑，女士常常掩口而笑，因为女士们以"笑不露齿"为美。有时，突如其来的高兴会让人扬起双眉，甚至会跳起来。欧美人高兴或激动时会双手握拳，向上用力挥起。

(3) 爱抚

爱抚的方式多种多样，比如长辈对晚辈、成人对小孩常会拍拍肩膀及抚摩其头顶表示爱抚之意。在国外要留心当地的习俗，泰国把抚摩头顶视为巨大的侮辱。

(4) 亲热

关系亲密的年轻同性，会常常搂在一起，女性会挎着胳膊或相互搂着腰；男性会互相搂着肩膀；年轻的恋人会把上身靠近对方；父母会常常亲吻孩子的脸蛋；对可爱而又调皮的孩子表达亲昵感情时，会在孩子的鼻子上刮一下；当上级对下级表示亲近时，会拍拍对方的肩头。

(5) 安慰、鼓励

年长者对年幼者，上级对下级，强者对弱者，常用手拍拍对方的肩膀，用力地握握对方的手，同时伴随有力的晃动。

(6) 安静

在人多的场合若需安静，往往手掌伸开，掌心向下，由上向下慢慢挥动。在人少的情况下，往往把双手或一只手放在胸前，掌心向下，手掌伸开，频频向下压动。也可以用右手食指垂直贴近嘴唇，轻轻发出"嘘"声来示意大家保持安静。

(7) 称赞、夸奖

用手握拳，跷起大拇指，表示特别赞美。在欣赏文体节目时，也可鼓掌喝彩。如果坐在桌子旁，叫好时常拍桌子，成语"拍案叫绝"即表示此体态。坐着叫好也可以拍大腿或膝盖。

(8) 憧憬、希望

当人们心中怀有美好憧憬时，会双目凝视，两手掌在胸前搓摩。男人常搓下巴或抚弄胡须。当殷切盼望的人或物在远方时，会伸直脖子远望。英、美等国人，常会两臂下垂，两手相握，扬起头，目视上方。

(9) 同意、赞成

最简单的表达同意、赞成的方式就是点头。在正式的场合或进行表决时，可以举手表示。在非正式场合，当表示特别赞成、完全同意时，则可以双手高高举起。英、美等国表示赞同时，往往会向上跷起拇指。

(10) 跃跃欲试

两手掌相摩擦，或在手心啐一口，手掌再相互摩擦，成语"摩拳擦掌"即表示这种体态。两手搓摩大腿或两手搓摩屁股，两臂前屈双手握拳抖动几下也表示这个意思。

(11) 打招呼

中国人最普通打招呼的方式就是笑一笑或点点头，同时也会扬扬手。美国人走在路上打招呼，常常要拿起自己头顶的帽子表示致意，现在已简化为抬一下帽檐。

(12) 告别

如今常见的告别方式是握手告别、挥手告别、摇手告别以及点头告别。与孩子告别时多用招手；向上级告别时常微微欠身；向死者遗体告别时一般要三鞠躬。

欧美人常以"拥抱""亲吻"来表示告别之情。英格兰人道别时，常横向挥手；法兰西人告别时，却竖向挥手；而日本人则是以鞠躬告别。

(13) 道歉

如果是礼节性的道歉可以点点头、欠欠身或招招手。一般男士常抬手到耳际，有时还要竖向挥动几下。向师长道歉时，要郑重地低头，用欠身或鞠躬来表示。

(14) 无奈

当无奈的时候，一般会轻轻地摇头叹息，也会手臂不动两手摊开。欧美人表示无可奈何时常耸肩，或耸肩的同时抬起双手前臂翻开手掌，有时还要摇摇头。或者摊开双手后，同时头向一侧偏，眼睛也会随之一闭。

【实践练习】

1. 站姿训练：每次训练 20 分钟左右，每天一次。站姿训练可结合微笑训练进行，强调微笑的准确、自然、始终如一，可配上悠扬、欢快的音乐以调整学生的心境。

（1）学生应身穿职业服、半高跟鞋在一间空教室里排队站立，按照站姿的基本要求练习。老师不断提醒动作要领，并逐个纠正。学生进行自我调整，尽量用心去感受动作要领。训练时可放些优雅、欢快的音乐，调整学生的心境，微笑要自然。

（2）贴墙站立。要求后脚跟、小腿、臀、双肩、后脑勺都紧贴墙。这种训练是让学生感受到身体上下处于一个平面。

（3）顶书站立。在头顶放一本书使其保持水平，促使人把颈部挺直，下巴向内收，上身挺直。

（4）背对背站立。要求两人一组，背对背站立，两人的小腿、臀部、双肩、后脑勺都贴紧。两人的小腿之间夹一张小纸片，不能让它掉下来。

2．坐姿训练：每次训练 20 分钟左右，每天一次，按坐姿基本要领，着重脚、腿、腹、胸、头、手部位的训练，可以配舒缓、优美的音乐，以减轻疲劳。

（1）练习入座起立。入座时，教师说"请坐"，学生说"谢谢"，按"左进左出"要求进行，女生双手抚一下裙子，按规范动作坐下。起立时，速度适中，既轻又稳。

（2）练习坐姿。按规范的坐姿坐下，放上音乐。练习在高低不同的椅子、沙发，不同交谈气氛下的各种坐姿。训练时，重点强调上身挺直，双膝不能分开，将一张小纸片夹在双膝间，从始至终不能掉下来。

（3）练习使用手机时的坐姿。

3．走姿训练：训练时配上行进音乐，音乐节奏为每分钟 60 拍。

（1）练习走直线。在地面上画一条直线，行走时双脚内侧踩在线上。

（2）练习穿西装(套裙)时的走姿。男士穿着西装行走时，要注意保持挺拔之感，后背平正，两腿立直，走路的步幅可略大。手臂自然摆动。行走时不要晃动双肩，女士着西服套裙给人以干练、洒脱的印象。行走时步速略快，但步幅不要过大；步履要轻盈、敏捷。不要扭腰或左右摆胯。

（3）顶书而行。在头顶放一本书使其颈部挺直，下巴向内收，头部保持不晃动，上身挺直，行走在一条直线上。

4．蹲姿训练：

（1）女同学练习交叉式蹲姿。

（2）男同学练习高低式蹲姿。

5．手势训练：

（1）训练介绍某人、为某人指示方向、请坐、送客的手势。

（2）练习行进中迎客、送客、"请"的手势。

第五节　表 情 礼 仪

【典型案例】

【指出失礼之处】

一次，在上海飞往广州的飞机上坐着两位外国女郎，她们金发碧眼，衣着华丽。刚上飞机她们就皱起眉头，掩着鼻子直嚷机舱里有怪味。一位空姐微笑着走来，请她们原谅，并递上一瓶香水，可香水却被她们扔到了角落里，接着又是一连串的刁难。虽然空姐觉得自尊受到了伤害，但仍笑脸相待，一一满足她们的要求。当空姐送来可口可乐时，她们还没喝就说可口可乐有问题，甚至将可口可乐泼到空姐身上。空姐强忍着这种极端无礼的行为和侮辱，再次把可口可乐递过去，微笑着不卑不亢地说："小姐，该可口可乐是贵国的原装产品，也许贵国这家公司的可口可乐都是有问题的，如果你们需要投诉，我很乐意效劳，将这瓶可口可乐连同你们的芳名及在美国的住址寄给可口可乐公司。我想可口可乐公司肯定会登门道歉，并将此事在贵国的报纸上大加渲染的。"两位女郎目瞪口呆，那位了不起的空姐还是面带微笑地将其他饮料送给她们。事后这两位女郎留了一封信，信中自称太苛刻、太过分，而中国空姐的服务、中国空姐的微笑是世界一流的，无可挑剔。

【分析提示】

从此案例中可以看出，服务工作中经常会遇到棘手问题，但微笑所至，难关可破。微笑有独特的功效和巨大力量。

一、表情

表情是指人们面部的变化。表情是人体语言最为丰富的部分，是人内心情绪的反映和思想感情的外露。表情是仅次于语言的一种交际手段，因此，在交际活动中表情备受人们的关注。在人际交往时，喜、怒、哀、乐、悲、恐、惊等表情最为常见。一个人的眼睛、眉毛、嘴巴和面部肌肉的变化，能表达一个人不同的感情。如"眉开眼笑""怒目圆睁""双眉紧锁""愁眉苦脸""面如冰霜"等词语说明了表情与情绪的对应。

在人际交往中要"察言观色""看脸色行事"，因为面部表情是人内心的窗口。

美国心理学家艾伯特·梅拉宾认为：人的感情的表达=7%言词+38%声音+55%表情。可见，健康的表情在人们心中的印象多么深刻，表情在人的交往中占有多么重要的位置。

二、构成表情的核心因素

表情是优雅风度的重要组成部分，构成表情主要有两个因素：一是眼神，二是笑容。

(一)眼神

眼神指的是眼睛的神态，表情中起主导作用的是眼睛，眼睛对内心情感的传达主要靠眼神。眼睛不仅是"眼神"表现的主体器官，而且也是一切体态语言的主要接收器官。眼睛把接收的信息输送到大脑并做出迅速反应。因此，眼睛被称为心灵的窗口，眼神是面部表情的核心。

眼神比笑容更复杂，更深刻，更微妙，更奇异，更有表现力。印度诗人泰戈尔说："一旦学会了眼睛语言，表情的变化将是无穷无尽的。"这说明眼睛语言的表现力是极强的，是其他举止无法比拟的。"暗送秋波""眉目传神""眉来眼去""天然一段风韵，全在眉梢，平生万种情思，悉堆眼角"等，讲的都是眼睛的表情功能。

不同的眼神，传递着不同的信息，它们在公关实务中，将产生不同的效果。不同的"看"也同样体现一个人的修养。

运用眼神传情达意，应注意以下几点。

1. 注视的时间

人们可以长时间地注视一件物品或一只动物，但不能长时间地注视一个人。与人交谈时，有些人让人感觉舒服，有些人则令人不自在，甚至让人感觉不值得交往，这有可能与注视的时间长短有关。一般来说，与对方目光接触的时间超过了全部谈话时间的 1/3 时，要么是被认为很吸引人，要么被认为怀有敌意。心理学试验表明，人们视线接触的时间，通常占交往时间的 30%～60%。如果超过 60%，则表示彼此对对方的兴趣可能大于谈话的内容；如果低于 30%，则表明对对方本人或交谈的话题没有兴趣。

(1) 表示友好

向对方表示友好时，应不时地注视对方。注视对方的时间约占全部相处时间的 1/3。

(2) 表示重视

向对方表示关注，应常常把目光投向对方那里。注视对方的时间约占相处时间的 2/3。

(3) 表示轻视

目光常游离对方，注视对方的时间不到全部相处时间的 1/3，就意味着轻视。

(4) 表示敌意

目光始终盯在对方身上，注意对方的时间占全部相处时间的 2/3 以上，被视为有敌意，或有寻衅滋事的嫌疑。

(5) 表示感兴趣

目光始终盯在对方身上，偶尔离开一下，注视对方的时间占全部相处时间的 2/3 以上，同样也可以表示对对方较感兴趣。

对于不太熟悉的人，不可长时间地盯着对方的眼睛，以免引起对方的恐惧和不安。如果感觉与对方谈得来，可以一直看着他，让他意识到你喜欢与他交往，以建立良好的关系，这样的谈话可以有 60%以上的时间注视对方。其余时间注视对方脸部以外的 5～10 厘米处。

社交场上，目光无意相遇应自然对视 1～2 秒，与异性目光对视，不能超过 10 秒，否则将引起对方的无端猜测。

2. 注视的部位

注视对方的不同位置，传达的信息有区别，造成的气氛也相异。不同的场合和不同的交往对象，目光所及之处应有差别。

(1) 公务注视区间

如业务洽谈、商务谈判、上级给下级布置任务时，可采用看"上额、眼"上三角区域，有居高临下之感，可以压住对方。

(2) 社交注视区间

社交场合采用。看"眼、下颌"倒三角区域，可形成平等感，能创造良好的社交氛围。

(3) 亲密注视区间

具有亲密关系的人采用。如恋人、至爱亲朋，看"眼睛、嘴部、胸部"，这样看能激发感情，表达爱恋。

3. 注视的方式

注视的方式有正视、仰视、俯视、直视、斜视、扫视、窥视和环视等。当注视别人时，目光的角度(即目光从眼睛里发出的方向)表示与交往对象的亲疏远近。

（1）正视

正视也叫平视，即视线呈水平状态。在与身份、地位平等的人进行交往时，正视表示重视对方，也表现出不卑不亢的精神面貌，如图 2-89 所示。

正视表示尊重。同公众谈话时，要把正视和环视结合起来，使在座的每一个人都无被冷落之感。这样有利于营造一种和谐、友好、轻松的气氛，发挥目光的交际作用。不难想象，如果谈话时心不在焉、东张西望，或由于紧张、羞怯不敢正视对方，那一定不容易被人信任。

敢于正视对方是一种坦荡、自信的表现，也是对他人尊重的体现。

（2）仰视

从低处抬眼向上注视他人，表示尊重、重视、敬畏对方，如图 2-90 所示。

图 2-89　正视

图 2-90　仰视

（3）俯视

从高处向下注视他人，给人的感觉是高傲的、卓然不群的。即看待别人时，感觉高人一等，不屑一顾，如图 2-91 所示。

（4）侧视

侧视是一种平视的特殊情况，即位于交往对象的一侧，面向并平视着对方，如图 2-92 所示。侧视的关键在于面向对方；若为斜视对方，即为失礼之举。

图 2-91　俯视

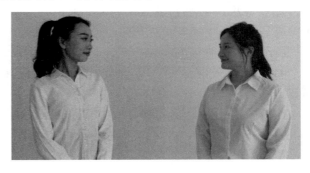

图 2-92　侧视

(5) 环视

在工作中为多位顾客服务时，需要按照先来后到的顺序对顾客进行服务，同时以略带歉意、安慰的眼神环视一下等候在身旁的客人。恰当地使用环视眼神，兼顾多方，表现出善解人意的优秀服务水准。

忌斜视、扫视、窥视，因为它们或表示轻浮或鄙夷。与人谈话时眼睛往上、往下、眯眼、斜视、闭眼、眼光游离不定，是傲慢、胆怯、蔑视、漫不经心的表现。

但应注意，当别人难堪时不要去看，交谈休息或停止谈话时不要正视对方。

4. 目光的运用

(1) 如果对对方的讲话感兴趣，就要用柔和友善的目光正视对方的眼睛。

(2) 如果想要中断他人的话，可以有意识将目光稍微转向他处。

(3) 当对方说了幼稚或错误的话显得拘谨害羞时，不要马上转移自己的视线。相反，要继续用柔和理解的目光注视对方，否则别人会误解为嘲笑他。

(4) 当双方缄默不语时，不要再看着对方，以免加剧尴尬局面。

(5) 谈得很投入时，不要东张西望，否则别人认为你已听得厌烦了。

(6) 对待不同关系的人的目光运用。在长辈面前，目光应该略微向下，显得恭敬、虔诚；对待孩子，目光应该和善、慈爱；在朋友面前，目光应该热情、坦荡；对待来客，眼神要充满热情，并带有少许激动；对待异性，双目对视不宜持续超过10秒。

(7) 不同文化中的目光运用。各个民族或国家有自己独特的文化背景，在某些相同的场合，不同民族或国家的人会有完全不同的反应。比如在会议桌上，日本人会把美国人四目对望的表情动作看作不礼貌和感觉迟钝的表示，而美国人却把日本人不正视别人当作一种狡诈的象征。因此，在与不同民族或国家的人们进行交往时，要熟悉对方的文化和习惯，充分地予以尊重和理解，减少误会，从而顺利进行交流。

5. 对客服务中眼神标准

(1) 面对顾客眼神柔和友善、亲切坦然，和蔼有神，真诚自然流露。

(2) 眼睛礼貌正视顾客，不左顾右盼、心不在焉。

(3) 眼神要实现"三个度"。

① 眼神的集中度

不要将目光聚集在顾客脸上的某个部位，而要用眼睛注视顾客脸部三角部位，即以双眼为上部两点，嘴为下顶点，也就是双眼和嘴之间的区域。

② 眼神的光泽度

精神饱满，有亲和力，保持慈祥、神采奕奕的目光，再辅之以微笑和蔼的面部表情。

③ 眼神的交流度

迎着顾客的眼神进行目光交流，传递你对顾客的敬意与你的善良之意。眼睛是心灵的窗户，心灵有了亲和力的理念，就自然会发出神采奕奕的目光，很容易形成具有磁性的亲和力的眼神，这样可以拉近与顾客间的距离。

6. 目光训练

取一张厚纸遮住脸的下半部，对着镜子，鼻中深吸一口气，眼睛略睁大并平视；嘴角上翘呈微笑状，把目光换成语言：您好，欢迎光临；眉上扬，伸展眼周围的肌肉；心里尽情回忆过去的美好生活，使笑肌抬升收缩，嘴角两端做出微笑的口型；接着放松面部肌肉，随后即使是口部恢复原形，目光中依然会反射出脉脉含笑的神采，如图 2-93 所示。

图 2-93　目光训练方法

(二)笑容

笑是人们因感到喜悦而高兴的表情，是一种生理现象。笑是快乐和满足的表现，属于肯定性情绪，我国古人说"乐然后笑"。

笑是眼、眉、嘴和颜面的动作集合，主要是由嘴部来完成的。嘴部是一个人面部表情中比较显露突出的部位，它的表现力仅次于眼睛，可进行生动、多变的感情表达。

笑的形态千差万别，有微笑、欢笑、大笑、狂笑、苦笑、奸笑、傻笑、狞笑、嘲笑等。其中最常见、用途最广、效益最大的便是微笑，微笑是指不出声的，嘴角两端略提起的笑。有人说："严肃使人拘谨，愤怒使人气恼，佯笑给人虚伪的印象，冷笑给人以奸诈之疑，至于捧腹大笑又有失身份，唯有微笑恰到好处。"

1. 微笑的作用

(1)　微笑是他人感情的需要

人际交往应以微笑开始，表示对人的尊重、理解和友善，也使自己富于魅力。"微笑是打动人心弦最美好的语言""微笑是通向全世界的护照"。

(2)　微笑是融洽关系、缓解矛盾的方法

微笑可变紧张为缓和，消除他人的不满情绪，获得对方的谅解，弥补个人生活、工作的失误。微笑所至，难关可破。在工作和生活中出了差错时，微笑是道歉语。

(3)　微笑是热情待客的表现

微笑服务能极富魅力地感染消费者，拨动顾客的心弦，使商务活动在愉快、和谐的气氛中完成，给人热情待客的良好印象。

自称"微笑之邦"的泰国，一切服务工作都是在微笑中进行的。泰国航空公司把微笑写进了广告词："请乘坐平软如纱的泰航飞机，到泰国来享受温暖的阳光和难忘的微笑吧！"事实的确如此，在泰国游览，可谓处处有笑脸，事事皆能感受到温暖。泰国人给人热情待客的印象，正如该国一本供外国游客阅读的旅行指南中所说："当您即将离开泰国时，您带走的将是这块充满微笑的土地上最美好的记忆！"

　　服务人员在服务接待中，应满面笑容地接待宾客。让脸上、眼睛、声音都有笑意，一定会给顾客留下热情待客的良好印象。顾客光临时微笑是欢迎曲，初次见面时微笑是问候语，顾客离去时微笑是告别词。

　　(4) 微笑是生意兴隆的法宝

　　微笑应贯穿商务活动的每个环节，这样就能树立美好的企业形象，赢得信誉，吸引、招徕大批顾客，使企业越办越红火。

　　19 世纪 20 年代，号称全球旅馆业之冠的美国希尔顿酒店创始人康纳·希尔顿于 1919 年以仅有的 5000 美元作资本，在得克萨斯州办起了美国第一家旅馆，经过几年经营，他的资产增加了 1 万倍。当他踌躇满志、颇为得意地向母亲说他如何赚钱有方时，他的母亲淡然一笑："你拥有 5000 万美元资金有什么了不起？比这更值钱的东西是什么？"希尔顿被问住了，母亲继续说，"我看，做生意除了要对顾客诚实外，你还得想出这样一个简单可行、不花本钱又行之久远的办法，去争取顾客的反复光临。这样，你的酒店才是前途无量的。"母亲的问题，让希尔顿苦苦思索，什么办法符合这 4 个条件呢？他确认只有"微笑"有如此的魅力。于是，他要求企业的员工，不论在什么情况下，都必须对顾客保持微笑。终于，持之以恒的微笑收到了出人意料的效果。

　　1930 年，美国发生经济危机，旅馆业倒闭达 80%，此时希尔顿的"微笑"策略受到严重挑战，他要求员工"不可把心里的愁云摆在脸上，无论酒店本身遇到多大的困难，我们脸上的微笑都应当成为旅客的阳光"。在经济危机严重的年代，只有他酒店的员工始终坚持微笑待客，这给人们留下了深刻美好的印象。经济萧条过去后，希尔顿酒店率先进入繁荣时期。只有 5000 美元起家的小酒店，先后吞并了在美国号称为"旅馆王子"和"旅馆皇后"等的大旅馆，使希尔顿酒店连锁店扩展到了 70 家，遍布世界五大洲各大城市，成为全球规模最大的酒店集团。

2. 微笑的内涵

　　微笑是人们对美好事物表达愉快心情的外露，是善良、友好、赞美的象征，是对他人的理解、关心和爱的表现，是谦恭、含蓄、自信的反映，是礼貌修养的表现，是心理健康的标志。微笑的内涵是博大的，它具有巨大的感染力，如图 2-94、图 2-95 所示。

图 2-94　微笑一

图 2-95　微笑二

3. 微笑的基本要求

微笑应该真诚、甜美，要发自内心，自然大方，必须符合礼仪规范，在必要时应配上简短的礼貌用语。

4. 微笑的方法

笑的共性是面露喜悦之色，表情轻松愉快，但是，如果发笑的方法不对，要么笑比哭还难看，要么会显得非常假，甚至显得很虚伪。

(1) 发自内心。笑的时候，要自然大方，亲切友好。

(2) 声情并茂。笑的时候，要做到表里如一，使笑容与自己的举止、谈吐有很好的呼应。

(3) 气质优雅。笑的时候，要讲究笑的适时、尽兴，更要讲究精神饱满，气质典雅。

(4) 表现和谐。从直观上看，笑是人们的眉、眼、鼻、口、齿以及面部肌肉和声音所进行的协调行动。尤其要注意口眼结合，让眼睛"说话"，学会用眼睛的笑容与顾客交流。

(5) 加强锻炼。加强必要而严格的训练，贵在养成和坚持，要达到笑脸常开、规范得体的目的，需要自我养成，长期坚持，形成习惯。

文明社会需要微笑服务，有人将微笑服务称为"职业性微笑"，这就要求服务人员应将微笑贯穿于生活、社交、服务之中，使之成为自己天性的一部分。服务人员应以敬业乐业的精神激励自己，坚持训练，注重养成，久而久之，富有魅力的微笑一定会常驻脸上。

5. 微笑的训练

(1) 一度微笑。一度微笑就像春天里的太阳让人感觉身心舒畅。轻微的笑，略带笑容，是不显著、不出声的一种笑。一度微笑常用于与一般顾客交往中，如图 2-96 所示。

(2) 二度微笑。二度微笑指轻轻扬起自己的嘴角，双唇轻启，牙齿半露，眉梢上推，脸部肌肉平缓向上、向后舒展而带来的一种效果，如图 2-97 所示。笑意荡漾在眼底，像冬日里的暖阳，给人无限的温暖，常用于面对熟悉的客户或商务活动时。

图 2-96 一度微笑

图 2-97 二度微笑

(3) 三度微笑。三度微笑就是传说中的"八颗牙微笑"，笑起来像夏天似火的骄阳，分外的热情灿烂，如图 2-98 所示。常用于迎宾时表示欢迎或交谈中表示欢快。

(4) 用筷子训练。选用一根洁净、光滑的圆柱形筷子(不宜用一次性的简易木筷，以防拉破嘴唇)，把筷子横着咬在双齿间，使两嘴角上拉尽量高过筷子，如图 2-99 所示。保持微笑，5 秒后放松一下，再训练，每天训练 10 分钟，如图 2-100 所示。

图 2-98　三度微笑

图 2-99　训练微笑

图 2-100　用筷子训练微笑

微笑的训练最忌媚态、生硬、虚伪和笑不由衷。

【实践练习】

1. 目光训练

以下两种方法坚持天天训练，不要间断，必使目光明亮有神。

(1) 点上一支蜡烛，视点集中在蜡烛火苗上，并随其摆动，坚持训练可达目光集中、有神，眼球转动灵活。

(2) 追逐鸟类飞翔可使目光有神。

2. 微笑训练

(1) 情绪记忆法，即将自己生活中最高兴的事件中的情绪储存在记忆中，当需要微笑时，可以想起那件最使你高兴的事件，脸上会流露出笑容。注意，练习微笑时，要使双颊肌肉用力向上抬，嘴里念"一"音，用力抬高口角两端，注意下唇不要过分用力。

(2) 对着镜子，做最使自己满意的表情，到离开镜子时也不要改变它。

(3) 当一个人独处时，深呼吸、唱歌或听愉快的歌曲，忘掉自我和一切的烦恼，让心中充满爱意。

3. 微笑结合眼神训练

进行一度微笑、二度微笑、三度微笑练习。

本 章 小 结

本章介绍了塑造个人礼仪形象的基本内容和方法。个人的形象是由内在形象和外在形象构成的。内在形象主要包括思想素质修养和业务素质修养；外在形象主要包括仪表、仪容、仪态、表情方面的内容。通过学习，不仅要知道、了解，更要通过操作、实践掌握，并以此来塑造良好的职业形象。

关 键 概 念

仪容　仪表　仪态　"TPO"原则　表情　微笑

课 堂 讨 论

1. 为什么要强调个人形象的塑造？
2. 作为职场人员为什么要化淡妆？
3. 微笑的魅力有多大？
4. 日常生活中应避免的手势有哪些？

复习思考题

1. 服饰的原则有哪些？
2. 服装如何配色？
3. 仪表美的三个层次的内容是什么？
4. 良好仪态包含哪些方面的内容？
5. 首饰佩戴的原则是什么？

第三章 言谈礼仪

学习目标

1. 掌握正确说话的原则。
2. 会使用敬语、谦语、雅语。
3. 在日常工作及生活社交中,能应对各种场合的交谈。
4. 掌握聊天、谈心和问答的技巧。
5. 学会称呼、问候、倾听。
6. 掌握言谈的注意事项。

学习内容

1. 言谈礼仪概述
2. 言语交谈技巧

第一节 言谈礼仪概述

【典型案例】

【指出失礼之处】

有一位先生为外国朋友订做生日蛋糕。他来到一家酒店的餐厅,对服务员说:"小姐,你好,我要为一位外国朋友订一个生日蛋糕,同时打一份贺卡,你看可以吗?"服务员问道:"请问您的朋友是小姐还是太太?"这位先生也不清楚这位外国朋友有没有结婚,因为他从来没有打听过这个事情,他为难地抓了抓后脑勺想想,说:"小姐?太太?一大把岁数了,应该是太太。"生日蛋糕做好后,服务员按地址到酒店客房送生日蛋糕。敲门后,一女子开门,服务员有礼貌地说:"请问,您是怀特太太吗?"女子愣了愣,不高兴地说:"不是!"服务员丈二和尚摸不着头脑,抬头看看门牌号,再回头打个电话问那位先生,没错,房间号码没错。再敲开门说:"没错,怀特太太,这是您的蛋糕。"那女子大声说:"告诉你错了,这里只有怀特小姐,没有怀特太太!"啪的一声,门被大力关上了。这件事为何引得外国朋友不满?

【分析提示】

在这个案例中,服务员在没有弄清客人婚姻状况的前提下,选择了错误性的称呼,造成外国朋友的强烈不满。在人际交往中,错误性称呼是一定要注意规避的问题。在案例中,这位先生凭推测称呼客人"太太",而在西方,"女士"是对成年女性的通称,一般冠以她自己而非丈夫的姓名;"夫人""太太"是称呼已婚女性的,冠以丈夫的姓名或丈夫的姓以及她自己的名;成年而未婚的女子称"小姐",冠以她的姓名;而对于不了解其婚姻状况的女子可泛称"小姐"或"女士"。已婚的女性被别人称作"小姐"时,会愉快地接受这一"误称";相反,未婚的女性被别人称作"太太"时,都会格外介意的。

言谈是人际交往的重要手段，语言是人们表达思想、交流感情和沟通信息的重要交际工具。在生活中，任何人都不可能孤立地生存，都需要与周围的人建立关系，相互交往，这都离不开语言。语言在人际交往中占据着最基本、最重要的位置。

在人际交往过程中，必不可少的能力就是说话的能力。说话能力有高下之分，比如，那些不善言谈的人做不成的事情，一旦到了那些善于交际的人手中，他们能熟练地和他人进行交流，并迅速建立起良好的关系，最后在他人或惊讶或羡慕的目光中将事情办妥了。如果你能拥有这样的口才，相信你一定可以得到领导的青睐，获得他人钦佩的目光，在工作上风生水起，在生活中家庭和睦，邻里和谐。

虽然每个人都知道说话的重要性，但能把话说好的人却并不多，而把话说到对方的心里，做到既入耳又入心的，则更为不易。在人生的各个场合，如果说话水平欠佳，缺乏良好的表达力和沟通力，在工作和生活中将有可能陷入困境和僵局，难以达成意愿，实现目标。

比如与陌生人第一次见面，手足无措不知道该如何开口才好；面对尴尬的局面，却不知道该如何去化解尴尬；想要赞美他人却不知道该从何处入手；拒绝别人时，不知道如何拒绝才能不伤及他人的面子；想要得到他人的帮助，却不知如何去说服对方；等等。

以上的种种情况，都是我们在工作和生活中经常会遇到的难题，面对这些难题，我们感到无从下手、头疼不已。要如何来解决这些问题呢？这需要我们在了解谈话对象心理的基础上，有效地掌控谈话，运用言谈礼仪达到想要的效果。

言谈礼貌的关键在于尊重对方和自我谦让，要做到礼貌说话必须做到：掌握说话原则，交谈中使用敬语、谦语、雅语，掌握不同场合的交谈礼仪。

一、掌握正确的说话原则

说话总是要在具体环境中进行的，说话者不可避免地要受到所在环境的各种条件的制约和影响，因此，说话必须遵循一些基本原则。

(一)看对象说话

说话要因人而异。因为不同的人对同样一句话会产生不同的反应，甚至会有截然相反的反应。看对象说话要考虑以下状况。

1. 性别状况

话语对性别的影响，主要是生理因素导致的。男女性别不同，对话语的理解就受不同的心态和习惯的影响。对男同志讲话一般可坦诚直率，女同志一般很注意别人对自己的评价，忌讳说影响自己外貌美观的话。

2. 年龄状况

不同年龄的人有着不同的人生体验，他们对话语的反应和要求也就不一样。未谙世事的小孩思维直观形象，情感易受语言的支配，乐于接受形象简易、富于幻想色彩的话语；青年人生活丰富多彩，时代气息浓厚，喜欢时代感强、富于哲理、节奏快的话语；中年人肩负家庭和事业两副重担，看重事业、讲究务实，要求说话朴实、明快、实用；老年人人生体验最丰富，喜欢稳重、含蓄、谦逊的话语。

3. 文化状况

一般情况下，文化程度较低的人，他们的情感多半由语言支配，喜欢直来直去，通俗简略地表达，对他们说话应该使用日常口语，避免使用过于激情的书面语和较雅的语言；文化程度高的人，说话则比较讲究，对话语比较敏感，爱说和爱听委婉的话。

4. 心理状况

人的实践活动是在心理活动支配下进行的，说话要考虑说者与听者之间心灵的交流。听话人的性格、气质不同，对听到的话要求也不一样。脾气暴躁的人喜欢温和婉转的话语，胆小怯弱的人讨厌粗鲁强硬的话语，性格外向的人对开朗、活泼、直率的话语感兴趣，性格内向的人则对沉静、稳重、坦诚的话语易于接受。

说话要看对象，还要考虑社会环境，对不同地域、不同民族的人也应有所不同。

(二)看身份说话

要求说话者要考虑听众的身份，也要弄清自己的身份，以便在交流中使用的称谓和口吻都自然得体。

(三)看场合说话

场合对于说话者的影响是直接具体的。"到什么山上唱什么歌"，就是要求说话者考虑在什么场合下说什么样的话。也就是说，不同的地点、情景对说话有不同的要求。一般的场合与说话原则如下。

(1) 庄重场合和一般场合。庄重场合说话要有稳重感和融洽感，避免使用口语或俚语，确保语言正式和规范；一般场合可以使用轻松和自然的语气和词汇。

(2) 正式场合和非正式场合。正式场合说话时应字斟句酌，准确规范，且平易、通俗；非正式场合说话可以轻松、随意和自然，使用日常用语和口语化的表达。

(3) 悲愤场合和喜庆场合。悲愤的场合说话应低沉、避讳，音量恰到好处；喜庆的场合说话应轻松、明快、诙谐、幽默。

(4) 大场合和小场合。大场合应声音洪亮，语调高昂和较自由；小场合应合理控制音量，声音不宜过大。

(5) 适宜多说的场合和不适宜多说的场合。

(四)看时间说话

说话要因时而异，在不同的时间应说不同的话。开始说话时要考虑下面三种情形。

1. 顺序性时间

时间具有唯一性的特点，使得语言表达形成一种先后有别的结果，这个先后顺序对说话的内容具有较强的制约作用。一方面，说话的人要充分体现个性特色，给人留下良好深刻的印象；另一方面，在前面说话的人要把握好自己在听众心目中的形象，在后面说话的人要避免与前面的人说话方式上雷同。

2. 情景时间

说话者要考虑在一定的时间内听众的情绪状况以及对话语的接纳程度。当听众身体疲劳、精神倦怠，或者听众需要自己的时间多一些的时候，说话就不适宜长时间地进行；如果听众精神饱满，情绪高昂，具有强烈听讲的愿望，就适宜较长时间地讲话。

3. 特定时间

特定条件下的时间具有特殊的含义，对说话者也有特殊的要求。如在紧张、关键的时刻，话语就要简洁、清晰、洪亮、激昂，具有感染性和鼓动性。

二、使用敬语、谦语、雅语

(一)敬语

敬语，亦称"敬辞"，它与"谦语"相对，是表示尊敬礼貌的词语。除了礼貌上的必需之外，使用敬语，还体现一个人的文化修养较高。

1. 敬语的运用场合

(1) 比较正规的社交场合。
(2) 与师长或身份、地位较高的人的交谈。
(3) 与人初次打交道或会见不太熟悉的人。
(4) 会议、谈判等公务场合等。

2. 常用敬语

我们日常使用的敬语有"请"，第二人称中的"您"，代词"阁下""尊夫人""贵方"等。另外，还有一些常用的词语用法，如初次见面称"久仰"，请人批评称"请教"，麻烦别人称"打扰"，托人办事称"拜托"，赞人见解称"高见"，等等。

(二)谦语

谦语亦称"谦辞"，是与"敬语"相对，向人表示谦恭的一种词语。谦语最常见的用法是在别人面前谦称自己和自己的亲属。例如，称自己为"愚"，称夫人为"拙荆"，称儿子为"犬子"等。

自谦和敬人，是一个不可分割的统一体。尽管日常生活中谦语使用场合不多，但其精神无处不在。只要你在日常用语中表现出你的谦虚和恳切，人们自然会尊重你。

(三)雅语

雅语是指一些比较文雅的词语。雅语常常在一些正规的场合以及一些有长辈和女性在场的情况下，被用来替代那些比较随便甚至粗俗的话语。多使用雅语，能体现出一个人的文化素养以及尊重他人的个人素质。

常用的雅语如：需要考虑说"斟酌"，归还物品说"奉还"，向人祝贺说"恭喜"，身体不适说"欠安"，祝人健康说"保重"，等等。雅语的使用不是机械的、固定的。只要你的言谈举止彬彬有礼，人们就会对你的个人修养留下较深的印象。只要大家注意使用雅语，必然会对形成文明、高尚的社会风气大有益处，并对我国整体民族素质的提高有所帮助。

三、日常场合应对

(一)与人保持适当距离

说话通常是为了与别人沟通思想，要达到这一目的，首先必须注意说话的内容，其次必须注意说话时声音的高低，使对话者能够听明白，因此，在说话时必须注意保持与对话者的距离。说话时与人保持适当距离也并非完全出于考虑对方能否听清自己的话，另外还存在一个怎样才更合乎礼貌的问题。从礼仪上说，说话时与对方离得过远，会使对话者误认为你不愿向他表示友好和亲近，这显然是失礼的。如果在较近的距离和人交谈，稍有不慎就会把吐沫溅在别人脸上，这是最令人讨厌的。有些人，因为有凑近和别人交谈的习惯，又明知别人顾忌被自己的吐沫溅到，于是先知趣地用手掩住自己的口，这样"交头接耳"，样子难看，也不够大方。从礼仪角度来讲，说话时一般保持一两个人的距离最为适合。这样做，既让对方感到有种亲切的气氛，同时又保持一定的"社交距离"，在常人的主观感受上，这也是最舒服的。

在社会交往中，人与人之间的正常距离大致可以划分为以下四种，它们各自适用不同的情况。

1. 私人距离

私人距离指小于 0.5 米的距离。它仅适用于家人、恋人与至交。因此，有人称其为"亲密距离"。

2. 社交距离

社交距离为大于 0.5 米、小于 1.5 米的距离。它适合于一般性的交际应酬，故亦称"常规距离"。

3. 礼仪距离

礼仪距离为大于 1.5 米、小于 3 米的距离。它适用于会议、演讲、庆典、仪式以及接见，意在向交往对象表示敬意，所以又称"敬人距离"。

4. 公共距离

公共距离为 3 米开外的距离，适用于在公共场合同陌生人相处。它也被叫作"有距离的距离"。

(二)恰当地称呼他人

称呼是指当面招呼对方，以表示彼此关系的名称。由于国度、社会制度、民族、地域的不同，各地在称呼上存在差异，因此，在称呼对方时应充分考虑这些差异，在尊重对方的同时使称呼合乎礼仪。合乎礼仪的称呼也是表达对他人尊重和表现自己有礼貌、有修养的一种方式。

1. 国内称呼

在我国最为普遍使用的称呼是"同志""师傅",这些称呼使用对象很广,任何职业、年龄、级别、性别均可使用。一般对熟悉的有职务的人,要用职务称呼,比如李经理、王主任、张局长等。对有些行业可以用职业称呼,比如张老师、李大夫、赵会计、王工程师等。对不熟悉的人可以用泛尊称,如对男士称"先生",对女士称"小姐"或"夫人",在文艺界、教育界还常用"老师"来称呼年长于自己的人。

在我国使用称呼时要注意:

① 称呼老师、长辈要用"您",而不用"你",不可直呼其名。

② 初次见面或相交未深者,一般用"您",而不用"你",以示谦虚与敬重。

③ 一般而言,称呼是就高不就低。

④ 称呼任何人都要考虑其民族习惯、地方风俗,做到尊重对方,不损害对方感情。

2. 涉外称呼

在国外,一般称男子为"先生",未婚女子为"小姐",已婚女子为"夫人"。对地位较高的官员(一般指部长以上的高级官员)可称"部长阁下""总理先生阁下",等等。在君主制国家里通常称国王、王后为"陛下",称王子、公主、亲王为"殿下",其他有爵位的则以其爵位相称,也可称"先生"或"阁下"。

每个人都希望得到他人的尊重,人们比较看重自己业已取得的地位。对有头衔的人称呼他的头衔,就是对他莫大的尊重。关系密切的人之间直呼其名显得更亲切,但若是在公众和社交场合,以头衔称呼会更得体。

对于知识界人士,可以直接称呼其职称。但是,除了博士外,其他学位就不能作为称谓来用。

(三)善于言辞

不管是名流显贵,还是平民百姓,作为交谈的双方,应该是平等的。交谈一般选择大家共同感兴趣的话题,但是,有些不该触及的问题,比如对方的年龄、收入、个人物品的价值、婚姻状况、宗教信仰,还是不谈为好,打听这些是不礼貌和缺乏教养的表现。

在交谈时,说话者的语速、音量、音调等均是传递信息的因素。同样一句话,说时和缓或急促、柔声细语或高门大嗓、商量语气或颐指气使、面带笑容或板起面孔,效果大相径庭。所以要根据对象、场合和实际需要恰当运用声音。

说话是门艺术,要想把话说得好,正确地表达自己的意思,必须注意以下几个问题。

1. 发音准确,清晰易懂

讲话时口齿要清楚,尽力避免咬舌、吐字不清等毛病。口齿不清者,可尽量放慢讲话速度。

2. 速度适中

谈话的速度不要太快,也不要太慢,语速太快会让人听不清,也反应不过来;语速太慢使人感到拖拖拉拉，浪费时间，产生不耐烦的情绪。因此，谈话时，只有速度适中，即每分钟讲 120 字左右，才最适宜。

3. 柔声细语

讲话时应亲切、热情，在能使人听清的情况下，一般来说，放低音量总比提高嗓门来得悦耳，柔和甜美的声音总比尖厉生硬的声音更加动听。

4. 讲究语调

人们在谈话中需要表露的愉快与痛苦、坚定与犹豫、轻松与压抑、高兴与悲哀等情感，往往通过语调的抑扬顿挫、轻重缓急体现出来。因此，在社交场合，为使自己的谈话引人注目，除要考虑风趣的辞令、美妙的内容外，还要在声音的大小、快慢、高低、张弛上下功夫，才能收到良好的效果。

(四)常用礼貌用语

在任何交际场合，诚实和热情都是交谈的基础。只有开诚布公地谈话，才能使人感到亲切自然，融洽气氛。为此，交谈中应时刻有意识地使用礼貌用语，这是文明人应具备的基本素养，也是以敬人之心赢得尊重的基本方式。

1. 问候语

熟人见面自然要打个招呼，这就是通常所说的问候。常用的问候语有"您好！""早上好！""好久不见，近来好吗？"等。尽管这些语言可能并不表示特定的含义，但它却在交往中不可缺少，因为它既能传递尊重、亲切、友善的信息，又能体现自己的涵养、风度，从而形成一种和谐、亲切、友善、热情、尊敬的人际氛围。

2. 感谢语

得到别人帮助或接受他人服务时，哪怕是一点小忙，都应表示感谢。常用的感谢语有"谢谢！""非常感谢！"等。即使是拒绝别人的帮助、赠物、款待时，也应说"不，谢谢！"，而不应说"我不要""我不喜欢"等语言。

3. 道歉语

做了不妥的事，对他人的利益和其他方面有干扰或损害时，应该诚恳地道歉。常用道歉语有"对不起""十分抱歉""打扰了，对不起""真过意不去""真是失礼了"等。被道歉者也应说声"没关系"。

4. 征询语

当做某事要取得他人同意，或帮忙之前要征得他人同意、认可时应用征询语。常用的征询语有"您有什么事情吗？""我能为您做些什么？""需要帮忙吗？""这样是否会打扰您？"等。这些语句虽均为问句，但表达了关心之情，显示了热情与礼貌。

5. 应答语

当回应对方的谢意、歉意和要求时，一般都用礼貌的应答之词。常用的应答语有"不必客气""没关系""照顾不周请多指教""我明白了""好的""是的""谢谢您的好意"等。

6. 赞美语

为了表示对他人及所做事情的赞赏、褒扬、鼓励、喜爱，常用赞美之词，如"很好""太棒了""真了不起""太美了""太出色了"等。这类话要说得热情、坦诚，切忌言不由衷。

7. 慰问语

为了表示对他人及所做事情的肯定、关心，通常要用慰问语，如"您辛苦了""让您受累了""给您添麻烦了"等。说这些善意的慰问的话，既能使对方感到温暖，也能换来对方对你的好感。

8. 请托语

"请"字最能体现对人的尊敬、谦恭，有事相托时用"请"字，指示命令时用"请"字，都能使语气委婉，给人礼貌、愉快的感觉。

【实践练习】

1. 预设情景训练：模拟某单位商务前台接待礼仪，以小组为单位进行对话训练。

2. 创设情景训练：学生在不同岗位、不同场景下，面对客人、同事、领导进行恰当的称呼，礼貌的问候，练习基本礼貌用语的使用。

第二节　言语交谈技巧

【典型案例】

【指出失礼之处】

乔·吉拉德是世界著名的营销大师。他在年轻时向一位顾客推销汽车，谈判的过程比较顺利，当客户正要付款时，另一位推销员跟乔·吉拉德谈起了前一天的足球赛，乔·吉拉德一边跟这位推销员谈着足球，一边伸手去接顾客的付款，不料顾客却突然掉头而去，连车也不买了。在这次推销的过程中，乔·吉拉德与达成交易失之交臂。

【分析提示】

乔·吉拉德后来才明白，客户在付款时，和乔·吉拉德谈起了自己家儿子考上大学一事，而乔·吉拉德却和同伴谈起了球赛，所以客户认为推销员根本不重视自己。

交谈是人们交流感情、增进了解的主要手段。交谈一般是由两个或两个以上的人员参加的，围绕某个或几个感兴趣的话题进行交流沟通的言语表达活动。按交谈的目的划分，交谈有闲谈、谈心和问答等形式。

一、闲谈

闲谈也是我们常说的聊天，是一种交换意见、交流思想和交融情感的交谈活动。交谈双方不需要进行任何准备，形式不拘，话题丰富，氛围轻松愉快，自由度较大。在交际场合中，闲谈可以帮助你与别人建立亲密的关系、缓和紧张气氛。人们往往在不经意的闲聊中获得有用的信息，闲聊还能反映一个人的知识、修养、追求与爱好。善于与别人闲聊的人往往能得到别人的喜欢，获得更多的朋友，也让别人得到信息和感到快乐。

(一)闲谈的含义

闲谈是指人们在见面之后、谈判之前，随意、轻松、简短地谈论一些无关的话题，以达到交流或缓和气氛的目的。

人们在办公室的门厅、走廊、班车上相遇时，免不了要随便聊一聊，找一些共同关心的话题来说一说，以交流感情和沟通信息。有一定闲谈的技巧可以为你建立更宽广的人际关系网，树立一个平易近人的形象。员工与老板闲谈可以多一些让老板了解、熟悉你的机会，尤其对那些新人，更需要这些机会。老板经常与员工闲谈可以发现工作中的问题，树立一个关心下属、和蔼可亲的领导形象。

(二)闲谈的作用

不要认为闲谈是无关的事情。掌握好闲谈的机会并能恰当地谈论一些话题，对个人和所代表的组织有着重要的作用。

1. 闲谈可以为个人或组织带来很重要的信息

很多时候，我们的信息是在与其他人的闲谈中获得的。因为我们在正式的工作中，往往是不能闲谈的，神经绷得很紧，没有时间去闲谈，谈话的内容也仅限于工作上的专业话题；而在闲谈的时候，每个人在彻底放松的情况下，可以无话不谈，这常常是我们获得重要信息的机会。

2. 闲谈可以为个人或组织建立较广阔的商业关系网络

闲谈让领导可以多一个渠道了解你，因为平时人是通过非常正式的渠道了解你的，例如，你的书面报告或你的口头汇报，如果直属上司的评价较负面，则总经理对你的印象就会大打折扣，而只有你与总经理直接交流才能改变他对你的印象。不会与在走廊里碰到的总裁聊天的人可能会被视为拘谨，自己则失去了一次让领导了解你的机会。现在风行的关系营销就是指要通过一定的非正式的场合来建立组织与个人的商业关系。这种关系不是仅指双方在谈业务时的关系，而是在商谈业务之前或之后有意地建立的熟悉的朋友式的关系，但不是我们通常意义上的朋友，而是商业关系的"朋友"。闲谈往往对这种关系的建立起着很重要的作用。例如，在每天花一到两分钟给一个商业上的重要的客户、媒体、记者、政府官员等打一个电话，让对方知道你是一个很有情趣的商业伙伴，而不是在用得着的时候才想起了他。

3. 闲谈可以帮助你建立一个融洽的商务环境

谈判之前的友好气氛的创造，就需要短暂的闲谈。不会营造洽谈前的闲谈气氛的主管，可能会被视为鲁莽、迟钝或急躁。

(三)闲谈的语言技巧

1. 寻找话题，引发兴趣

几个人在一起闲谈，如果大家都不知从何谈起，就会出现沉闷的尴尬局面，作为闲谈的参与者，要选择一些容易引起对方兴趣的话题，这样有利于创造一个轻松活跃的谈话氛围，使交谈得以深入，友谊得以发展。

一般而言，以下话题容易引起大家的谈话兴趣：与谈话者自身利益密切相关的话题、与谈话者兴趣相关的话题、具有权威性的话题、新奇的话题、某些特殊的话题等。但在具体选择这些话题时，要善于从参与聊天者身上寻找共同点，并由此引出话题。这样，大家都聊共同关心的话题，就会引发亲近感。如与人初次见面，可以问对方出生地、曾就读的学校、生活上的兴趣爱好、近期所从事的工作等。倘若是同行，可以谈业务上的问题；同事可以聊聊单位的情况；老同学则可以回忆同窗共读的情景等。

2. 把握时机，转换话题

闲谈往往没有贯穿始终的话题，而是随着参与者的兴趣而经常变换。但要注意把握转换时机，当一个话题正是交谈中心时，不应随意转换，免得使对方摸不着头脑，不知所云，影响闲谈气氛。一旦出现冷场，可以通过转换话题的方式打破。比如你可以说："顺便提起，我最近在阅读一本很有趣的小说或最近在网上看到一个很有趣的段子，关于××的，你对××作家或对这个段子了解吗？"通过提及另一个相关的话题，可以引导对话流向不同的方向，以形成新的讨论。这样的转换不会显得突兀，而是自然而然地将话题引导到一个新的方向。同时，引入对方可能不熟悉的话题，也可以激发他们的兴趣和好奇心，为对话增添新的内容和可能性。

转换话题时要注意对方的反应和兴趣，如果他们对新话题感兴趣，可以继续深入探讨；如果他们表现出对原话题感兴趣，则可以稍作延续或回归。灵活运用转换话题的技巧可以使闲谈更加有趣，并维持积极的对话氛围。

3. 幽默风趣，调节气氛

话题丰富、轻松愉快是闲聊的特点之一。但聊天过程中，有时会由于一时失言或突发的干扰而出现难堪，如果处理不当，则会使双方感到尴尬，令人扫兴。因此，要善于运用幽默风趣的语言，把双方从尴尬中解脱出来。这样，不仅能维护和谐气氛，而且能为聊天增添新意。

比如在一次朋友聚会上，大家正在品尝一道菜肴，有人突然被辣得咳嗽了起来，在这个时刻，有个朋友就利用幽默和风趣来缓和气氛。他说："哇，这道菜看来真是火辣！连我们的喉咙都被激怒了！不过，我敢打赌这是餐馆老板独特的秘制辣酱！"这样的幽默调侃一下子引起大家的笑声，也缓解了因咳嗽造成的尴尬气氛。接着，他继续说，"好了，我提议我们今晚的聚会主题就叫'辣味挑战'，看看我们谁能吃下最辣的菜肴！"通过这种幽默的提议，为大家打开了一个新的话题，让大家可以以幽默的方式互相竞争，增加了互动性和乐趣。

4. 善用夸赞，懂得寒暄

夸赞他人必须有诚恳的态度。心诚是称赞人、恭维人的前提。以诚待人，以礼感人是夸赞成功的基本保证，也是夸赞的灵魂和交际的生命。心理学研究成果表明，一般人都比较容易接受赞扬的话，不太容易接受批评。在交谈中要注意调动对方的情绪，营造宽松和谐的气氛，善于采用夸赞的语言表达自己的看法。

与人打交道时也要懂得寒暄，嘘寒问暖，由此来打开话题。说话时要做到条理清晰，不要天上一句地下一句地瞎扯。说话过程要给自己留余地，不能把话说得太满。

5. 尊重他人，少说多听

与人交谈时，不能贬低他人，不能拿别人的缺点和不足来开玩笑，懂得尊重别人。在跟别人交谈过程中要学会少说多听。当你对一件事不了解的时候，就不要随意地去质疑，不要打断、纠正对方。

二、谈心的语言技巧

谈心是人际交往中通过心灵沟通而取得共识的一种交谈方式。谈话双方重在沟通感情，针对某一思想进行交流。谈心多在亲人、朋友、师生之间进行。

(一)以诚相待，准确应对

谈心能否成功，首先取决于一个"诚"字，只有以诚相见，才能达到推心置腹、情感交融的境界。诚意表现在语言上是语意明确、措辞诚恳、口气平和等，不言过其实、不讽刺挖苦、不强加于人；诚意表现在行动上是专注倾听，不专心听对方讲话的人是不可能取得别人信任的。

谈心是双向交流活动，双方都要有听有说，有问有答，这就是应对；不注意应对，会使谈话偏离主题，影响谈心的效果。因此，在倾听对方谈话时，要善于及时形成自己的见解；要注意领会对方的中心思想，弄清说话动机，包括听懂对方的言外之意；要迅速组织语言，正确表达自己的思想。

(二)循循善诱，因势利导

谈心尤其是在对方与自己情绪对立、缺乏诚意，或者固执己见、态度消沉时，更需因势利导。具体方法如下。

一要换位思考。用恰当的语言诱导对方换一个角度去思考，从而对问题做出新的评价。

二要现身说法。用自己的亲身经历去劝解、说服对方。

三要曲径通幽。暂时撇开正题，同对方闲聊，寻找具有共同语言的话题，以缩小情感上的距离。

四要对比映衬。在生活中，当我们看到别人比自己更伤心、更失落时而不再伤心，甚至反过来去同情、安慰别人；或者因别人的失落而发现自身的有利条件，从而鼓起自己奋发向上的勇气。因此，巧妙运用这样一种比差心理效应，能够达到沟通交流的目的。

三、问答的语言技巧

问答是一种重在提问与回答的双向性交谈。问答由于问题明确，针对性强，配合紧密，多出现在请教、咨询或采访等场合。

(一)提问的技巧

提问犹如音乐的定音，音定准了，乐曲演奏起来就顺畅、动听，因此，成功的回答缘于巧妙地提问。

1. 抓住要害，问得具体

交谈提问应该化大为小，变笼统为具体，善于抓住关键点进行提问。那些大而空乏的问题，往往让对方摸不着头脑，难以回答，而问题明白具体就有助于打开对方的思路。

2. 讲究逻辑，问得清楚

如果就某一专题性问题请教别人，就必须按事物的发展规律，先从最表面、最易回答的问题问起，或者先从对方熟悉的事情问起，然后逐渐由易到难、由表及里提出问题，并注意前后问题间的逻辑关系。这样既有助于自己从对方谈话中归纳总结出谈话的规律或要求，也有助于对方回答问题。

3. 字斟句酌，问得恰当

(1) 选择恰当的词语

如餐厅服务员问顾客："您还添饭吗？"这里，用"添"比用"要"更得体，更能体现出对顾客的尊重。

(2) 选择恰当的句式

按句式分，问句包括是非问、一般问、特殊问等。如有家早餐店，买醪糟汤可以加鸡蛋，服务员通常是问顾客："要加鸡蛋吗？"后来，一位礼仪专家建议他们改问："要加一个鸡蛋还是两个鸡蛋？"结果，这家早餐店不仅营业额上升，而且生意更好。因为这个选择问句会促使顾客进行二选一。

(3) 调整词语顺序

如许多外卖店因骑手缺少，想减少送货任务。为了达到目的，同时又不违背文明服务的规则，有的餐饮店就将"是您自己拿回去呢，还是给您送回去呢？"改为"是给您送回去呢，还是您自己带回去呢？"结果收到奇效，因为这种选择问句更强调后者。

(二)应答的技巧

1. 提纲挈领，直言作答

用简练的语言直接回答对方，不仅会给人留下深刻印象，而且可以帮助双方更好地理解、沟通。

2. 突破控制，机智应答

一般来说，提问人在交谈中处于主动地位。提问人总是用疑问词语和句式来对被问人的回答进行控制，因此，妙答的实质就在于积极突破这种限制，掌握说话的主动权。

3. 承接问话，巧妙对答

接过问话，然后将它的词语、句式稍加改动，造成与问句的词语结构相近的语句，内容却有利于自己。如有人问一位党委书记："你是怎样一下子成为党委书记的？"这位书记答道："我是先成为共产党员，然后成为党委书记的，不是一下子，而是两下。"这样对答，机智幽默，也摆脱了尴尬的被动局面。

4. 李代桃僵，避而不答

选择一个与所提的问题相邻近的话题进行作答。比如有人问球队教练："你觉得谁会赢得明天的篮球比赛？"但是球队教练不想直接预测比赛结果或者给出明确的答案，那么他可以选择回答一个与这个问题相关但又不直接回答问题的答案，可以这样说："篮球比赛中两支队伍都有很强的实力，胜负很难预测，很有可能会是一场激烈的对决。"这个回答既与所提问题相关，又避免了直接给出明确答案，以此来避免回答。这也是婉言拒答的一种方式，含有答非所问的意思。

5. 避实就虚，反问为答

面对对方的尖锐提问，由于各种原因一时不便回答，采用反问为答，既可避免尴尬，又可在谈话中争取主动。例如，物理学家法拉第有一次在大庭广众下做电磁学试验表演，有人问："先生，请问这有什么用？"法拉第反问："请问，新生婴儿有什么用？"这样以问作答，可以反客为主，变守为攻。

四、言谈的注意事项

在人际交往中，一般人都讲究"听其言，观其行"，把交谈作为考查人品的一个重要标准。因此在社交活动中，交谈中说的一方和听的一方都理应谨慎，均要注意以下几点。

(一)尊重他人

谈话是一门艺术，谈话者的态度和语气极为重要。有人谈起话来滔滔不绝，容不得其他人插嘴，把别人都当成了自己的学生；有人为显示自己的伶牙俐齿，总是喜欢用夸张的语气来谈话，甚至不惜危言耸听；有人以自己为中心，完全不顾他人的喜怒哀乐，一天到晚谈的只有自己。这些人给人留下的只是傲慢、放肆、自私的印象，因为他不懂得尊重别人。

(二)谈吐文明

谈话中一些细小的地方，也应当体现对他人的尊重。谈话中使用外语或方言，需要顾及谈话的对象以及在场的其他人，假如有人听不懂，那就最好别用，不然就会使他人感到是故意卖弄学问或有意不让他听懂。与许多人一起谈话，不要突然对其中的某一个人窃窃私语，凑到耳边小声说话更不允许。如果确有必要提醒他注意脸上的饭粒或松开的裤扣，那就应该请他到一边去谈。

当谈话者超过三人时，应不时地同其他所有的人都谈上几句话，不要因"酒逢知己千杯少，话不投机半句多"而冷落了某个人。尤其需要注意的是，同女士们谈话要礼貌而谨慎，不要在许多人交谈时，同其中的某位女士一见如故，谈个不休。

(三)温文尔雅

有人谈话得理不让人，天生喜欢抬杠；有人又专好打破砂锅问到底，没有什么是不敢谈、不敢问的，这样做都是失礼的。在谈话时要温文尔雅，不要恶语伤人，讽刺谩骂，高声辩论，纠缠不休。在这种情况下即使占了上风，也是得不偿失的。

(四)话题适宜

谈话时要注意选择恰当的话题，当选择的话题过于专业或众人不感兴趣时，听者如面露厌倦之意，应立即止住，而不宜我行我素；当有人出面反驳自己时，不要恼羞成怒，而应心平气和地与之讨论。发现对方有意寻衅滋事时，则可对之不予理睬。

不论是生人还是熟人，如一起相聚，都要尽可能谈上几句话。遇到有人想同自己谈话，可主动与之交谈。如谈话中一度冷场，应设法使谈话继续下去。在谈话过程中因故急需退场，应向在场者说明原因，并致歉意，不要一走了之。

谈话中的目光与体态是颇有讲究的。谈话时目光应保持平视，仰视显得谦卑，俯视显得傲慢，均应当避免。谈话中应用眼睛轻松、柔和地注视对方的眼睛，但不要眼睛瞪得老大或直愣愣地盯住别人不放。

以适当的动作加重谈话的语气是必要的，但某些不尊重别人的举动不应当出现。例如揉眼睛，伸懒腰，挖耳朵，摆弄手指，活动手腕，用手指向他人的鼻尖，双手插在衣袋里，看手表，玩弄纽扣，抱着膝盖摇晃，等等。这些举动都会使人感到你心不在焉，傲慢无礼。

(五)善于聆听

谈话中不可能总处在"说"的位置上，还要学会聆听，只有善于聆听，才能真正做到有效的双向交流。我国古代就有"愚者善说，智者善听"之说。聆听是一门艺术，聆听是尊重别人的表现，聆听是搞好人际关系的需要。

外国有句谚语："用十秒钟的时间讲，用十分钟的时间听。"这说明听在人们的交往中居于非常重要的地位。那么，怎样才能掌握聆听的艺术呢？

1. 追求听的艺术

(1) 听别人讲话要全神贯注

听别人讲话时不可东张西望或显出不耐烦的表情。应当表现出对他人谈话内容的兴趣，而不必介意其他无关大局的地方，例如，对方浓重的乡音或读错的某字。

(2) 听别人讲话要让别人把话讲完

不要在别人讲得正起劲的时候，突然去打断。假如打算对别人的谈话加以补充或发表意见，也要等到最后。

(3) 听别人讲话不要挑剔对方

有的人在别人刚刚张嘴的时候，就喜欢抢白对方和挑剔。比如，人家说明天可能下雨，他偏说那也未必；人家夸赞某部电视剧出色，他却说这部电视剧比较糟糕等，这些都是太浅薄的表现。

(4) 听别人讲话要积极反馈

在聆听中积极反馈是必要的，适时地点头、微笑或简单重复一下对方谈话的要点，是令双方都感到愉快的事情，适当地赞美也是需要的。

(5) 参加他人正在进行的谈话，应征得同意

不要悄悄地凑上前去旁听，即使有事要找正在谈话的人，也应立于一旁，当他谈完之后再去找他。若在场之人欢迎自己参加谈话，则不必推辞。在谈话中不应当做永远的听众，一言不发与自吹自擂都是走极端，同样会令众人扫兴。

另外，聆听艺术还表现在很多方面，如选择一个安静舒适的交谈环境，设法创造一个轻松愉快的交谈气氛，让自己的"体态语言"合乎礼仪，都可以增进交谈的效果。

2. 讲究听的方式

(1) 要耐心

在对方阐述自己的观点时，应该认真地听完，并真正领会其意图。许多人在听的过程中，一听到与自己意见不一致的观点或自己不感兴趣的话题，或者因为产生了强烈的共鸣就禁不住打断对方或做出其他举动，致使他人思路中断、意犹未尽，这是不礼貌的表现。当别人正讲在兴头上时，不宜插话，如必须打断，应适时示意并致歉后插话；插话结束时，要立即告诉对方"请您继续讲下去"。聆听中还应注意自己的仪表，不应该从自己的举止或姿态中流露出不耐烦、疲劳或是心不在焉的情绪，因为这样会伤害对方的自尊。

(2) 要专心

在听对方说话时，应该目视对方，以示专心。要真正了解对方，语言只传达了部分信息，所以还应注意说话者的神态、表情、姿势，以及声调、语气等非语言符号的变化，传递的非语言信息，以便全面、准确地了解对方的思想感情。同时，以有礼而专注的目光表示认真聆听，对说话者来说也是一种尊重和鼓励，可以使其感到自己谈话的重要性和必要性。

(3) 要热心

在交谈中，强调在对方谈话时目视对方、认真专心地去听，并不是说聆听者完全被动地、默默地听。经验告诉人们，在说话时，如果对方面无表情、目不转睛地盯着自己看，便会使谈话者怀疑自己的仪表或讲话有什么不妥之处而深感不安。因此，聆听者在听取信息后，为使对方感到你的确在听而非发呆，可以根据情景，或微笑，或点头，或发出"哦""嗯"的应答声，甚至可以适时插入一两点提问，例如，"哦，原来是这样，那后来呢？""真的吗？"等。这样就能够实现谈话者与聆听者不断的交流，形成心理上的某种默契，使谈话更为投机。

(六)适时发问

在交谈中适时发问，可以引导交谈按照某个目的继续进行，调整交谈的气氛，同时，我们必须在事先没有准备的情况下根据对方的身份、地位、场合、关系来决定你的提问，从而使问题更得体。精妙的提问能使你获得需要的信息，并且证明你十分重视对方的谈话，从而激起对方的兴趣，向你提供更多的信息。

发问是交谈的一项重要内容，在交谈中要注意发问的方式，问得其所，问到所需。

1. 认清对象，问得适宜

俗话说"到什么山上唱什么歌"，提问同样也得注意这一点。年龄、收入、婚姻关系、家庭背景往往是交谈中应避免的话题。如果问到这类问题，尽管发问者并无恶意，但却在客观上给对方造成不愉快，甚至让对方恼怒。不同的人性格特征也不一样，有的开朗外向，能言善辩；有的严肃内向，不善言辞。对前者提问可以开门见山，连连发问，而对后者，则要善于引发诱导，由浅入深，启发对方把心里话说出来。不同的人有不同的学识、阅历，作为提问者应先了解对方这方面的背景，适当地发问，且不可问明显是对方不懂的问题，使其感到难堪。万一遇上这种情况，提问者切不可露出鄙夷、嘲笑的神态，而应当尽快使对方解脱困境。总之，要针对不同对象采用不同的对策进行提问，让对方轻松自如地说出你想获得的信息。

2. 抓住关键，讲究技巧

发问还要注意问题不要过于笼统，缺乏逻辑性，以免对方难以开口或一开口就无法讲下去。对敏感性较强的问题，正面发问往往效果不佳，若能转化成具体的、侧面的问题，常有利于对方坦率地说出自己的想法。发问的措辞也有讲究，要想知道所需的信息，就必须注意提问的措辞。例如，有一名教士问主教："我在祈祷时可以抽烟吗？"这个请求遭到主教的断然拒绝。另一名教士也去问他的主教："我在抽烟时能祈祷吗？"他的抽烟请求得到了允许。可见，提问的技巧很有讲究，它是社会交往的敲门砖。

(七)避免搬弄是非

在社交场合中，一言一语都会成为影响交往的重要因素，不能搬弄是非，不要传播别人的信息，不要传播小道消息。朋友对你说的心里话，不要当作闲谈的资料到处宣扬，这样做，一方面是不道德的，另一方面也会让别人对你不信任，你因此也会失去很多朋友。

【实践练习】

1. 创设情景训练：要求学生结合自己实际，与老师、同学及领导进行交谈。
2. 预设情景训练：
(1) 有位同学的母亲来学校宿舍看他儿子，但恰巧这位同学不在宿舍，你作为舍友碰到此事，该如何与同学母亲进行交流？
(2) 一位同学平时学习努力，自律严格，成绩较好，可是最近一段时间表现异常，经常迟到，上课分心，还有一门课程考试都差点不及格，他本人也知道自己退步明显，心中有愧，处处回避这个话题。如果你是他的朋友，很想帮助他，你打算怎么和他谈？

3. 根据人员分配，模拟一场"火车站票是否应该打折？"的辩论会。

本 章 小 结

本章介绍了正确说话的原则，在工作中、社交中如何恰当地使用敬语、谦语、雅语；如何运用恰当的称呼、合适的言辞和适当的距离等进行日常谈话。详细介绍了闲谈、谈心和问答等言语交谈的技巧，强调了倾听的要点和言谈时特别需要注意的事项。

关 键 概 念

敬语　谦语　雅语　礼貌用语　闲谈　倾听

课 堂 讨 论

1. 为什么要强调礼貌用语的使用？
2. 作为职场人员为什么要学会交流沟通？
3. 谈话的技巧真的很重要吗？
4. 为什么要恰当地称呼他人？
5. 怎样才能与人愉快地交谈？

复习思考题

1. 正确的说话原则有哪些？
2. 在日常场合中如何恰当地与他人交流？
3. 设计使用敬语、谦语、雅语的场景。
4. 闲谈、谈心、问答的语言技巧各是什么？
5. 言谈的注意事项有哪些？
6. 为什么说学会聆听很重要？

第四章 日常交往礼仪

学习目标

1. 了解日常生活和社交场合中不同的会面礼节。
2. 掌握日常交往活动中常用的称谓、握手、介绍、名片、致意等的礼仪规范。
3. 认识接待、拜访、馈赠在社交中的意义，掌握接待、拜访时的礼仪。
4. 了解选择礼品时应注意的问题，掌握馈赠过程中应有的礼仪。

学习内容

1. 会面礼仪
2. 接待礼仪
3. 拜访礼仪
4. 馈赠礼仪

第一节　会　面　礼　仪

【典型案例】

【指出失礼之处】

美国新泽西州的一家塑料机械公司收购了德国的一家同类型公司，为了熟悉双方产品，两公司互派工程师进行技术交流。在双方见面相互握手时，美方工程师的另一只手斜插在衣服的口袋里，德方工程师的手只轻点了一下对方的手，彼此之间都显得有些冷淡。

有一天，美方工程师和德方工程师共同在声音轰鸣的机房内调试一台新机器。美方工程师高声说："增强压力。"德方工程师把压力增强，并大声问："怎么样？"美方工程师伸出手掌，把拇指和食指相接成环状，做了一个手势(在北美各地这种手势用以表示 OK 的意思)。德国工程师看到此手势却一下子呆住了，脸色变得十分难看，忽然放下手中的工具，气呼呼地走了。美方工程师非常纳闷。德方工程师找到公司经理，非常气愤地说："我决不再同美国工程师合作了！"为了解事情的原委，公司经理让德方工程师说了一下情况，听完德方工程师的叙述，公司经理一下子明白了。

【分析提示】

原来问题在于美国工程师在握手的时候，另一只手插在衣服的口袋里，是不礼貌的握手方式。调试机器时美方工程师所做的 OK 手势，在德国是笨蛋的意思，所以德国工程师很生气。

在社交礼仪中，会面时行一个标准的会面礼，会给对方留下深刻而又美好的印象，直接体现出施礼者良好的修养。本节将从常用会面礼和不常用会面礼两方面分别阐述。

"一个人永远没有第二次机会给别人留下第一印象"，会面礼仪是商务活动的敲门砖，也是社交活动愉快进行的基石。常用的会面礼包括称谓礼、握手礼、介绍礼、致意礼、名片礼、举手礼、鞠躬礼、鼓掌礼等，不常用的会面礼包括脱帽礼、拱手礼、合十礼、拥抱礼和亲吻礼等。

一、称谓礼

人际交往礼貌当先，与人交谈称谓当先。社交场合中人们经常称呼他人，有没有称呼和如何称呼，都涉及礼仪问题。恰当地使用称谓，是社交活动中的一种基本礼貌。称谓要表现尊敬、亲切和文雅，使双方心灵沟通、感情融洽，缩短彼此距离。正确地掌握和运用称谓，是人际交往中不可缺少的礼仪因素。

称谓指的是人们在日常交往应酬之中，所采用的彼此之间的称谓语。称谓礼仪是在对亲属、朋友、同事或其他人员称呼时所使用的一种规范性礼貌语，它能恰当地体现出当事人之间的关系。在人际交往中，选择正确、适当的称呼，反映着自身的教养、对对方尊敬的程度，甚至还体现着双方关系发展所达到的程度和社会风尚。因此，不同的身份、不同的场合、不同的情况，在使用称谓时也是有所不同，不能随便乱用。

在社交活动中，称呼有两个作用，一是表明说话动作或内容的指向对象，二是表明对该对象的态度。要讲究礼貌，就不能忽略第二个作用。使用得体的称呼，反映着一个人的文化教养，体现出对人的尊敬有礼，可以给人以良好的第一印象，使对方感到亲切和温暖，成为双方交往的通行证。国际交往中，因为国情、民族、宗教、文化背景的不同，称呼也有差异。称呼时要把握两点，一是要掌握一般性规律，二是要注意国别差异。因此，称呼应做到庄重、亲切、规范。要合乎常规，要顾及被称呼者的个人习惯，要入乡随俗。称呼时还应注意称谓的种类、次序和相关礼节。

(一)称谓的种类

1. 职务称谓

在工作交往中，主要是以对方的职务相称，以示身份有别、敬意有加，这是一种最常见的称呼方法。以职务相称，主要方式有三种。

(1) 仅称职务。例如，"部长""处长""主任"，等等。

(2) 在职务前加上姓氏。例如，"王部长""张局长"，等等。

(3) 在职务前加上姓名。这仅适用于正式的场合。例如，"刘涛书记""孙伟厅长"，等等。

2. 职称称谓

在不同职业中对于具有职称的，尤其是对具有高级、中级职称者，在工作和交往中可直接按对方的职称进行称呼。以职称相称，主要方式有三种。

(1) 仅称职称。例如，"教授""律师"，等等。

(2) 在职称前加上姓氏。例如，"刘教授""张工程师""李律师"，等等。

(3) 在职称前加上姓名。这仅适用于正式的场合。例如，"张杰教授""李俊工程师"，等等。

3. 行业称谓

对于从事某些特定行业的人，可直接以被称呼者的职业作为称谓。例如，老师、教练、医生、会计、律师、警官，等等。

4. 性别称谓

一般按性别的不同可称呼"小姐""女士""先生"。其中，"小姐""女士"二者的区别在于：未婚者称"小姐"，已婚者或不明确婚否者则可称"女士"。

5. 姓名称谓

在日常交往中，平辈的朋友、熟人、同事，彼此之间可以姓名相称，长辈对晚辈也可以这么称呼。姓名称呼，主要方式有三种。

（1）直呼其名。一般是在年龄、职务相仿，同学、朋友、同事之间常用这种称呼。例如，"张晓丽""李勇刚"，等等。

（2）只呼其姓，不称其名，但要在姓前面加上"老""大""小"。例如，"老张""大李""小孙"，等等。

（3）只呼其名，不称其姓。通常用于上司称呼下级，长辈称呼晚辈。在亲友、同学、邻里之间，也可使用这种称呼。例如，"晓丽""勇刚"，等等。

在英国、美国、加拿大、澳大利亚、新西兰等讲英语的国家里，姓名一般由两个部分构成，通常名字在前，姓氏在后。对于关系密切的，不论辈分可以直呼其名，而不称姓。俄罗斯人的姓名有本名、父名和姓氏三个部分，妇女的姓氏婚前使用父姓，婚后用夫姓，本名和父名通常不变。日本人的姓名排列和我们一样，都是先姓后名，不同的是姓名字数较多，日本妇女婚前使用父姓，婚后使用夫姓，本名不变。

(二)称谓的次序和相关礼节

一般情况下，同时与多人打招呼，应遵循先长后幼、先上后下、先近后远、先女后男、先疏后亲的次序原则。

在人际交往中使用称呼时，一定不能失敬于人，称呼时应注意以下细节。

1. 称谓符合身份

当清楚对方身份时，既可以对方的职务相称，也可以对方的身份相称；当不清楚对方身份时，可采用以性别相称"某先生""某女士"或"××老师"，亦不失为一个权宜之计。

2. 称谓符合年龄

当称呼年长者时，务必要恭敬，不应直呼其名，可敬呼"老张""老王"等；当尊称有身份的人时，可将"老"字与其姓相倒置，如"张老""王老"；当称呼同辈的人时，可称呼其姓名，有时甚至可以去姓称名，但要态度诚恳、表情自然，体现出真诚；当称呼年轻人时，可在其姓前加"小"字相称，如"小张""小李"，或直呼其姓名，但要注意谦和、慈爱，表达出对年轻人的喜爱和关心。

3. 在面对面的称呼中有礼节

一般人往往有个错误观念，以为只要对方知道自己是在对他说话就没有必要称呼他了，其实，懂礼貌的人经常会单单为了表示敬重而称呼。比如，上学路上看到老师了就叫一声"老师"，放学回家后看到父亲了就叫一声"爸爸"，这在礼仪上都是很有必要的，哪怕是叫过后什么话也不说，被称呼人也会领会你对他们的敬重。

4. 在使用第二人称时有礼节

在社会交往中，在使用第二人称时用"您"比用"你"要更显敬重，这是必须记住的，但是我们还要知道，用"老师您""叔叔您""经理您"比单用"您"也更显敬重。还有，用量词"位"也可表示尊重，如说"这位同学"比说"这个同学"要好。

5. 对说话对象的家人称谓中有礼节

对老师的妻子可以称"师母"，对年龄稍大的同事或朋友的妻子称"大嫂"，如领导年龄与自己父母差不多，对其夫人就可称为"阿姨"，不要直呼其名或"你老婆"。

6. 对说话对象所属的事物的称谓中有礼节

对对方的姓(名)要称"贵姓"或"尊姓大名"，对别人的作品可称"大作"，对对方的观点可称"高见"，对老人的年龄要称"高寿"，对对方的公司称"贵公司"；在书面语言中，对年轻女性的名字可称"芳名"，对其年龄也可称"芳龄"。

7. 对对方的行为的称谓中有礼节

宾客的来临可敬称为"光临""惠顾"，对方的批评可敬称为"指教"，对方的解答可敬称为"赐教"，对方的原谅可敬称为"海涵"，对方的允诺可敬称为"赏光""赏脸"，对方的修改可敬称为"斧正"；在书面语言中，对方的到达叫"抵"，住宿叫"下榻"。

(三)称谓禁忌

在使用称谓时，一定要避免下面几种失敬的做法。

1. 错误的称呼

不因粗心大意、用心不专而使用错误的称呼。常见的错误称呼无非就是误读或是误会。误读也就是念错姓名，为了避免这种情况的发生，对于不认识的字，事先要有所准备，如果是临时遇到，就要谦虚请教。

误会，主要是对被称呼的年纪、辈分、婚否以及与其他人的关系做出了错误判断。比如，将未婚妇女称为"夫人"，就属于误会。相对年轻的女性，都可以称为"小姐""女士"，这样对方也乐意听。

2. 使用不通用的称呼

如"伙计""爱人""小鬼"等不通用的称呼，有些称谓，具有一定的地域性，比如山东人喜欢称呼"伙计"，但在南方人听来"伙计"肯定是"打工仔"。中国人把配偶经常称为"爱人"，在外国人的意识里，"爱人"是婚外恋的"第三者"的意思。

3. 使用不当的称呼

工人可以称为"师傅"，道士、和尚、尼姑可以称为"出家人"。但如果用这些来称呼其他人，有可能会让对方产生自己被贬低的感觉。

4. 使用庸俗的称呼

庸俗的称呼有"磁器""死党""铁哥们儿"等。有些称呼在正式场合不适合使用，例如，"兄弟""哥们儿"等一类的称谓，虽然听起来亲切，但显得层次不高。

5. 称呼外号

不使用绰号作为称呼，不随便拿别人的姓名乱开玩笑。对于关系一般的，不要自作主张给对方起外号，更不能用道听途说来的外号去称呼对方。

尊重一个人，首先要从尊重一个人的姓名开始，从有礼貌的、友好的称呼开始。这对展示个人的风采，形成良好的人际关系和社会风尚是十分重要的。

二、握手礼

(一)握手礼的含义

握手礼是人们在相见、离别、恭贺或致谢时相互表示情谊、致意的一种礼节，也是人们在日常社会交往中使用频率最高、适用范围最广的常见的一种礼节。双方往往是先打招呼，后握手致意。

(二)握手礼的由来

握手最早发生在人类"刀耕火种"的年代。当时人们手上经常拿着石块或棍棒等武器狩猎或应对战争，他们遇见陌生人时，如果大家都无恶意，就要放下手中的东西，并伸出手掌，让对方抚摸手掌心，表示手中没有藏武器，这种习惯逐渐演变成今天的"握手"礼节。

(三)握手的方法

握手的力量、姿势与时间的长短往往能够表达出不同礼遇与态度，显露自己的个性，给人留下不同的印象，也可通过握手了解对方的个性，从而赢得交际的主动。美国著名盲聋女作家海伦·凯勒曾写道："手能拒人千里之外，也可充满阳光，让你感到很温暖……"事实也确实如此，因为握手是一种无声的动作语言。握手时必须掌握正确的方法。

握手时，两人相距约一步，上身稍向前倾，两足立正，伸出右手，四指并拢，拇指张开，双方的手掌与地面垂直，相握 3 秒左右，男士之间握手，可适当用力，以示热情。男女之间握手的力度不宜过大。掌心向下握住对方的手，显示着一个人强烈的支配欲，无声地告诉别人，他此时处于高人一等的地位，应尽量避免这种傲慢无礼的握手方式。相反，掌心向里同他人的握手方式，显示出谦卑与毕恭毕敬，如果伸出双手去捧接，则更是谦恭备至了。平等而自然的握手，两手的手掌都处于垂直状态，这是一种最普通也最稳妥的握手方式。握手时应注视对方，微笑致意或进行简单的问候、寒暄，如图 4-1 所示。

图 4-1　握手的方法

(四)握手的顺序

握手的顺序主要取决于"尊者优先"原则。在正式场合下，握手时伸手的先后次序主要取决于对方的职位、身份；在一般场合，则主要取决于对方的年龄、性别。

(1)　职位高的人与职位低的人握手，应由职位高的人先伸手为礼。

(2)　女士与男士握手，应由女士先伸手为礼。

(3)　长辈与晚辈握手，应由长辈先伸手为礼。

(4)　老师与学生握手，应由老师先伸手为礼。

(5)　社交场合的先到者与后到者握手，应由先到者先伸手为礼。

(6)　主人待客时应先伸手，与来访客人握手；客人告辞时，应由客人先伸手为礼。

(五)握手时常见的几种错误

握手时常见的错误有以下这四种，如图 4-2 所示。

交叉握手　　　与第三者说话(目视他人)

摆动幅度过大　　　戴手套或手不清洁

图 4-2　握手时常见的错误

(六)握手时应注意的礼仪

1. 与女性握手时应注意的礼仪

与女性握手，应等对方首先伸手，男方只要轻轻地一握即可。如果对方不愿握手，也可微微欠身，或用点头、说客气话等代替握手。一个男子如主动伸手去和女子握手，则是不太适宜的。

在握手之前，男方必须先脱下手套，而女子握手，则不必脱手套，也不必站起。客人多时，握手时手臂不要与他人交叉，可让别人握完后再握。按国际惯例，身穿军装的男子可以戴着手套与妇女握手，握手时先行举手礼，然后再握手。握手时应该微笑致意，不可目光看向别处或与第三者说话，也不能在握手后当着对方面擦手。异性间的握手礼仪如图 4-3 所示。

图 4-3　异性间的握手礼仪

与女性握手，应该掌握好时间和力度。一般要短些、轻些，不能握着对方的手用劲摇。但是用劲过小，会使对方感到你拘谨或虚伪敷衍，因此，握手时必须考虑时间、地点和对象。

2. 与长辈或贵宾握手时应注意的礼仪

与长辈或贵宾握手，不仅是为了问候和致意，还是一种尊敬的表示。除双方注视、面带微笑外，还应注意以下几点。

(1) 在一般情况下，平辈、朋友或熟人先伸手为有礼，而对长辈或贵宾时则应等对方先伸手，自己才可伸手去接握。否则，便会被看作不礼貌的表现。

(2) 握手时，不能昂首挺胸，身体可稍微前倾，以示尊重，但也不能因对方是贵宾就显得胆小拘谨，只把手指轻轻接碰对方的手掌就算握手，也不能因感到"荣幸"而久握对方的手不放。

(3) 当老人或贵宾向你伸手时，应快步上前，用双手握住对方的手，这也是尊敬对方的表示。并应根据场合，边握手边打招呼问候，如说"您好""欢迎您""见到您很荣幸"等热情致意的话。

(4) 遇到若干人在一起时，握手、致意的顺序是：先贵宾、长辈，后同事、晚辈，先女后男。还必须注意，不要几个人竞相交叉握手，或在跨门槛甚至隔着门槛时握手，这些做法也是失礼的行为。

(5) 在社交中，除注意个人仪容整洁大方外，还应注意双手的卫生。以不干净或者湿的手与人握手，是不礼貌的。如果长者、贵宾来到你面前，并主动伸出手来，而你此时正在洗东西、擦油污之物等，你可先点头致意，同时亮出双手，简单说明一下情况并表示歉意，以取得对方的谅解，同时赶紧洗好手，热情予以招待。

(6) 在外交场合，遇见身份高的领导人，应有礼貌地点头致意或表示欢迎，但不要主动上前握手问候，只有在对方主动伸手时，才可向前握手问候。

3. 上下级握手的礼仪

(1) 上级为了表示对下级的友好，可先伸出手，下级则应该等对方伸手后再伸出手接握，否则将是不得体或无礼的。

(2) 当遇到几位都是上级时，要按他们职位高低的顺序，但也可由他们中的一位进行介绍后，由你与对方一一握手致意。如同来的上级职位相当，握手的顺序应是先长者(或女性)，然后再是其他人。如果长者中有自己比较熟悉者，握手时应同时说些"近来身体可好"之类表示问候的话。

(3) 上级与下级握手，一般也应以其职位高低为序，遇到自己熟悉的下级，握手时同时也应说些问候、鼓励和关心的话。

(4) 不论与上级还是下级握手，都应做到热情大方、遵守礼节。下级与上级握手时，身体可以微欠，或快步趋前用双手握住对方的手，以示尊敬，但切不可久握不放，表示过分的热情。上级与下级握手同样要热情诚恳，应面带笑容，注视对方的眼睛，切忌用指尖相握，敷衍了事。也不可在握手时，东张西望或漫不经心，使对方感到你冷漠。在众多的下级面前，也不要厚此薄彼，只与其中一两个人握手，而冷落其他人，更不能在与下级握手后，急忙用手帕擦手。这些表现，都会被人认为是轻慢与无礼的行为。

三、介绍礼

介绍是社交活动和人际交往中与他人进行沟通、增进相互了解、建立联系的一种基本方式。介绍自己和他人是日常交往的一项基本功。在社交场合中，恰如其分的介绍，既可以扩大自己的交际圈，迅速拉近人与人之间的距离，还有利于在人际交往中消除误会，减少麻烦，同时也显示出自己的礼仪修养。介绍主要有自我介绍、他人介绍和集体介绍三种形式。

(一)自我介绍

1. 自我介绍的时机

应当何时进行自我介绍，这是最关键但往往被人忽视的问题。以下场合，有必要进行适当的自我介绍。

(1) 应聘求职时。

(2) 应试求学时。

(3) 在社交场合，与不相识者相处时。

(4) 在社交场合，有不相识者表现出对自己感兴趣时。

(5) 在社交场合，有不相识者要求自己做自我介绍时。

(6) 在公共聚会上，与身边的陌生人组成交际圈时。

(7) 在公共聚会上，打算介入陌生人组成的交际圈时。

(8) 交往对象因为健忘而记不清自己，或担心这种情况可能出现时。

(9) 有求于人，而对方对自己不甚了解，或一无所知时。

(10) 拜访熟人遇到不相识者挡驾，或是对方不在，而需要请不相识者代为转告时。

(11) 前往陌生单位进行业务联系时。

(12) 在出差、旅行途中，与他人相遇且有必要与之建立临时接触时。

(13) 因业务需要，在公共场合进行业务推广时。

(14) 初次利用大众传媒向社会公众进行自我推荐、自我宣传时。

2. 自我介绍的形式

具体形式有以下五种。

(1) 应酬式

适用于某些公共场合和一般性的社交场合，这种自我介绍最为简洁，往往只包括姓名一项即可，如："你好，我叫王伟。""你好，我是赵春晓。"

(2) 工作式

适用于工作场合，它包括本人姓名、供职单位及其部门、职务，或从事的具体工作等，如："你好，我叫王伟，是金洪恩电脑公司的销售经理。""我叫赵春晓，我在北京大学中文系教外国文学。"

(3) 交流式

适用于社交活动中，希望与交往对象进一步交流与沟通时。它大体应包括介绍者的姓名、工作、籍贯、学历、兴趣及与交往对象的某些熟人的关系，如："你好，我叫王伟，我在金洪恩电脑公司上班。我是赵春晓的老乡，都是北京人。""我叫刘忠，是赵春晓的同事，也在北京大学中文系，我教中国古代汉语。"

(4) 礼仪式

适用于讲座、报告、演出、庆典、仪式等一些正规而隆重的场合。介绍的内容包括姓名、单位、职务等，同时还应加入一些适当的谦辞、敬辞，如："各位来宾，大家好！我叫王伟，我是金洪恩电脑公司的销售经理。我代表本公司热烈欢迎大家光临我们的展览会，希望大家……"

(5) 问答式

适用于应试、应聘和公务交往。问答式的自我介绍，应该是有问必答，问什么就答什么，如："先生，您好！请问您怎么称呼？(请问您贵姓？)""您好！我叫王伟。"主考官问："请介绍一下你的基本情况。"应聘者："各位好！我叫赵春晓，现年 26 岁，河北石家庄市人，汉族……"

3. 自我介绍的程序

自我介绍是一门学问。在自我介绍时应仪态大方，表情亲切，选准机会，把握分寸，内容要准确、恰当。

　　自我介绍的基本程序是：先向对方点头致意，得到回应后再向对方介绍自己的姓名、身份和单位，同时递上准备好的名片。自我介绍时，表情要坦然、亲切，注视对方，举止庄重大方，态度友好而充满信心，表现出渴望认识对方的热情。如果见到陌生人就紧张、畏怯、语无伦次，不仅说不清自己的身份和来意，还会造成难堪的场面。

　　做自我介绍，应根据不同的交往对象对介绍的内容进行繁简适度的安排。自我介绍总的原则是简明扼要，一般以半分钟为宜，情况特殊的也不宜超过3分钟。如果对方表现出有认识自己的愿望，则可在报出本人姓名、供职单位、职务(即自我介绍三要素)的基础上，再简略地介绍一下自己的籍贯、学历、兴趣、专长及与某人的关系等。自我介绍应该实事求是，既不能把自己拔得过高，也不要自卑地贬低自己。介绍用语一般要留有余地，不宜用"最""第一""特别"等极端的词语。

4. 做自我介绍时应注意和避免的问题

　　(1) 应在对方有空闲，而且情绪较好又有兴趣时，进行自我介绍。当发现对方没有结识兴趣时，赶紧打住，以免自讨没趣。

　　(2) 应主动打招呼问好，然后说出自己的姓名、身份；也可以一边与对方握手，一边做自我介绍；还可以利用名片、介绍信加以辅助。

　　(3) 态度应亲切自然、友善随和。

　　(4) 应做到简约、得体，切忌啰唆。

　　(5) 应实事求是，不可自吹自擂，夸大其词。

　　(6) 不要过分夸张热诚。如大力握手或热情拍打对方手背的动作，可能会使对方感到诧异并引起对方的反感。

　　(7) 不要中止别人的谈话介绍自己，要等待适当的时机。

　　(8) 不要态度轻浮，要尊重对方。无论男女都希望别人尊重自己，特别是别人尊重他的优点和成就，因此在做自我介绍时，表情一定要庄重。

　　(9) 如果一个以前曾经认识的人，未记起你的姓名，你不要做出提醒式的询问，最佳的方式是直截了当地再自我介绍一次。

(二)他人介绍

　　他人介绍是经第三者为彼此不相识的双方引见、介绍的一种认识方式。他人介绍通常是双向的，即将被介绍者双方各自做一番介绍。做介绍的人一般是对双方都比较熟悉的人。

1. 他人介绍的时机

遇到下列情况，有必要进行他人介绍。

　　(1) 与家人外出，路遇家人不相识的同事或朋友。

　　(2) 本人的接待对象遇见了其不相识的人士，而对方又跟自己打了招呼。

　　(3) 在家中或办公地点，接待彼此不相识的客人或来访者。

　　(4) 打算推介某人加入某一方面的交际圈。

　　(5) 收到为他人做介绍的邀请。

(6) 陪同上司、长者、来宾时，遇见了其不相识者，而对方又跟自己打了招呼。

(7) 陪同亲友前去拜访亲友不相识者。

2. 他人介绍的顺序

在社交场合，介绍的顺序是非常重要的，如果不了解介绍的顺序礼仪，势必会造成交往双方的误会。为他人做介绍时必须遵守"尊者优先"的规则：先把年轻者介绍给年长者；把职务低者介绍给职务高者。如果双方年龄、职务相当，则把男士介绍给女士；把家人介绍给同事、朋友；把未婚者介绍给已婚者；把后来者介绍给先到者。

由他人做介绍，自己处于当事人之中，如果你是身份高者、长者或主人，在听他人介绍后，应立即与对方互致问候，表示欢迎对方；如果你是身份低者或宾客，当尚未被介绍给对方时应耐心等待；当将自己介绍给对方时，应根据对方的反应做出相应的应对，如当主动方伸手时，你也应及时伸手相握，并适度寒暄。

3. 他人介绍时应注意的事项

(1) 介绍者为被介绍者介绍之前，一定要征求一下被介绍双方的意见，尤其是将女士介绍给男士时，应先征得女士的同意后再介绍。切勿上去开口即讲，显得很唐突，让被介绍者感到措手不及。

(2) 被介绍者在介绍者询问自己是否有意认识某人时，一般不应拒绝，而应欣然应允。实在不愿意时，则应说明理由。

(3) 在介绍时，介绍者应先向被介绍的双方打招呼，介绍人和被介绍人都应起身或欠身，以示尊重和礼貌；待介绍人介绍完毕后，被介绍双方应微笑点头示意或握手致意，也可以寒暄几句，还可以相互交换名片。

(4) 在宴会、会议、谈判时，介绍人和被介绍人可不必起立，被介绍双方可点头微笑致意；如果被介绍双方相隔较远，中间又有障碍物，可举起右手，点头微笑致意。

(5) 介绍时应注意顺序，应先将年轻的人介绍给年长的人，将职位低的人介绍给职位高的人，将客人介绍给主人，将男士介绍给女士。

(6) 应简要说明被介绍人所在单位、职务、业务范围等有关情况。

(7) 应注意自己的体态，举止要端庄得体，面带微笑，目视对方，不能背对任何一位。介绍时应用手示意，但不可用手指指指点点，如图 4-4 所示。

图 4-4　为他人介绍

(8) 介绍完毕后，被介绍者双方应依照合乎礼仪的顺序握手，并且彼此问候对方。问候语有"你好""很高兴认识你""久仰大名""幸会幸会"等，必要时还可以进一步做自我介绍。

(9) 介绍后，不要马上离开，应略停片刻，引导双方交谈后再离开。

(三)集体介绍

集体介绍是指为多人所做的介绍，是他人介绍的一种特殊形式，被介绍的一方或双方都不止一人，大体可分两种情况：一是为一人和多人做介绍，二是为多人和多人做介绍。

1. 集体介绍的时机

(1) 规模较大的社交聚会，有多方参加，各方均可能有多人，为多方做介绍。

(2) 大型的公务活动，参加者不止一方，而各方不止一人。

(3) 涉外交往活动，参加活动的宾主双方皆不止一人。

(4) 正式的大型宴会，主持人一方人员与来宾均不止一人。

(5) 演讲、报告、比赛，参加者不止一人。

(6) 会见、会谈，各方参加者不止一人。

(7) 婚礼、生日晚会，主角与来宾各方均不止一人。

(8) 举行会议，应邀前来的与会者往往不止一人。

(9) 接待参观、访问者，来宾不止一人。

2. 集体介绍的顺序

进行集体介绍的顺序可参照他人介绍的顺序，也可酌情处理。但注意，越是正式、大型的交际活动，越要注意介绍的顺序。

(1) "少数服从多数"，当被介绍者双方地位、身份大致相似时，应先介绍人数较少的一方。

(2) 强调地位、身份。若被介绍者双方地位、身份存在差异，虽人数较少或只一人，也应将其放在尊贵的位置，最后加以介绍。

(3) 单向介绍。在演讲、报告、比赛、会议、会见时，往往只需要将主角介绍给广大参加者。

(4) 人数多一方的介绍。若一方人数较多，可采取笼统的方式进行介绍。如"这是我的家人""这是我的同学"。

(5) 人数较多各方的介绍。若被介绍的不止两方，需要对被介绍的各方进行位次排列。排列的方法为：①以其负责人身份为准；②以其单位规模为准；③以单位名称的英文字母顺序为准；④以抵达时间的先后顺序为准；⑤以座次顺序为准；⑥以距介绍者的远近为准。

3. 集体介绍的注意事项

集体介绍的注意事项与他人介绍的注意事项基本相似，除此之外，还应注意以下细节。

(1) 应注意用规范、准确的措辞，不要用简称或易生歧义的简称；不要开玩笑、捉弄人。

(2) 在演讲、报告、比赛、会议、会见时，只需要将主角介绍给大家。

(3) 若一方人数较多，可采取笼统介绍的方式。

(4) 当被介绍者双方地位、身份大致相似时，应先介绍人数较少的一方。若被介绍者双方地位、身份存在差异，虽人数较少或只一人，也应将其放在尊贵的位置加以介绍。

(5) 若被介绍的不止双方，需要对被介绍的各方进行位次排列。注意，越是正式、大型的交际活动，越需注意介绍的顺序。

在社交活动中，如欲结识某些人或某个人，而又无人引见，如有可能，可向对方自报家门，自己将自己介绍给对方。如果有介绍人在场，自我介绍则被视为不礼貌的。

四、名片礼

作为交际工具之一的名片，在我国已有两千多年历史。早在秦汉时期，一些达官贵人便开始使用一种称作"谒"的竹制或木制名片，后改用绢、纸名片。汉末，谒改称刺；六朝时称名片为名；唐朝称门状等；明朝称名帖；清朝称名刺、名片，后统称为名片并沿用至今。

名片是当今社会人际交往的重要工具。正确地使用名片，对社会交往能起到促进作用。在社会交往中，使用名片要合乎礼仪规范，做到注意场合，谨慎选用，不失礼节。

(一)名片的用途

名片主要用于介绍自己。在工作和社交中使用名片已成为必不可少的行为方式，初次见面大都会以名片相赠。名片的作用主要表现在以下方面。

(1) 方便自我介绍。

(2) 可以替代便函。

(3) 可以替代介绍信。

(4) 可以替代请柬。

(5) 可以替代礼单。

(6) 可用于通报和留言。

(7) 可用于通知变更。

(二)名片的种类

名片一般有三类。一是社交名片，这类名片上一般只印姓名、地址、邮政编码、电话号码。二是职业名片，这类名片上除了姓名、地址、邮政编码、电话号码外，还将所在单位、职称、社会兼职等印在上面。三是商务名片，这类名片正面内容与职业名片相同，如图4-5所示；但名片背面通常印上单位经营项目等，如图4-6所示。

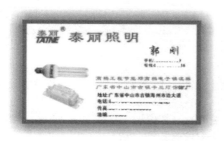

图4-5 商务名片正面

图4-6 商务名片背面

(三)使用名片的礼仪

名片的使用，可分为递送、接受和交换三个环节。

1. 递送名片

(1) 在外出前将名片放在容易拿出的地方，以便需要时迅速掏出。一般男士可将名片放在较为精致的名片夹里。在穿西装时，可把名片夹放在左胸内侧的口袋里；不穿西装时，名片夹可放在自己随身携带的小提包里，不要把名片放在腰部以下位置。女士名片应置于手提包内。

(2) 递送名片要讲究场合。一般而言，商业交往中的横向联系，社交中的礼节性拜访以及表达情感的场所可以递送名片。

(3) 掌握递送名片的时机。如果是初次见面，可在相互介绍之后递送名片；若是比较轻松的场合，可在告辞时递交名片。

(4) 为表达对对方的尊敬，一般应双手递上名片，特别是下级递给上级、晚辈递给长辈，更应如此。

(5) 递名片时，应将名片的下方朝向对方。

(6) 递名片时应面带微笑，同时还要说些友好客气的话，比如："这是我的名片，欢迎多联系！""这是我的名片，请多关照！"

(7) 递名片的一般顺序是地位低者、晚辈或客人先向地位高者、长辈或主人递送，然后再由后者予以回赠。若上级或长辈先递上名片，下级或晚辈也不必谦让，礼貌地用双手接过，道声"谢谢"，再予回赠。

(8) 递送名片时，动作要洒脱大方，态度要从容自然，表情要亲切谦恭。不要见人就发，滥发名片也不合适。

2. 递送名片时的注意事项

(1) 递送名片时，应面带微笑，双目注视对方。如果是坐着，应当起身或欠身。将名片正面朝向对方，用双手的拇指和食指分别握住名片上端的两角送给对方，并说"这是我的名片，请多关照"等寒暄语，不应一言不发，如图4-7所示。

(2) 如果自己的姓名中有生僻的字，应将自己的名字读一遍。

(3) 不要用手指夹着名片给人，切勿用左手递交名片。

(4) 不要将名片背面对着对方或是颠倒着对着对方。

(5) 不要将名片举得高于胸部。

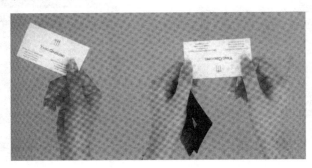

图 4-7　递送名片的方法

3. 接受名片

接受名片者在接收他人名片时，应注意以下几点。

(1) 接收他人名片时，应尽快起身或欠身，面带微笑。用双手接住名片的下端两角，仔细看一遍，并说"认识您很高兴"等寒暄语，然后再郑重地将其放在名片夹里，或放入上衣口袋，并表示谢意。

(2) 与多位客人见面时，可暂时将接收的多张名片放在自己桌前排列好，以便在方便时收起。

(3) 接受了对方名片而又发现自己没带名片，一定要向对方解释。

接受名片者应通过动作与表情来显示对对方的尊重。

4. 交换名片

参加社交活动时，宜随身带上几张名片以备用。与初次见面的人相识后，出于礼貌和继续交往的意愿，可适时递上自己的名片。递、接名片时，如果是单方递、接，应用双手递，双手接，如图 4-8 所示。若双方同时交换名片，则应右手递，左手接。接过对方的名片后应点头致谢，真诚地说几句诸如"幸会"之类的客气话，并认真地看一遍名片。最好能将对方的姓名、职务(称)轻声读出来，以示尊重。要妥善收好名片，可以把名片放进上衣口袋里，或放入名片夹中，也可以暂时摆在桌面上显眼的位置。注意，不要在名片上放任何物品，也不要把名片拿在手里叠来叠去地玩。如自己没有名片，则应道歉。如想索要名片，不可直接要，最好是含蓄地向对方仔细地询问姓名、单位、地址、电话等，他人如愿意自然会给。

图 4-8　交换名片礼仪

(四)名片的制作和保存

今天，拥有名片不再是高官显贵、名流贤达的特权。无论男女老少，不管地位高低，谁都可以拥有名片。名片不再仅仅是通报姓名、身份和结交友人时用，而且还被广泛用于答谢、邀约(代请柬)、馈赠、祝贺、挽悼等事宜。如赠人鲜花时可附上一张名片，对方看了名片，便明白是你的心意……随着社会进步和科技的发展，名片的功能越来越多，而名片的制作也越来越讲究。

1. 名片的制作

名片上的内容可以横排，也可以竖排，一般应包括三个方面的内容：一是本人所属单位、企业标志及具体部门，印在名片的上方或右方；二是本人的姓名、学位、职务或职称，印在名片的中间；三是与本人联系的方法，包括单位所在的地址、电话号码和邮政编码等，印在名片的下方或左方。即名片通常印有姓名、职务、职称、社会兼职、工作单位、通信地址、邮政编码、办公电话、住宅电话、手机号码、传真号码等，使对方看到名片时对名片持有者的信息一目了然。

很多人将无数的头衔并排在名片上，或者在名片上括号加注"相当于××级别"的字样，这都是不合礼仪、没有修养的行为，介绍重要的、能表明自己身份的一两个头衔就够了。但通过名片的设计，可以表现个人鲜明的特点并达到不同的目的，如显示性格为人，体现职业特点，代替广告宣传，等等。

2. 名片的保存

在社交活动中，收下别人的名片后，应放好，如放进上衣袋或放入名片盒。回家后或回到办公室后，则应将接收的名片收进专用的名片簿。

收到的名片较多时，可按下列三种方法分类收藏，以便于查找和使用。

(1) 按字母顺序分类。

外国友人名片可以按英文字母顺序或其他外国文字字母顺序排列，中国同胞的名片可以按汉语拼音字母顺序或汉字笔画分类排列。

(2) 按行业分类。

例如，可以把文化界同行的名片放在一起，把企业界朋友的名片放在一起。

(3) 按国别或地区分类。

每一张名片犹如一张记事卡，可在名片背面记录收到名片的时间与地点等，但不要在名片上乱涂画。

五、其他会面礼仪

在社会交往中，除握手礼、介绍礼、名片礼外，常见的还有以下几种会面礼仪。

(一)致意礼

致意礼是已相识的友人之间在距离较远或不宜多谈的场合，用无声的动作语言，相互表示友好与尊重的一种问候礼节，它是社会交往过程中的一种基本礼节。

致意通常是在迎送、引见、拜见时作为见面所必施的礼节。见面致意，是对人表示友好和尊重；否则，会被认为是傲慢、无礼，没有教养。一般来说，相互致意的顺序应是：晚辈先向长辈致意，地位低者先向地位高者致意，男士先向女士致意，未婚者先向已婚者致意，学生先向老师致意。致意礼的最佳距离为 2～5 米。

1. 致意方式

致意的方式很多，主要有点头致意、鞠躬致意、微笑致意、鼓掌致意、举手致意、欠身致意、脱帽致意等。

(1) 点头致意

点头致意，就是在公共场合远距离遇见朋友，一般抬起右臂轻轻摆动，手掌心朝向对方，用微微点头表示礼貌的一种方式。行走时的点头致意如图 4-9 所示。采取点头致意的场合有以下几种。

① 遇到领导、长辈时。在一些公共场合遇到领导、长辈，一般不宜主动握手，而应采用点头致意的方式，这样既不失礼，又可以避免尴尬。

② 遇到交往不深者时。和交往不深的人见面，或者遇到陌生人又不想主动接触，可以通过点头致意的方式，表示友好和礼貌。

③ 不便握手致意时。一些场合不宜握手、寒暄，就应该采用点头致意的方式。如与落座较远的熟人打招呼时可点头致意。

④ 比较随意的场合。一些随意的场合，如在会前、会间的休息室，在上下班的班车上，在办公室的走廊上，不必握手和鞠躬，只要轻轻点头致意就可以了。

图 4-9　行走时的点头致意

(2) 鞠躬致意

鞠躬是常见的一种致意方式，在一些隆重、庄严的场合使用，表示感谢、道别。鞠躬一般要脱帽，身体直立，目光平视，身体上部适当向前下弯，角度不宜过大。鞠躬的角度一般有 15 度、30 度、45 度，如图 4-10 所示。采取鞠躬致意的场合如下。

① 讲话前后。演讲人在演讲前和结束讲话后，通常要鞠躬致意，表示对听众的感谢和敬意。

② 领受奖品。得奖人在领受奖品时，要对颁奖人鞠躬致意，感谢鼓励。

③ 道别、告别时。如出远门与亲人、朋友道别，在遗体告别仪式或追悼会上与逝者告别，可以行鞠躬礼。

图 4-10　女士的鞠躬致意(从左至右分别为 45 度、30 度、15 度)

(3) 微笑致意

微笑致意常和其他礼仪相伴进行。它可用于不相识的人初次会面的场合，还可以用于在同一场合与反复见面的老朋友"打招呼"。

(4) 鼓掌致意

鼓掌致意是在热烈、隆重的气氛中，表示欢迎、赞成、感谢的一种礼节。规范的鼓掌是左手手指并拢，手掌自然伸直，掌心向内或向上，拇指自然松开，右手手指并拢，用右手手指击打左手掌心。但应注意不要合十鼓掌，也不要五指分开鼓掌。

(5) 举手致意

举手致意也叫挥手致意。用来向他人表示问候、致敬和感谢。举手致意要伸开手掌，掌心向外，面对对方，指尖向上。当你看见熟悉的人又无暇分身的时候，举手致意可以立即消除对方的被冷落感。

(6) 欠身致意

当在社交场合被他人介绍或别人向自己致意时，常常在目视对方的同时，身体微微向上、向前倾，以表示对对方的尊敬之意。

(7) 脱帽致意

女士一般不行脱帽礼，戴帽子的男士在遇到友人特别是女士时，应微微欠身，摘下帽子，并将其置于与肩膀平行的位置，同时看向对方。一般运用这种礼节时，受礼的一方若在施礼者的右侧，则用左手摘下帽子；受礼的一方若在施礼者的左侧，则用右手摘下帽子。

2. 致意规则

致意时应注意以下规则。

(1) 男士应先向女士致意。

(2) 年轻者应先向年长者致意。

(3) 下级应先向上级致意。

在行非语言致意礼时，最好同时伴以"您好"等简洁的问候语，这样会使致意显得更生动，更具活力。

(二)鞠躬礼

鞠躬礼源于中国的先秦时代，两人相见弯腰屈身待之。这样做有两层含义，一是缩小个人的势力圈，二是降低身势减少受攻击的部位。它最早是表示鞠躬者对敌方的惶恐、畏惧，显现自己精神的劣势，后来才演变成尊敬对方的礼貌动作。中国的跪拜在原始含义上与鞠躬礼是相同的，只是跪拜比鞠躬礼的意义更强烈些。

在我国的现代人际交往中，用鞠躬礼的场合也很多。如团拜时、恭喜对方时、表示谢意时、表示歉意时等都可用这种礼节。其基本动作要求是：以标准站姿为基础，双手在体前搭好或放在两侧，站在距离对方 2 米左右的地方，双眼注视对方，面带微笑，以臀部为轴心，将上身挺直地向前倾斜，倾斜角度一般为 15 度、30 度、45 度三种，目光随着身体的倾斜而自然停留于脚尖前 3～3.5 米、2～2.5 米、1～1.5 米处，如图 4-11 所示。

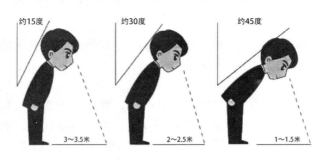

图 4-11　15 度、30 度、45 度的鞠躬礼

鞠躬时，应同时问候"您好"，声音要热情、亲切、甜美，且与动作协调。上级、长者可欠身点头还礼或伸右手行握手礼。这种礼节在使用时，无论是施礼者还是受礼者，都要互相注目，不得斜视或环顾。施礼时不可戴帽。比较熟悉的人见面，鞠躬 15 度并伴随着寒暄语，时间保持 1 秒即可。15 度的鞠躬礼常伴随着其他礼节一道使用，如握手时、介绍时、递物时、让座和让路时。坐着见到领导、长辈和客人时，也应起立鞠躬致意。行鞠躬礼时有以下几个禁忌：①忌鞠躬时不脱帽；②忌眼睛不往下而翻眼看着对方；③忌鞠躬前后不正视对方；④忌鞠躬时嘴里吃着东西、叼着烟卷；⑤忌鞠躬时扭扭捏捏、装腔作势，让人反感。

服务行业的服务人员，一般用 45 度鞠躬礼表示对客人光临的欢迎和感谢，时间以 2～3 秒为宜。90 度的鞠躬礼是大礼，时间以 4～5 秒为宜。注意，只有在葬礼上才行三鞠躬的大礼，其他行大礼的场合一般应是一鞠躬。

现在鞠躬礼使用比较多的是日本、韩国等国家。在日本，由于特殊的历史背景和地缘文化，形成了进出房门低头俯身，日常交往低姿势待人的民族习惯。日本的鞠躬礼一般分为站礼和坐礼两种。站礼又分为三种：即见面时的 30 度鞠躬礼，称为见面礼；分手时的 45 度鞠躬礼，称为告别礼；对上级、长辈要行鞠躬礼。坐礼也分为三种：双手礼，这种礼一般是下级对上级、晚辈对长辈、主人对尊客所用的礼节；屈手礼，这种礼一般是在同辈间和向对方请教时常用的礼节；指尖礼，这种礼一般是在长辈接受晚辈施礼和接受对方的问候时，在榻榻米上进行的。

在日常的礼节中，男士常用握手礼，而女士们仍用鞠躬礼。

(三)举手礼

举手礼也是在公共场合广泛采用的一种礼节，它更适合于向距离较远的熟人打招呼。行礼时，右臂向前伸直，掌心向着对方，四指并齐，大拇指张开，左右轻轻晃动一两下，如图4-12所示。

另外，军人和警务人员的敬礼也是举手礼的一种，他们在同其他人握手和相识前，一般要先行举手礼。行礼时上体正直，右手取捷径迅速抬起，五指并拢自然伸直，中指微接帽檐右角前约 2 厘米处(戴无檐帽或者不戴军帽时微接太阳穴，与眉同高)，手心向下，微向外张(约 20 度)，手腕不得弯曲，右大臂略平，与两肩成一线，同时注视受礼者，如图4-13所示。

图 4-12 举手致意

图 4-13 举手礼

(四)拱手礼

拱手礼也叫作揖礼，是相见或表示感谢时常用的一种礼节，是中华民族传统的见面礼仪，有着浓浓的中国特色。它是我国古代一种重要的礼节，从西周起就开始在同辈人见面、交往时采用，距今已经有两三千年的历史了。古人通过程式化的礼仪，以自谦的方式表达对他人的敬意。国人是讲究以人和人之间的距离来表现出"敬"的，这种距离不仅散发着典雅气息，而且也比较符合现代卫生要求。一是从医学卫生的角度讲，拱手礼不会发生接触传染，有益于人体健康；二是从心理感受的角度，拱手的力度、时间的长短，完全取决于自己，不会感受对方的压力。所以很多礼学专家都认为，拱手礼不仅是最体现中华人文精神的见面礼节，而且也是最恰当的一种交往礼仪。

施拱手礼的方法是：行礼者双腿站直，上身直立或微俯，右手半握拳，然后用左手在胸前扶住右手，双手互握合于胸前，在双目注视对方的同时，拱手齐眉，弯腰自上而下，双手向前，朝对方方向轻轻摇动(上下振动三次)。一般情况下男子应右手握拳在内，左手在外，女子相反，如图 4-14 所示。但现在可以进一步简化，男女一样，都是右手握拳在内，左手贴于右拳外。行礼时，可向受礼者致以祝福或祈求，如"恭喜发财""请多关照"等。

图 4-14　拱手礼

(五)鼓掌礼

鼓掌礼是在公众场合常用的一种较热烈的礼节。欢迎客人时，上级来临时，对演出表示欢迎、祝贺时，对发言者表示赞同、致意时都常用鼓掌礼。鼓掌时，目视受礼者，动作要文雅、自然，不应过分猛烈，并要随众而止，看体育比赛可以热烈些，但也应注意自己的身份，不可忘形失态，影响公共秩序。

(六)合十礼

合十礼是流行于泰国、缅甸、老挝、柬埔寨、尼泊尔等佛教国家的见面拜礼。此拜礼源自印度。最初仅为佛教徒之间的拜礼，后发展成全民性的见面礼。在泰国，行合十礼时，一般是两掌相合，十指伸直，举至胸前，身子略下弓，头微微下低，口念"萨瓦蒂"("萨瓦蒂"系梵语，原义为如意)，如图 4-15、图 4-16 所示。遇到不同身份的人，行此礼的姿势也有所不同。例如，晚辈遇见长辈行礼时，要双手高举至前额，两掌相合后需举至脸部，两拇指靠近鼻尖。男行礼人的头要微低，女行礼人除了头微低外，还需要右脚向前跨一步，身体略弓。长辈还礼时，只需双手合十放在胸前即可。

图 4-15　合十礼一

图 4-16　合十礼二

(七)拥抱礼

拥抱礼流行于欧美国家,多用于官方、民间的迎送宾客或祝贺、致谢等社交场合。两人相对而立,上身稍稍前倾,各自右臂偏上,左臂偏下,右手环拥对方左肩部位,左手环拥对方右腰部位,彼此头部及上身向右相互拥抱,最后再向左拥抱一次,如图 4-17、图 4-18所示。

图 4-17　男士的拥抱礼

图 4-18　女士的拥抱礼

(八)亲吻礼

亲吻礼流行于欧美国家。行亲吻礼时,往往伴有一定程度的拥抱,不同关系、不同身份的人,相互亲吻的部位不尽相同。在公共场合和社交场合,关系亲近的女子之间可以吻脸,男子之间是拥肩相抱,男女之间一般是贴面颊,如图 4-19 所示。晚辈对尊长是吻额头;男子对尊贵的女宾可以吻手指或手背,如图 4-20 所示。在许多国家的迎宾场合,宾主往往以握手、拥抱、左右吻脸、贴面颊的连续动作,表示最真诚的热情和敬意。

图 4-19　贴面颊

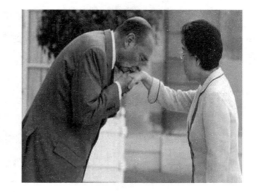

图 4-20　吻手礼

【实践训练】

根据下列情景,将角色分类,学生扮演不同的角色,进行场景训练。

1. 预设情景练习：

(1) 你是一位男教师，冬天，你戴着手套，被邀请到一公司讲报告。对方派一名司机和一名女办公室主任随同专车来接你，你要同他们都握手，请模拟这一情节。

(2) 小李与本单位销售部王经理正在商谈业务，对面走来本单位的一客户——刘小姐。王经理与刘小姐双方都有认识的愿望，小李应怎样做介绍？

(3) 小王去某企业推销，他找到企业的负责人，应怎样做自我介绍？

2. 创建情景训练：以引领、请进、鞠躬、递接名片、介绍他人、握手等为主题，各小组自行设计情节，分别设定角色，模拟实际情景，重点注意动作与语言、表情的协调。

第二节　接待礼仪

【典型案例】

【指出失礼之处】

有一次，某公司的高级经理接待了一位国际客户到中国进行商务考察。这位客户对中国文化和礼仪非常感兴趣，希望能够深入了解中国的商务习惯。

在接待过程中，公司经理热情地为客户安排了一些观光活动和商务会议。然而，在安排工作餐时，经理没有注意到客户的饮食习惯和宗教信仰。客户是一个印度教信徒，他在饮食上有严格的限制，不吃猪肉和牛肉，也不食用含有动物成分的食品。客户看到这些菜品时感到非常尴尬和困惑，因为不想在这个场合下拒绝食物，他试图委婉地表达意愿，然而，由于双方之间的语言沟通障碍，他并没有成功。

接下来的几天，客户对这个事件产生了一些负面情绪。他开始怀疑公司经理对他作为客人的重视程度。

【分析提示】

这个案例反映了在接待宾客的过程中，主人应该更加细致入微地了解客户的文化和宗教背景，以避免产生不必要的尴尬。尊重客人的文化差异和个人需求是建立良好人际关系和商业关系的关键。

迎来送往，是社交活动中最基本的形式和重要环节，是表达主人情谊、体现礼貌素养的重要方面。尤其是迎接，是给客人良好第一印象的最重要的工作。给对方留下良好的第一印象，就为下一步深入接触打下了基础。

一、接待前的准备

为了表现良好的礼仪及风度，在宾客到来之前，须有充分的计划及准备。

(一)了解情况

接待客人前，首先需要详细了解以下情况：客人来访的目的，来访客人的性别比例，来访客人的职务级别以及来访者的人数，对方到达的车次、航班等，以便安排与客人身份、职务相当的人员前去迎接。若出于某种原因，相应身份的人不能前往，前去迎接的人应向客人做出礼貌的解释。

(二)掌握时间

接待者事先一定要弄清并记住客人来访的具体日期和时间，以便进行日程的安排。日程的安排应考虑对方的愿望、风俗习惯、宗教信仰；日程要求详细、具体；日程确定后，应译成来宾使用的文字，打印好，供对方使用。

(三)确定接待规格

接待规格的高低表现在安排活动的多少、场面规模的大小、招待的档次、迎送陪同人员职务的高低等方面。一般来说有三种接待规格：一是高格接待，即接待人员比来访人员身份高的接待；二是对等接待，即接待人员与来访人员身份相符的接待，这是接待工作中最常见的；三是低格接待，即接待人员比来访人员身份低的接待。具体采取哪种接待规格，还要根据来宾和本组织的情况来确定。

(四)交通食宿准备

主人应提前为客人准备好交通工具，要事先与有关交通部门联系好，核实客人的班机或车次的抵达时间，订好客人下榻的客房及膳食。不要等到客人到了才匆匆忙忙准备交通工具和食宿，那样会因让客人久等而误事。如果对所接宾客不熟悉，又无己方陪同人员同机(车)到达，则要准备好接站牌，并且要提前抵达迎接地。此外，对身份比较高的外宾应准备好鲜花。

二、接待室布置礼仪

整齐干净的环境会让客人感觉舒适，因此，接待室内的卫生、照明、温度，以及室内的陈设、座次的安排等都应该遵循布置的礼仪。

(一)光线与色彩

光照应以自然光源为主，如使用人造光源，最宜使用顶灯、壁灯。灯光色彩、装饰、陈设色彩最多不能超过三种。主色调的上佳之选是乳白色、淡蓝色、浅绿色。灯光一定要充足，所有的灯都能亮，中国人最忌讳装了不亮的灯，认为这是触霉头。

(二)温度与湿度

室内空调的温度应配合季节及气候时行调整，让宾客感觉舒适。一般来说，室内温度以 22℃左右为最佳。相对湿度为 50％左右时，最为适宜。

(三)安静与卫生

保持室内安静的基本措施有：铺放地毯，窗户上安装双层玻璃，桌上、茶几上摆放茶杯垫子。此外，尽可能避免使用噪声大的电器。

(四)室内陈设

室内陈设的原则是：务求实用、以少为佳、完整无缺。

(五)座次安排

座次安排一般有四种方式，分述如下。

1. 面门为上

"相对式"座次即宾主双方对面而坐。"相对式"座次示意如图 4-21 所示。

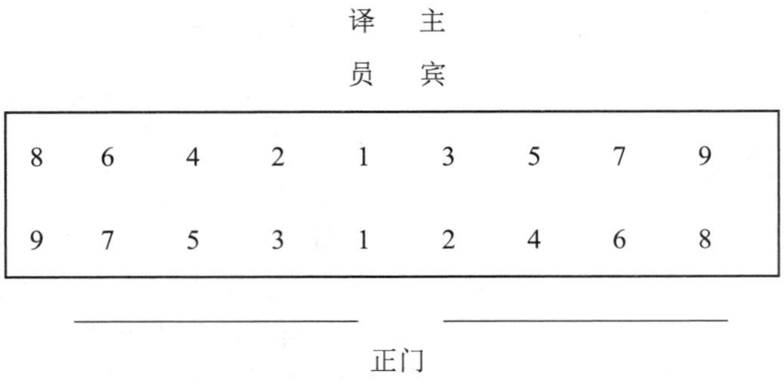

译　主
员　宾

8	6	4	2	1	3	5	7	9
9	7	5	3	1	2	4	6	8

正门

图 4-21　接待室"相对式"座次

2. 以右为上

"平起平坐式"座次又称"并列式"座次，即宾主双方并排就座，以右为上，如图 4-22、图 4-23 所示。

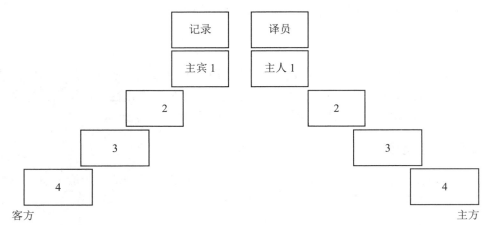

图 4-22　接待室"并列式"座次一

3. 以远为上

一般以距离室门较远的座位为上座，由应邀来宾就座。

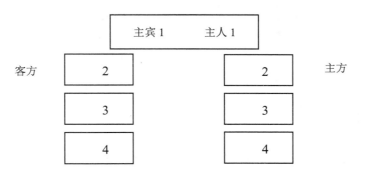

图 4-23　接待室"并列式"座次二

4. 居中为上

"众星捧月"之势。居于中央处的是上座，由主宾就座。

三、迎接来宾礼仪

1. 接站

掌握客人到达的时间，保证提前 15 分钟等候在车站、机场，恭候客人的到来，绝不能迟到，让客人久等。客人看到有人来迎接，内心必定感到非常高兴，若迎接来迟，必定会给客人心里留下不佳的印象，事后无论怎样解释，都无法消除这种失职和不守信誉的印象。如果与客人素未谋面，一定要事先了解一下他的外貌特征，最好举个小牌子来迎接他。小牌子上可写"欢迎某同志光临某公司！""某同志，欢迎您！"等，使客人看到后，倍感亲切。被接人的名字要写得尽可能大些。

2. 会面

与来宾见面后，首先要热情打招呼问候"一路辛苦了""欢迎您来到我们这个美丽的城市""欢迎您来到我们公司"等，然后向对方做自我介绍，如果有名片，可送予对方。关于递送及索要名片的礼仪，在本书的第四章第一节已经论述过，在此不再赘述。如果对方不知道怎样称呼为好，可以主动说"就叫我小王好了"。介绍完毕应随手把行李接过来，客人坚持自提的东西不必勉强，因为里面也许有证件或重要的物品等。

3. 乘车

乘车程序为：为客人打开车门，请客人先上车；接待者坐在客人旁边或司机旁。在迎接客人的途中，不能一言不发，应主动与客人交谈，如本次活动的背景资料、筹备情况，还可介绍当地的风土人情、气候、物产，当地的地名由来和风景名胜，本地知名人士，近来发生在本地的大事以及当地物价，等等。到达后，接待者应先下车为客人打开车门，请客人下车。

4. 领引

将客人送到住处后，帮客人办理好一切手续并将客人领进房间，同时向客人介绍住处的服务、设施，将活动的计划、日程安排交给客人，并把准备好的地图或旅游图、名胜古迹等介绍材料送给客人。主人不要立即离去，应陪客人稍作停留，热情交谈，谈话内容要让客人感到满意。考虑到客人一路旅途劳累，主人不宜久留，让客人早些休息。分手时将下次联系的时间、地点、方式等告诉客人。

四、待客礼仪

庄重的招待仪态及温和的说话语气，都是对来宾敬意的表达。

(一)引导

接待人员带领客人到达目的地，应该有正确的引导方法和引导姿势。

1. 在走廊的引导方法

接待人员在客人二三步之前，配合步调，让客人走在内侧。

2. 在楼梯的引导方法

当引导客人上楼时，应该让客人走在前面，接待人员走在后面；若是下楼，应该由接待人员走在前面，客人在后面。上下楼梯时，接待人员应该注意客人的安全。

3. 在电梯的引导方法

引导客人乘坐电梯时，接待人员先进入电梯，等客人进入后关闭电梯门；到达时，接待人员按"开"按钮，让客人先走出电梯。

4. 客厅里的引导方法

当客人走入客厅，接待人员用手指示，请客人坐下，看到客人坐下后，才能行点头礼后离开。如果客人错坐下座(一般靠近门的一方为下座)，应请客人改坐上座。

(二)入室

陪客者应走在客人的左边，或走在主陪人员和客人的身后，到达会客室门口时应打开门，让客人先进。在会客室内把最佳位置让给客人，同时，还要按照介绍的礼仪把客人介绍给在场的有关人员。

(三)奉茶

客人来访时，最基本的礼节除了请客人入座外，接着应马上奉茶。奉茶前，茶壶、茶杯要干净，用什么茶叶应事先征求客人意见。倒茶讲究"茶七酒八"的规矩，不要倒得太满，以七分满为宜，水温不宜太烫，以免客人不小心被烫伤了。敬茶时先客后主，如果客人较多，应按级别或长幼敬上。上茶时应向在座的客人说声"对不起！"再以右手端茶，从客人右方奉上，面带微笑，眼睛注视对方并说："这是您的茶，请慢用！"如图4-24所示。如果有附带点心招待的话，应先将点心端出，然后再奉茶。

图 4-24　奉茶

(四)交谈

交谈要取得最佳效果，其中重要的一点，就是宾主双方必须遵循交谈的礼节。

1. 交谈开始前可适当寒暄

适时得体的寒暄，可以沟通彼此的感情，创造和谐的气氛。得体的寒暄，应体现出真挚、热情，而不是虚伪、吹捧。

2. 相互介绍要照顾对方的自尊

对方介绍时认真倾听，并可以表示由衷的赞佩。

3. 工作性质的会谈

一般宾主双方都心中有底，话题是明确的。但尽管主人已经了解客方的一些情况和来访目的，客方仍有必要主动开口提起话题。这不仅可以使会谈迅速进行，而且也是礼貌的需要。

4. 谈共同关心的问题

一方在讲话时，另一方应保持相应的热情，要有"听"的礼貌，以免让人感觉"话不投机半句多"。要善于聆听对方讲话，不轻易打断别人的发言。一般不提与交谈内容无关的问题。

5. 交谈时要和气亲切

表情要自然、得体，要避免不良的动作和姿态。说话时可适当做些手势，但动作幅度不要过大，更不要手舞足蹈或者用手指指人。对方讲话时，应目光注视对方，以示专注。应含笑、目光自然，切忌将目光在对方身上乱扫。可一边听，一边微微颔首，表示已听清或赞同对方的观点。

(五)陪访

如有时间和必要，可以安排来访者参观公司的一些景观，包括公司的自然景观、建筑景观、生产景观等，如公司美丽的风景、新大楼的建筑与设计、生产技术的示范、公司产品展示以及一些艺术收集品，等等。事实上，未经刻意安排的参观活动，对来访者是非常好的公关行为，往往会给公司带来意想不到的收获，但想要办得成功，需要注意一些事项。

(1) 所参观的地区必须是清洁整齐的。

(2) 访客不能打扰员工作息或工作。

(3) 带领参观的接待人员，必须是具有丰富知识、善于交际并深谙说话艺术的人。

(4) 来访者特别感兴趣的事物，在介绍时应予以着重说明。

(5) 准备些精美的印刷品，让访客带回去，以加深参观的印象。

五、送行礼仪

接待工作顺利完成后，后续还有一项很重要的工作，就是"送行礼仪"。

首先，应该对客人婉言挽留，然后握手送别，送别时要送出门或送到楼下，欢迎客人下次再来。

其次，要安排送行的交通，将客人妥善送至机场、火车站、汽车站、码头等处。

在送别客人时，必要时可向来宾赠送礼品，赠送的礼品要体现出"礼轻情意重"，所送的礼品最好能体现出本企业的特色或地方特色。

【实践训练】

根据下列情景，将角色分类，让学生扮演不同的角色，进行场景训练。

(1) 预设情景练习：异地的某公司受邀来本地参加全国技术经验交流大会；商务会议之后来主办方单位，主办方要做好接待工作。

(2) 创设情景训练：以接待为主题，各小组自行设计情节，分别设定角色，模拟实际情景，重点注意接待的步骤及方式。

第三节　拜　访　礼　仪

【典型案例】

【指出失礼之处】

风景秀丽的某海滨城市的朝阳大街，高耸着一座宏伟楼房，楼顶上"远东贸易公司"六个大字格外醒目。某照明器材厂的业务员金先生按原计划，手拿企业新设计的照明器样品，兴冲冲地登上六楼，脸上的汗珠未及擦一下，便直接走进了业务部张经理的办公室，正在处理业务的张经理被吓了一跳。"对不起，这是我们企业设计的新产品，请您过目"，金先生说。张经理停下手中的工作，接过金先生递过的照明器，随口赞道："好漂亮呀！"并请金先生坐下，倒上一杯茶递给他，然后拿起照明器仔细研究起来。金先生看到张经理对新产品如此感兴趣，如释重负，便往沙发上一靠，跷起二郎腿，一边吸烟一边悠闲地环视着张经理的办公室。当张经理问他电源开关为什么装在这个位置时，金先生习惯性地用手挠了挠头皮。好多年了，别人一问他问题，他就会不自觉地用手去挠头皮。虽然金先生做了较详尽的解释，但张经理还是有点半信半疑。谈到价格时，张经理强调："这个价格比我们的预算高出好多，能否再降低一些？"金先生回答："我们经理说了，这是最低价格，一分也不能再降了。"张经理沉默了半天没有开口。金先生却有点沉不住气，不由自主地拉松领带，眼睛盯着张经理，张经理皱了皱眉，"这种照明器的性能先进在什么地方？"金先生又挠了挠头皮，反反复复地说："造型新，寿命长，节电。"张经理托词离开了，办公室只剩下金先生一个人。金先生等了一会儿，感到无聊，便非常随便地抄起办公桌上的电话，同一个朋友闲谈起来。这时，门被推开，进来的却不是张经理，而是办公室秘书。

【分析提示】

问题一：在商务拜访中，应先与对方预约一下，然后再登门拜访，案例中的金先生没有这样做。

问题二：金先生在进张经理的办公室前应该先整理一下自己的仪容，把汗擦干净，进门之前应先敲门，等里面的人说"请进"以后，然后再进入。猛然闯进去吓人一跳是违背尊重他人的原则的，是不礼貌的。

问题三：金先生坐在沙发上是不应该跷二郎腿的，因为第一次见面，这样坐的姿势是不礼貌的。况且，金先生是去推销产品的，更不应该这样做。也不应在没有经得主人的同意下吸烟。

问题四：挠头皮的动作极不卫生，又让人感到作为一个推销人员的不自信。对自己产品性能不熟悉会让别人对产品的性能与质量产生怀疑。

问题五：随便用别人办公室的电话聊天是不对的。

拜访是指亲自或派人到朋友或有商务往来的客户单位或相应的场所去拜见、访问某人或某单位的活动。

一、拜访前的准备工作

1. 提前预约

预约是拜访的基本礼仪。在社会交往中，无论是亲朋好友之间的拜访，还是工作中的拜访，都应该提前预约，了解对方是否方便，贸然到访显得很不礼貌，也会给对方带来一些不便。原本愉快或者正式的拜访，会被唐突的到访破坏。

2. 确定时间

守时是商务礼仪的基本要求。关于"准时"，不同国家、不同地区都会有不同的态度，必须搞清楚。无论准备去哪里拜访，都应该事先了解一下当地人的时间观念，根据不同观念，确定拜访的准确到达时间。

3. 目的明确

针对商务活动的不同阶段，拜访者每一次拜访都应该有一个清晰的、能通过本次拜访实现的目标，这样每次拜访结束后都会有成就感，和商务伙伴的密切程度也稳步提升。随着各个小目标的实现，商务活动整体目标的实现也就水到渠成了。

4. 了解客户信息

说到客户信息，一般人马上想到的就是客户的公司名称、所属行业、发展规模、市场行情等。但是这些客户的基本信息，竞争对手同样知道，没有任何价值。对商务活动最有帮助的信息是被一般人忽视的或者不容易收集到的信息，比如客户引以为豪的事件，获得过的荣誉，购买产品的动机，深层次的顾虑等。利用这些信息不仅更容易获得客户的好感，而且能够引起客户对自己的重视，为业务的进一步拓展做很好的铺垫。

5. 精心准备

随时准备应对客户的所有问题。为了达到每次拜访的目的，在每次拜访前，都要将本次拜访所需要的资料以及辅助工具精心准备完备，以利于达到拜访目的。对一些客户关心的问题，拜访者必须进行充分的准备，对答如流，只有这样才能彰显自己的专业水准，赢得客户的充分信任，给客户留下良好的印象。

另外，对于一些重要的商务拜访活动，可以在准备时与同事进行拜访客户演练，将拜访活动中可能碰到的各种情况进行实战演习，以求在真正的拜访活动中顺利完成任务。

二、拜访时的礼仪

1. 守时践约

遵守时间、按时赴约是社交拜访中最重要的礼貌准则。守时践约不仅是为了彰显个人信用，提高办事效率，而且也是对交往对象尊重友好的表现。正常情况下，一般约会，外国人习惯准时，国人习惯准时或提前 3～5 分钟。如果有紧急的事情，被迫迟到，必须打电话通知你要见的人，如果打不了电话，可请别人为你打电话通知一下。如果遇到交通阻塞，应通知对方要晚一点到，并郑重致歉；若是参加宴请或观赏等活动，应适当提前，不可以迟到；如果是对方晚点到，你先到，可以坐在汽车里仔细想想，整理一下文件，或问一问接待员是否可以在接待室里先休息一下；如果因特殊情况不能赴约，要客气、诚恳地向对方解释说明情况并另外约定拜访时间，再次见面时，一定要向对方表示诚挚的歉意。

在不同国家和地区对是否按时到达的态度不同。有些国家的人时间观念很强，如德国、瑞士、比利时和北欧的国家，日本、加拿大、澳大利亚、美国、英国和法国以及南欧的国家；有些国家的人时间观念比较宽松，如绝大多数拉丁美洲国家和许多亚洲国家，如泰国、印度尼西亚以及沙特阿拉伯等阿拉伯国家，在沙特阿拉伯晚到 15～30 分钟是常有的事。如果到外国人家中赴宴，不可以早到，以免主人未准备好导致失礼，但是不同国家也有不同的情况。例如，你被邀请到一个美国人或加拿大人的家里做客喝鸡尾酒，通知你的时间是七点整，你就应该在七点一刻到达；如果是在德国、瑞典或瑞士，邀请你在七点到达，就意味着你应该恰好那个时候到；在拉丁美洲，如果你被邀请七点到某人的家里喝鸡尾酒，即使是八点到，也不会被认为是迟到。

2. 到达通报

抵达约定的地点后，未与拜访对象直接见面，或是对方没有派人员在此迎候，要进行通报，告诉接待员或助理你的名字和约见的时间，递上你的名片，以便助理能通知对方。如果没有接待员或助理，到拜访对象的办公室时，要先敲门或按门铃，等到有人应声允许进入或出来迎接时方可进去，不能不打招呼擅自闯入。即使门是敞开着的，也要礼节性地敲敲门，以提醒对方注意，经对方允许后方可进入。还需要注意敲门的礼节，用食指敲门，力度要适中，不要过重，也不要过轻，中间间隔要有序，连续轻敲三下即可，然后等待回应。如果没有回应，停 3～5 秒后可稍加力度，再连续敲三下。若有门铃，可按门铃，要慢慢地按一下，如果无回应，可隔一会儿再按一下。

3. 见面礼节

当主人开门迎客时，务必主动、热情地向对方问好，行见面礼，如果是初次见面，还要清楚、简洁地做自我介绍或主动递上名片，对熟人可握手问候。如恰巧有其他客人在场，还应在主人的介绍下，行点头礼或握手礼，顺序上要合乎礼仪，并简单地和对方寒暄几句。进入房间后，要将随身携带的物品或礼品，以及外套、帽子、手套脱下，放到主人指定的地方，如无指定的地方，可以在征求主人的意见之后，按主人的安排放置，不可以乱扔乱放。若是在主人家中做客，还应按主人的要求换上拖鞋或套上鞋套。

应按主人指定的方位就座，主人不让坐不能随便坐下。一般情况下是上司坐上座，随行人员坐下座。主人没有就座，自己便不能先坐。主人让坐时，应说"谢谢"再坐下。若有人送上茶水，应从座位上欠身，双手接过，并表示感谢。自己喝过的饮料，尽可能地喝完；主人送上果品或点心，不要拒绝，可以品尝一下，但是应等到其他客人或者年长者动手之后再取。

4. 交谈技巧

和主人交谈前，先要寒暄几句，如天气、时事等都是好的话题。与主人交谈要善于察言观色，选择时机表明拜访的目的，要尽快进入正题。交谈要集中于正题，交谈时除了表达自己的思想观点外，尽量少说或不说废话，更不要海阔天空，浪费时间。还要注意倾听对方谈话的内容，察看对方的情绪和周围环境的变化，并注意回应。当与主人的意见相左时不要争论不休。对主人提供的帮助要致以谢意，但不要过分。如对方谈兴正浓，交谈时间可适当长些，反之可短些；对方发表自己的观点时，应认真地听，并适当插话或附和，不要用争辩和补充说明打断对方的话；不要自己谈得太多，应注意给对方留出插话或发表意见的时间与机会。与异性交谈时，要讲究分寸。对于主人家里遇到的其他客人要表示尊重，友好相待。不要在有意无意间冷落对方，或置之不理。

5. 适时告辞

在拜访他人时，一定要注意在对方的办公室或私人居所里停留的时间。一般情况下礼节性的拜访，尤其是初次登门拜访，应控制在一刻钟至半小时之内。最长的拜访，通常也不宜超过两小时。有些重要的拜访，往往需由宾主双方提前议定拜访的时间和时长，绝不可以单方面延长拜访时间。在与主人交谈的过程中，如果发现主人心不在焉，或有不耐烦或有为难的表现时，应转换话题或口气；当主人有结束会见的表示时，如经常看时间、蹙眉等，这时拜访者应该及时收住话题，适时起身告辞；如果主人另有新的朋友来访，一般是有事而来，这时，即使主人谈兴正浓，也应同新来者简单地打过招呼之后，尽快告辞，以免妨碍他人。自己提出告辞时，即便主人挽留，也要执意离去，但要向对方道谢，并请主人留步，不必远送。

6. 告辞礼节

告辞时要稳重，不要显得急不可待。如果来访的客人很多，自己有事需要提前离开，应悄悄地向主人告辞，并表示歉意，以免惊动其他客人。如果已被其他客人发现，应礼貌地致歉和告辞，这时，可以同邻近的客人握手告别，同稍远的客人以手势告别，也可向全部客人行拱手礼。如果来访的客人很少或仅自己，则辞行时，应向主人及其家属和在场的客人一一握手或点头致意。主人及其他人相送，应一再辞谢。听到主人请你下次再来时，你要说："好的，那我告辞了。"或说"打扰您这么长的时间，非常抱歉！""今后还请您多多关照！"以表感谢之意。不要说多余的客气话，千万不要站着再做一次长谈。出门后，应再度回身主动伸手与主人握别，并说："请留步。"需要注意的是，告辞时应相互行握手礼，这时，身为客人应主动先伸出右手与主人告别，并诚挚地向主人表达对其热情待客的谢意以及"多有打扰"的歉意。当主人目送客人离去时，客人应礼节性地走几步，回头挥手致意，直到见不到主人身影后再加快步伐。千万不要回头就走，但是如果"一去不回头"，会让主人非常失望，也会给对方留下不好的印象。

三、拜访中的注意事项

（1）如果拜访某位朋友时未见到人，可以向其家里人、邻居或办公室的其他人将自己的姓名、地址、电话留下，或留下名片，以免朋友回来后因不知来访者是谁而造成不安心理。

（2）到客户公司时，应遵守客户公司的管理规定。例如，应先到前台请秘书小组通报要拜访的客户，并做好出入登记记录。绝不可以径直闯入，即便与客户熟识也要遵守公司的规定。

（3）如果接待者因故不能马上接待，应安静地等候，不要大声与同行者闲谈，甚至对对方公司评头论足、指指点点，这样会打扰别人的工作，也是有失身份的表现。

（4）如果到主人家中拜访，对主人家的人都应问候，不要对主人家的猫、狗表示害怕或讨厌，更不要去踢它或打它。

（5）有抽烟习惯的人，要注意观察该场所是否有禁止吸烟的警示。

（6）如果等待时间过久，可向有关人员说明，并另定时间，不要显现出不耐烦。

【实践训练】

根据下列情景，将角色分类，学生扮演不同的角色，进行场景训练。

（1）预设场景练习：你要登门拜访一位老师，准备向他请教一些问题，你现在打电话给他。

（2）创建情景训练：以拜访为主题，各小组自行设计情节，分别设定角色，模拟实际情景，重点注意拜访的礼仪。

第四节　馈赠礼仪

【典型案例】

【指出失礼之处】

最近，小 A 喜迁新居。周末，应小 A 之邀，一群同事到小 A 新居做客。同事乔迁之喜，第一次上门，又是平时要好的同事，自然是要送礼的。我们精心挑选了礼品，周末一大早，邀约上同事浩浩荡荡直奔小 A 家。到了小 A 家，小 A 和家人热情地招待了我们，邀请我们参观新居，手忙脚乱地回答我们一个又一个关于购房、装修的问题，忙了好一阵子才坐下来。大家带来的礼品都摆在一起，也没时间去看。周末一上班，小 A 就逐一感谢送礼的同事，大家都很客气，很开心。由于我平日和小 A 关系特别好，就又聊了几句。无意中，小 A 说了句："你送的×××，太漂亮了，我很喜欢。"我愣住了，因为小 A 说的×××并不是我送的，看着小 A 一脸的真诚，我也不好说什么。一整天，心里很郁闷，只好自我安慰，至少小 A 还记得我那天送过礼!

【分析提示】

同事有喜事去恭贺一下，或者生病住院去慰问看望一下，这是人之常情，也是我们生活中的常态。这样的场合，一般都是几个同事一起去，如案例中的尴尬不可避免地会出现，只是很多时候可能我们自己没有发觉。案例中，虽然说看似小 A 有点失礼，但那样的场合，尤其是我们中国人重情不重礼，还不习惯当着送礼者的面拆看、查看礼物，也是情有可原的。送礼者做得也有不圆满之处，因为送礼是要表达一种心意，礼品是无声的情感表述，但至少我们应该将这份心意表达出来，或者用语言，或者用其他方式。

就本案例而言，在以下几方面稍做改进，就可以做得更圆满。首先，送礼最好是单独进行，尽量避免集体送礼。其次，就算不可避免地要集体活动，也要在集体活动中给别人，也给自己单独展现的机会，可惜我们平日不太注重这些细节。再次，为自己创造展示的机会。本例中可以有意让自己迟到一会儿，就算不能迟到，进门的时候你如果不是领导、长辈，没有资格第一个进，至少你可以礼貌地让同事先行，最后一个进，也可以在寒暄中有意无意地提到自己的礼品，等等。最后，一张表明你自己心意的卡片，任何时候都不会显得多余。

馈赠，是人际交往中常见的一种礼节。它是为了表示敬意、友好、祝贺等心意而赠送物品的一种形式。馈赠适当的礼品，可以表达情意、加深理解、增进友谊。送礼是一门人际交往的艺术，既然是一门艺术和学问，生活中我们就应该细心研究、不断学习，让自己做一个会送礼的精明人。

一、馈赠原则

馈赠是指组织与组织之间、组织与个人之间、个人与个人之间为了达到交流感情、沟通信息的目的而互赠礼品的活动。馈赠是友好的表示，礼品是友好的象征。因此，要尽可能本着"君子之交淡如水"和"礼轻情意重"的原则，根据自己的经济承受能力，送应该送的礼。

二、馈赠礼品的选择

在社交活动中经常会涉及馈赠问题。馈赠需要在礼品选择、赠送及收受中遵守一定的礼仪规范。馈赠之前，要对礼品进行认真的选择。首先，考虑对方有什么爱好、兴趣和禁忌；其次，考虑送礼的原因和目的，尽量选择恰当的礼品；最后，送礼不可太贵重，过于贵重的礼品易使对方不安，有行贿之嫌，总觉得背负你的"人情债"，就事与愿违了。只有符合有关规定的馈赠，才能有利于情意的表达，为受礼方所接受，使馈赠恰到好处。

(一)选择礼品的注意事项

选择礼品应重点考虑送礼的目的、与收礼者之间的关系、对方的兴趣爱好、风俗禁忌和礼品的价值等因素。

1. 明确送礼目的

赠送礼品一般都有明确的目的性，如：以交际为目的，以酬谢为目的，以公关为目的，以沟通感情、巩固和维系人际关系为目的，等等。公务性活动送礼，大多是为了交际和公关，往往是针对交往中的关键人物和部门赠送礼品。私人间送礼，主要是为了沟通感情，建立友谊，巩固和维系人际关系。

2. 重视彼此关系

选择礼品时应考虑彼此之间的关系。馈赠对象不同，礼品选择就不一样。送给单位和个人、内宾与外宾、同性与异性、长辈与晚辈、老朋友与新朋友，礼品的选择要求也是不一样的。送给单位的，以纪念性物品为宜；送给外宾的，要突出特色；送给老人的，以实用为佳；送给小孩的，则以益智为好。公务活动中的馈赠，选择礼品应注重纪念性和精神价值，避免馈赠礼品庸俗化。

3. 关注兴趣爱好

选择礼品时还要考虑受赠方的兴趣爱好，要投其所好。要提前了解赠送的对象，根据对方的身份、性格、爱好和生活习惯等选送相宜的纪念品。如果不看对象，盲目送礼，即便是珍贵的礼物，也可能引不起对方兴趣。

4. 尊重习俗禁忌

选择礼品应考虑习俗、礼俗和个人禁忌。由于个人原因以及风俗习惯、宗教信仰、文化背景、职业道德等原因形成的公共禁忌都不能忽视，比如，在我国公务活动中禁赠现金、有价证券、昂贵的奢侈品、易于引起异性误会的物品、涉及国家机密和商业秘密的物品。还要顾及一些民族、地区禁忌。应考虑礼品数量、颜色、名称等。如广东人忌"4"，因为"4"与"死"谐音；颜色忌黑色、白色，一般认为黑色不吉利，白色代表悲伤；物品忌送钟，因为"送钟"与"送终"谐音；友人之间忌讳送伞，因为"伞"与"散"谐音。意大利人忌讳送手帕，因为手帕是亲人离别时擦眼泪之物；在欧美国家的风俗中向妇女赠送内衣是很失礼的。另外，"13"这个数目在欧美一些国家更是送礼时应当避开的。茉莉花和梅花也不要送给中国香港商人，因为"茉莉"与"没利"谐音，梅花的"梅"与倒霉的"霉"同音。中国大陆的人送礼不会送"小棺材"，但香港人青睐红木制作的小型棺材摆件，因为其寓意为"升官发财"。

5. 礼品不宜过重

礼品应以轻巧为宜，不宜过于贵重。送礼不在轻重，而在诚意和适当。过重的礼品，在公务活动中违反有关规定，在私人交往中会造成经济压力，增加收礼方的思想负担。馈赠礼品只在于表达送礼者的诚意，不在于礼品的贵重。

(二)礼品的选择

针对不同收礼对象应选择不同的礼品。一般而言，礼物的分类有以下几种。

1. 结婚礼物

赠送结婚礼物时要注意，要等到收到对方的请柬或通知后再携礼登门祝贺。礼品宜以家庭用品、床上用品、餐饮具或字画等工艺品为好，也可事先征求主人意见再选购。如果用金钱代替礼品，可在封套上写明"贺仪"等字以示庄重。

2. 生子礼物

可送婴儿用品，如衣服、鞋帽或玩具、食品、生肖纪念章等，也可送产妇滋补营养品等。

3. 生日礼物

父母长辈生日做寿，可送寿联、寿糕、营养品、衣服布料等；夫妻生日可送鲜花、化妆品、饰物、领带等礼品；朋友生日可送贺卡、工艺品、学习用品、鲜花、影集等小物件。

4. 节日礼物

春节送腊味、礼盒，端午节送粽子，中秋节送月饼，情人节送玫瑰花，等等。

5. 病丧礼物

探望生病的亲友，应携带一些适宜病人食用的食品，如滋补品、饮料、水果等，也可送鲜花，但在送水果时要根据病情来选购。丧礼中可送花圈、挽联或"帛金"(即金钱)。

6. 远行礼物

毕业升学远行时，可选择书籍、学习用品、生活用品等礼品。

7. 迁居礼物

乔迁之喜以对联、字画、镜屏、工艺品、家庭装饰品为礼最佳，也可征得对方的意见后选择合适的礼品。

在我国，受赠方接受礼物后一般不应立即打开欣赏(这与欧美人不同)，尤其是包装礼品，接受礼品时也不能随手乱放，而是双手接过礼品后，轻放整齐，并表示感谢。虽说要

"礼尚往来",但回赠的时间要把握好,可以选在下次登门回访时或以后的喜庆日子。不能收礼时即回礼,不能伤害对方的自尊心。

(三)馈赠的时机与场合

送礼时应注意宴会举行的时间和地点,按照惯例,礼物要求在宴会举行之前送到主人家才表示恭敬,临宴时才送礼就有点失敬了,尤其是婚礼、大寿等较为隆重的宴会。另外,除了不知道宴会时间,切忌事后补礼。归纳起来,下面几种情形得考虑送礼。

1. 喜庆嫁娶

乔迁新居、过生日做大寿、生小孩、嫁女娶亲等亲友喜庆日子,应考虑备礼相赠,以示庆贺。亲友去世或遭不幸,也要适当送礼以帮助解决困难,表示安慰吊唁。

2. 欢庆节日

我国传统节日有春节、端午、中秋、重阳等,都可作为送礼的最好时机,以表达祝贺、感谢、慰问之情。

3. 探望病人

去医院或别人家中探望病人应带点礼品以示慰问、关心等。

4. 酬谢他人

当自己在生活中遭遇困难或挫折,亲朋好友对你伸出过援助之手,事后应考虑送点礼物以表酬谢。

5. 亲友远行

为了祝愿亲友一路顺风,安心离开家人远去外地求学、工作,送上一份礼品以表心意,表示纪念。

6. 拜访做客

当你拜访或做客时,一方面,对打扰对方表示歉意或接受对方款待表示感谢;另一方面,向对方表示自己的问候,往往也要带上一份礼物登门。

三、赠送礼节

(一)礼品要精心包装

礼品的包装就像人的外衣一样,如不加包装就赠送他人,跟人没有穿外衣就去拜访客人一样,是十分不礼貌的。赠送客人的礼品无论轻重都应事先精心包装,精美的包装是礼品的重要组成部分。通过包装,可以直接反映出送礼单位及个人的品位与诚意。尤其是向外国友人赠送礼品时,更要特别注意这一点,如英国人送礼,不论大小,都用光鲜亮丽的礼品盒把礼品装好,还要根据对方的性格和喜好,选择美丽大方或活泼可爱的彩纸将盒子包好,再配上精美丝带、花结和贺卡,这样才算完成礼物的整体包装。日本人则认为礼品的包装同礼品本身一样重要，因此他们很注重礼物的包装，礼品包装在日本是一种精巧的艺术。此外，包装时要考虑不同国家对包装纸的颜色及图案的禁忌，如送美国客人的礼品，包装纸不要用黑色的，因为黑色在美国人眼里是不吉利的颜色；而在日本不能用红色的包装纸，因为日本葬礼讣告是红色的。

(二)考虑与收礼人的关系

在选择礼品时，还要考虑与收礼人的关系，比如对待商务往来的对象与私人交往的对象所送礼品不同。通常，商务人员代表本企业、公司为客商选择礼品时，主要侧重于礼品的精神价值和纪念意义。因此，一些企业、公司自己设计并定制的带有本单位名称的纪念章、纪念物等是与来访客商、业务客户分别时常见的赠品。

在私人交往中，选择礼品的余地可以更宽泛一些，但是仍然要明确赠送礼品的意义仅在于表达自己的真情与友谊。一般情况下，第一次拜访和赠送外地友人礼品，自己家乡特色的礼品是常受他们欢迎的。还有送别友人时所赠送的礼物，其主要意义在于留念，而不在于礼品自身的价格。

(三)赠送的技巧

成功的赠送行为，能够恰到好处地向受赠者表达自己友好、敬重或其他某种特殊的情感，并因此让受赠者产生深刻的印象。

赠送礼品时最好是当面进行，要做到神态自若，举止大方、得体。赠送时要起身站立，面带微笑，目视对方，以双手递出。赠送过程中，绝不可以一只手递交礼品。特别是面对长者、领导时，最好不用单手递交礼品。在当面寒暄之后，要主动与对方热情握手，并向对方解释所赠礼品的寓意。

当对方远在其他城市无法当面赠送礼品时，可以通过邮寄赠送或委托第三人赠送礼品。此时，通常需要随礼品附上一份礼笺，并在上面以非常规范的语句书写上赠送礼品的缘由，最后还要署上赠礼人的姓名。

需要注意的是，礼品不能偷偷摸摸或悄悄地乱塞乱放，好像见不得人一般，悄悄地将礼品置于桌下或房间某个角落的做法，不仅达不到馈赠的目的，甚至会适得其反。赠送礼品时，不能一言不发或者言辞不当。如我国习惯上送礼时谦虚地说，"薄礼！薄礼！""只是一点小意思，不成敬意。"

四、接受馈赠

受赠如果不讲礼节，会伤害赠送者的感情，也会影响自身形象。接受馈赠应注意以下问题。

(一)慎重受赠

公务活动中收受礼品应遵守有关规定。按照规定，国家公务员在国内交往中，不得收受可能影响公正执行公务的礼品馈赠，因各种情况未能拒收的礼品，必须登记上交。

(二)收受有礼

对于那些不违反规定的馈赠，应表现得从容大方，接受礼物时，要双手相接，然后与赠送者握手致谢。收受后礼品不要随手乱扔或丢在一边。应当接受的礼物，一般不应推来推去，忸怩作态，甚至说"你拿回去吧"之类的话。

(三)拒收有方

公务活动中应学会拒收礼物。对于有可能影响公正执行公务的礼物，要坚决拒收。拒收礼品应当场进行，尽量不要事后退还。拒收时，要感谢对方的一番好意，同时说明不能接受的理由。如果当时无法当面退还，可以设法事后退礼，但要说明理由，并致以谢意。

五、送花的礼仪

(一)送花的寓意

送花是当今时尚又实用的一种礼仪形式，所以我们有必要对常见鲜花的寓意有一定的了解，才会做得更得体。鲜花的常见寓意有两种。

一种是通用寓意。这是在世界上为人们所共识、广为沿用的寓意。常用的寓意也称为花语。如：玫瑰、鸡冠花表示爱情，丁香表示初恋，桂花表示光荣，白桑表示智慧，水仙表示尊敬，百合表示纯洁，茶花表示美好，野葡萄表示慈善，紫藤表示欢迎，常春藤表示成婚，等等。我们也可以将几种鲜花搭配在一起表示某种特殊的意义，比如：用常春藤、麦藁、五爪龙组合成的花束送给新婚夫妇，表示相亲相爱，永不分离；用杉枝、香罗勒、胭脂花组合成的花束送给远行的人，表示为你祝福，勿忘我。

另一种是民俗寓意。在不同的风俗习惯里，同一品种的花，但在寓意上根本不同。选送花的时候一定要注意民俗寓意，不能弄巧成拙。比如，中国人喜欢菊花；而在西方，黄菊代表死亡，只能在丧葬活动中使用。中国人赞赏荷花"出淤泥而不染"的性格，并喜欢它；但在日本，荷花却表示死亡。在广东、海南、港澳地区，桃花表示"红火"的意思，而梅花、茉莉和牡丹花却表示"霉运""没利""失业"的意思。

不同的民族，对于花的色彩也有不同的理解，比如在国内，我们都喜爱红色的花，特别是结婚时，送红色的鲜花，才算吉利且得当。而西方人认为把白色鲜花送给新娘，才是最合适的。

不同的地域，对花的数量表示的意义也有所不同。在中国，喜庆活动中送花要送双数，意思是"好事成双"。因为读音，在国内特别是沿海地区，送 4 朵花给别人，必然不受欢迎，因为"4"的发音和"死"相近。而在西方，一般要避免送 13 朵花，因为"13"被视为不吉利的数字。

(二)不同的节日送花的学问

(1) 给老人祝寿，宜送长寿花或万年青，长寿花象征着"健康长寿"，万年青象征着"永葆青春"。

(2) 祝贺友人生日，宜送月季，象征"火红年华，前程似锦"。

(3) 祝贺新婚，宜用玫瑰、百合、郁金香、香雪兰、非洲菊等。

(4) 节日看望亲朋，宜送吉祥草，象征"幸福吉祥"。

(5) 朋友远行，宜送芍药，芍药不仅花朵鲜艳，且含有"难舍难分"之意。

(6) 拜访德高望重的老者，宜送兰花。兰花品质高洁，又有"花中君子"之美称。

(7) 新店开张，公司开业，宜送月季花、紫薇花等，这类花花期长，花朵繁茂，寓意"兴旺发达，财源茂盛"。

(8) 探望病人，不能送整盆的花，易误为久病成根；不能送香味浓的花，易引起咳嗽；不能送太浓艳的花，会刺激病人神经，激发烦躁情绪；山茶花易落蕾，被认为不吉利。绝不可送白色、黄色或黑色的花卉，切勿送剑兰(唐菖蒲)，宜送兰花、水仙、马蹄莲等，或选用病人平时喜欢的品种，有利于病人怡情养性，早日康复。

(9) 母亲节，宜送康乃馨、百合花。

(10) 乔迁新居，宜送可以改善家庭新居污染的花卉或含有"财源广进"寓意的观叶植物，一般以吊兰、常春藤、芦荟、仙人掌、发财树、摇钱树、富贵龙、绿萝、荷兰铁为宜。

(11) 哀悼死者，宜送菊花。

红山茶花	白山茶花	紫罗兰
野葡萄	杜鹃	紫藤
水仙	白菊花	兰花

牡丹　　　　　　　康乃馨　　　　　　　郁金香

百合　　　　　　　玫瑰

【实践练习】

1. 预设情景训练：①宿舍的某一名同学过生日，作为舍友，你们想为他准备一份生日礼物，便聚到一起讨论送什么礼物。请模拟讨论现场，并说出选择礼物的理由。②王玲和李红是好朋友。王玲知道李红平时非常喜欢手提包，出国回来后就为李红买了一个手提包作为礼物。李红当场就打开了包装，并在镜子前试了起来，感谢的同时，对手提包赞不绝口。请两位同学模拟此场景。

2. 创设馈赠场景训练：3～5名同学组成一组，创设各种场景下的送礼和收礼礼仪。

本 章 小 结

本章主要介绍了日常生活和社交场合中的会面礼仪，日常会面时常用的称谓、握手、介绍，以及递、接名片等基本的礼仪规范；在接待、拜访、馈赠等各类活动过程中应适用的礼仪。通过本章的学习，使学生能够认识到日常交往礼仪的重要性，理解并掌握在与他人交往的各类活动中不仅要尊重交往对象，还要恰当地运用好礼仪。

关 键 概 念

称谓礼　握手礼　介绍礼　名片礼　接待　拜访　馈赠

课 堂 讨 论

1. 在社交活动中，握手、介绍是否要注意顺序？为什么？

2. 在哪些情况下应当为他人做介绍？

3. 作为接待活动的主人，你希望你的客人在参加活动的时候是早到、晚到，还是准时到达？为什么？

4. 如何接受礼品才不会失礼?

复习思考题

1. 简述称谓的禁忌。
2. 在社交场合中握手的礼仪有哪些?
3. 简述握手的禁忌。
4. 为他人做介绍时应遵循什么样的顺序?
5. 简述递、接名片的礼仪要求。
6. 接待前要做好哪些方面的准备?
7. 简述拜访时要遵守的礼仪规范。
8. 送礼要把握什么样的时机?

第五章　公共礼仪

学习目标

1. 了解公共场合中应遵守的位次礼仪，明确行进、乘车、会议、宴会等的具体位次排列礼仪；
2. 掌握办公室礼仪；
3. 明确公共生活中应遵循的基本原则；
4. 掌握公共生活和公共场所中的礼仪规范。

学习内容

1. 位次礼仪
2. 办公室礼仪
3. 公共场合礼仪

第一节　位次礼仪

【典型案例】

【指出失礼之处】

某公司的何先生年轻肯干，点子又多，很快引起了总经理的注意，拟将其提拔为营销部经理。为了慎重起见，总经理决定再进行一次考察。恰巧总经理要去省城参加一个商品交易会，需要带两名助手，总经理选择了公关部杜经理和何先生。何先生也很珍惜这次机会，想趁机好好表现一下。

出发前，由于司机小王乘火车先行到省城安排一些事情，尚未回来，他们临时改为搭乘董事长驾驶的轿车一同前往。上车时，何先生很麻利地打开了前车门，坐在驾车的董事长旁边的位置上，董事长看了他一眼，但何先生并没在意。

起程后，董事长驾车很少说话，总经理好像也没有兴致，似乎在闭目养神。为活跃气氛，何先生寻了一个话题："董事长驾车的技术不错，有机会也教教我们，如果都自己会开车，办事效率肯定会更高。"董事长专注地开车，不置可否，其他人均无应，何先生感到没趣，便也不再说话。一路上，除董事长向总经理询问了几件事，总经理简单地作回答后，车内再也无人说话。到省城后，何先生悄悄问杜经理："董事长和总经理好像有点不太高兴啊？"杜经理告诉他原委，他才恍然大悟。

会后从省城返回，车子由司机小王驾驶，杜经理由于还有些事要处理，需在省城多住一天，同车返回的还是四人。这次不能再犯类似的错误了，何先生想。于是，他打开前车门，请总经理上车，总经理坚持要与董事长一起坐在后排，何先生诚恳地说："总经理您如果不坐前面，就是不肯原谅来的时候我的失礼之处。"并坚持让总经理坐在前排才肯上车。

回到公司，同事们知道何先生这次是同董事长、总经理一道出差，猜测着肯定要提拔他，都纷纷向他祝贺。然而，提拔之事却一直没有人提及。

【分析提示】

问题一：去的时候，何先生不应该坐在董事长旁边的副驾驶座上，因为主人或重要人物开车，旁边的副驾驶座是上座，应该留给总经理。这样安排的另一个理由是总经理和董事长谈话更方便。

问题二：返回时由专职司机开车，那么副驾驶座一般来说是不安全的座位，应该是地位低的人来坐，应由小何来坐；后排为上座，应由董事长和总经理来坐，也便于他们交谈，而小何又坐错了。

一、行进中的位次礼仪

行进中的位次就是指人们在步行时的顺序。作为社交人员经常会有接待或拜访任务，也经常会步行到某处洽谈、参观，有时也可能会担任引导者，这就要求相关人员掌握行进中的位次礼仪。在行进过程中，需要注意排列的次序，一般来说，行进礼仪有平面行进礼仪、上下楼梯礼仪、出入电梯礼仪与出入房间礼仪四种。

(一)平面行进时的礼仪

当陪同客人行进时，位次原则是：前者高于后者，内侧高于外侧，中央高于两侧。如果并排行进，陪同人员应该把靠墙一侧让给客人，也就是把方便留给客人。如果客人对环境比较熟悉，应让客人在前行进，以便其选择自己喜欢的方向，当单排行进时，前方高于后方，把选择方向的权利让给地位高的人或客人，这是走路的基本规则。当三人或多人并排行进时，高低的顺序依次是：中央、内侧、外侧。即中间人的身份和地位最高。比如，办公室主任与工作人员接待客人参观，一行三人行走时，客人在中央，办公室主任在内侧，工作人员在外侧。

(二)上下楼梯礼仪

上下楼梯时尽可能地不要并行，并排行进会显得拥挤，甚至阻碍交通。一般上下楼梯都要靠右侧通行，要纵向行进，位次顺序是上楼梯时以前方为上。男女同行时，一般女士优先走在前方。当然也需要注意的是，如果与着短裙装的女士同行，上楼时应该女士居后，下楼梯时后方为上。

(三)出入电梯礼仪

1. 客人先进先出

当陪同客人出入电梯时，应先按电梯呼梯按钮。当电梯到达门打开时，陪同人员应请客人先行进入电梯，一只手要按"开门"按钮，另一只手做出"请"的动作，礼貌地请客人或地位高的人进入电梯。待客人全部进入后，陪同人员最后进入电梯，要站在有按钮的一侧，以便按按钮。当到达所到楼层时，要请客人先出电梯，可以说："××层到了，您先请!"待客人走出电梯后,自己立刻快步走出电梯,并热诚地为其引导行进的方向。电梯的出入原则:客人或长辈先进先出,陪同者后进后出。

2. 电梯内的站立次序

在电梯厢内,陪同人员应靠有按钮的边侧站立,面对或斜对客人,电梯内越靠近里面,越是尊贵的位置。中途有其他客人乘梯时,陪同人员应礼貌问候。在日本,电梯内的位置有"上座""下座"之分。"上座"是电梯按钮一侧最靠后的位置,其次是这个位置的旁边,再次是这个陪同人员的"下座"。

(四)出入房间礼仪

当陪同客人出入房间时,如果门是向内开的,打开后,陪同人员先行推门,一只手按着门把手,请客人进入;出房间时,陪同人员先开门请客人先出。如果门是向外开的,陪同人员打开门后同样单手按住门把手,请客人先入内,然后自己再进去,背对门将门带上,引导来客入座。若室内光线较暗,陪同人员要先进去为客人开灯,然后请客人进入。出房间时,陪同人员要先出去,为客人拉门导引,客人后出门。如双方均为首次到一个陌生房间,陪同人员宜先入房门。

(五)行进时的注意事项

行进过程中,不要与客人相距过近或过远,避免与对方发生身体碰撞,万一发生碰撞,应立即向对方道歉;不要抢步,速度不要太快或太慢,以免妨碍周围人的行进,行走时忌尾随于他人身后,甚至对其窥视、围观或指指点点;表情要自然,可适当为客人做介绍,忌表情冷漠、一言不发。忌与已成年的同性在行走时勾肩搭背,在西方国家,只有同性恋者才会这么做。

乘坐电梯时尽量少说话,因为电梯不是一个私密空间,你所说的任何话都可被周围人听到。如果一定要与同伴聊天或谈工作,也请放低声音,不要打扰其他人员。在电梯小小的空间里还要避免凝视他人。电梯里是绝对禁止吸烟的。

二、乘车的位次礼仪

一般而言,座位的尊卑,以座位的舒适和上下车的方便为考虑的标准。各种车辆的位次,均应该注意依照国际惯例来安排。

(一)乘小车的位次

1. 乘出租车的位次

乘坐出租车时,座位由尊而卑依次应当为后排右座、后排左座、后排中座、副驾驶座,如图 5-1 所示。如果要考虑安全问题,在出租车上后排座位比前排座位要安全很多,最不安全的座位当数前排副驾驶座位,最安全的座位则是后排左座,即司机后面的座位。

图 5-1　乘出租车的位次

2. 乘有专职司机小车的位次

由专职司机驾驶的轿车通常是公务用车，以后座右侧为首位，左侧次之，中间座位再次之，前座右侧位次最低，如图 5-2 所示。接待客人乘坐轿车上下车时，一般情况下让客人先上车后下车。需要注意的是，不同座位尊卑有差异，公务接待时轿车的上座指的是后排右座，也就是司机对角线的位置，因为后排比前排安全，右侧比左侧上下车方便，但高级领导(包括港澳地区的一些专家人士)，不管方向盘在哪一侧，最喜欢坐在司机后座，因为那个位置最安全。公务接待时副驾驶座一般叫随员座，坐秘书、翻译、保镖、警卫、办公室主任或者导引方向者。

图 5-2　乘有专职司机小车的位次

3. 主人开车时的位次

如果是主人亲自驾驶，则以副驾驶座为上座，这既是为了表示对主人尊重，也是为了显示与之同舟共济。座位由尊而卑依次是：副驾驶座、后排右座、后排左座、后排中座，如图 5-3 所示。需要注意的是，当主人亲自驾车时，若一个人乘车，则必须坐在副驾驶座上；若多人乘坐，必须推举一个人坐在副驾驶座上就座，不然就是对主人的失敬。如果是主人开车送友人夫妇，友人的男士应坐在副驾驶，其妻子坐后排座。国际的通例，女宾不坐前座，除非女宾有意坚持。

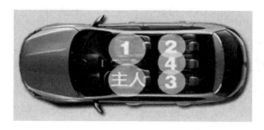

图 5-3　主人开车时的位次

4. 乘六人座商务车的位次

接待小团体所用的六人座商务车日渐普遍，其座位的尊卑，以副驾随位的后座侧门开启处第一排座位为尊，后排座位次之，司机座及副驾位为卑，如图 5-4 所示。越靠近门位置越尊，离门越远位置越卑，这是因为靠近门的位置出入比较方便，所以以离门的位置区分优先级。

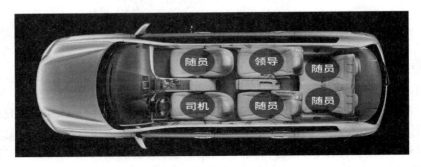

图 5-4　乘六人座商务车的位次

(二)乘大中型车的位次

不论是中型还是大型的巴士，司机座后第一排(即前排)为尊，其座位的尊卑依每排右侧往左侧递减。这还是遵守离开门越近的位置越尊，越远则越卑原则。另外，还依据尊右的原则来依序排列位置。无论是公交车还是观光巴士，都可以依照这类原则来决定位置尊卑，如图 5-5 所示。

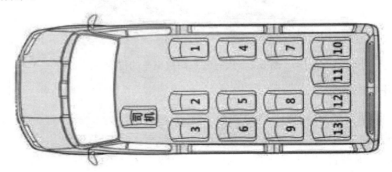

图 5-5　乘大中型车的位次

不论是走路还是搭乘交通工具或电梯，最基本的原则都是：以右为尊、考虑安全、女士优先。行、坐、站、立，一般的位次是前大后小、右大左小。三人以上，中为尊，次为右，再次为左。

(三)乘火车的位次

乘坐火车时，如果火车向北而行，中间是过道，如图 5-6 所示，当乘客没有特殊要求时，那么座位由尊而卑一般依次是靠窗相向而坐的 A、靠窗逆向而坐的 B、靠过道相向而坐的 C、靠过道逆向而坐的 D。当然这种位次礼仪可能因地区、文化和个人习惯而有所不同。总的来说，尊重公共交通的礼仪，确保互相尊重和良好的乘车体验是非常重要的。

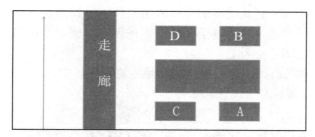

图 5-6　乘火车的位次

三、会议位次礼仪

会议按规模有大型会议、中型会议和小型会议之分，位次排列各不相同。

(一)位次排列的原则

1. 确定主位

主位通常指领导坐的位置，或指会议中最重要的人坐的位置，主位以面向门口、居视野开阔为上。

2. 以右为上

遵循国际惯例，第二位以主位右侧为上，也就是说，第二位通常在主位的右侧。

3. 居中为上，前排为上

无论大小会议，三人以上一同就座开会，坐在前排的人在位次上高于后排的人，坐在中间的人在位次上高于两侧的人。

4. 面门为上

按照礼仪惯例，面对正门者是上座，背对正门者是下座。

5. 以远为上

通常是以远离房门为上，靠里的位置为上座，离门最近的位置为下座。

(二)大型会议位次的排列

大型会议一般是指与会者众多、规模较大的会议。它的最大特点是，会场上应分设主席台与群众席。前者必须认真排座，后者的座次则可排可不排。

1. 主席台的位次排列

大型会场的主席台，一般应面对会场主入口。在主席台上的就座之人，通常应当与在群众席上的就座之人呈面对面之势。在每一名成员面前的桌上，均应放置双向的桌签。

主席台位次，具体又可以分为主席团的位次、主持人座席和发言席。

(1) 主席台的位次排列

主席台是指在主席台上正式就座的全体人员。按国际惯例，主席台的位次原则是：前排高于后排，中央高于两侧，右侧高于左侧。但按国内惯例，会议的位次排列是左侧高于右侧，即以左为尊，也就是左为上，右为下。

当主席台人数为单数时，主席台位次排列是主要领导居中，2 号领导在 1 号领导左手位置，3 号领导在 1 号领导右手位置，如图 5-7 所示。

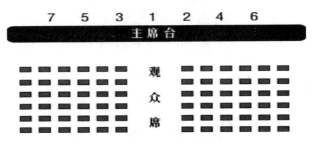

图 5-7   主席台为单数的位次

当主席台人数为双数时，1、2 号领导同时居中，2 号领导依然在 1 号领导左手位置，3 号领导依然在 1 号领导右手位置，如图 5-8 所示。

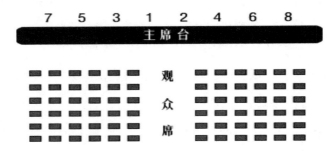

图 5-8   主席台为双数的位次

当主席台人数为多排时，前排高于后排，具体位次如图 5-9 所示。

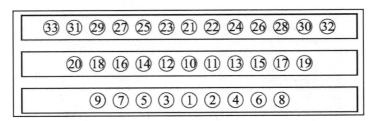

图 5-9   主席台为多排的位次

(2) 主持人座席

会议主持人通常于前排的右侧就座，或者居于前排正中央。

(3) 发言席

在正式会议上，发言者不宜就座于原处发言。发言席的常规位置一般在主席团的正前方或主席台的右前方。

2. 群众席的位次排列

在大型商务会议上，主席台之下的一切座席均称为群众席。群众席的具体排座方式有以下几种。

(1) 自由式择座

即不进行统一安排，而由大家自行择位而坐。

(2) 按单位就座

即与会者在群众席上按单位、部门或者地位、行业就座。它的具体依据，既可以是与会单位、部门的汉字笔画的多少、汉语拼音字母的排序前后，也可以是平时约定俗成的序列。按单位就座时，若分为前后排，一般以前排为高，以后排为低；若分为不同楼层，则楼层越高，排序越低。

(三)小型会议

小型会议一般是指参加者较少、规模不大的会议。它的主要特征是全体与会者均应排座，不设立专用的主席台。目前，小型会议的排座主要有如下几种具体形式。

(1) 面门设座

面门设座一般以面对正门之位为会议主席座，其他的与会者可以在其两侧自由地依次就座，如图 5-10 所示。其中，A 为上座，其次为 B、C、D。

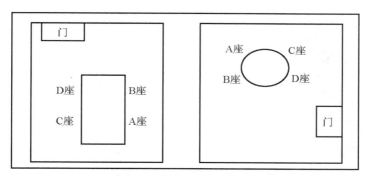

图 5-10 小型会议的位次

(2) 依景设座

依景设座是指会议主席的具体位置不必面对会议室正门，而是应当背依会议室之内的主要景致之所在，如字画、讲台等，其他与会者的排座则如前文所述。

(3) 自由择座

自由择座是指不排定固定的具体座次，而由全体与会者完全自由地选择座位就座。

(4) 会谈横桌式

当宾主双方横桌式会谈时，客方面门而坐，主方背门而坐，位次如图 5-11 所示。

(5) 会谈竖桌式

当宾主双方竖桌式会谈时，一般客方在门的右侧而坐，主方在门的左侧而坐，位次如图 5-12 所示。

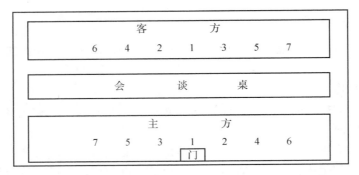

图 5-11　横桌式会谈位次

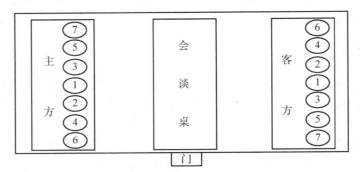

图 5-12　竖桌式会谈位次

四、宴会位次礼仪

(一)中餐

1. 桌次排列

在中餐宴请活动中，往往采用圆桌布置菜肴、酒水。排列圆桌的尊卑次序，有以下几种情况。

(1) 由两桌组成的小型宴请

这种情况又可以分为两桌横排和两桌竖排的形式。当两桌横排时，桌次是以右为尊，以左为卑。这里所说的右和左，是由面对正门的位置来确定的，如图 5-13 所示。当两桌竖排时，桌次讲究以远为上，以近为下。这里所讲的远近，是以距离正门的远近而言，如图 5-14 所示。

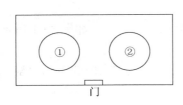

图 5-13　两桌横排桌次

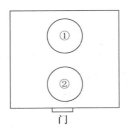

图 5-14　两桌竖排桌次

(2) 三桌或三桌以上的宴请

在安排多桌宴请的桌次时，除了要注意"面门定位""以右为尊""以远为上"等原则外，还应兼顾其他各桌距离主桌的远近。通常，距离主桌越近，桌次越高；距离主桌越远，桌次越低，如图 5-15、图 5-16 所示。

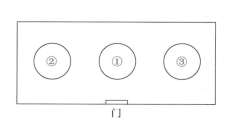

图 5-15　三桌横排桌次

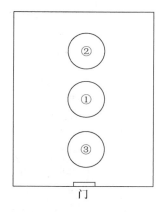

图 5-16　三桌竖排桌次

(3) 多桌中餐宴会

一般采取"中心第一，先右后左，高近低远"的原则，也就是距离主桌越近，位次越高；距离主桌越远，位次越低，如图 5-17、图 5-18 所示。

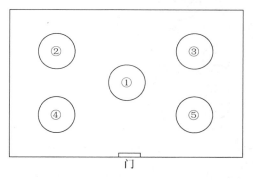

图 5-17　五桌宴会桌次

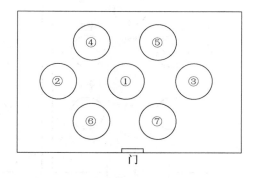

图 5-18　七桌宴会桌次

在安排多桌桌次时，所用餐桌的大小、形状要基本一致。除主桌可以略大外，其他餐桌都不要过大或过小，如图 5-19 所示。

为了确保在宴请时赴宴者及时、准确地找到自己所在的桌次，可以在请柬上注明对方所在的桌次，在宴会厅入口悬挂宴会桌次排列示意图，安排引位员引导来宾按桌就座，或者在每张餐桌上摆放桌次牌(用阿拉伯数字书写)。

2. 位次排列

宴请时，每张餐桌上的具体位次也有主次尊卑之分。排列位次的基本方法有四种，它们往往会同时发挥作用。

方法一，主人面对正门而坐，并在主桌就座。

方法二，举行多桌宴请时，每桌都要有一位主桌主人的代表就座。位置一般和主桌主人同向，有时也可以面向主桌主人，如图 5-20 所示。

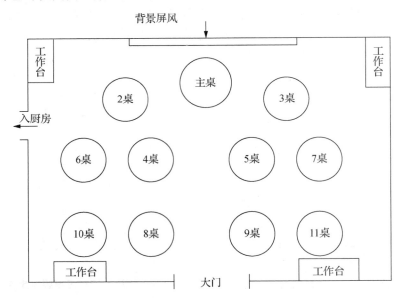

图 5-19　多桌宴会桌次

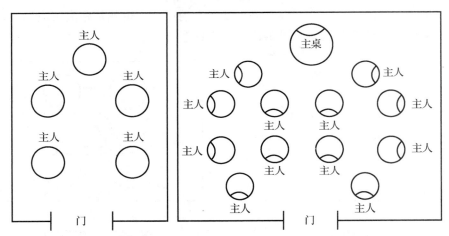

图 5-20　主人的位置

方法三，各桌位次的尊卑，应根据距离该桌主人的远近而定，以近为上，以远为下。

方法四，各桌距离该桌主人相同的位次，讲究以右为尊，即以该桌主人面向为准，右为尊，左为卑。

根据上面四种位次的排列方法，圆桌位次的具体排列可以分为两种情况，它们都和主位有关。

(1) 每桌一个主位的排列方法

这种排列的特点是每桌只有一位主人，主宾在主人的右手侧就座，每桌只有一个谈话中心，如图 5-21 所示。

(2) 每桌两个主位的排列方法

这种排列的特点是主人夫妇在同一桌就座，以男主人为第一主人，女主人为第二主人，主宾和主宾夫人分别在男女主人右侧就座。每桌从而客观上形成了两个谈话中心，如图 5-22 所示。

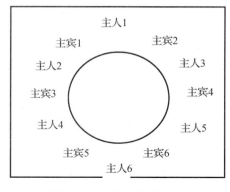

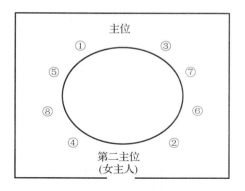

图 5-21　一个主位的座次　　　　　　图 5-22　两个主位的座次

如果主宾身份高于主人，为表示尊重，也可以安排在主人位子上坐，而请主人坐在主宾的位子上。

为了便于来宾准确无误地在自己位次上就座，除招待人员和主人要及时加以引导指示外，应在每位来宾所属座次正前方的桌面上事先放置醒目的有个人姓名的座位卡。举行涉外宴请时，座位卡应以中、英文两种文字书写。我国的惯例是，中文在上，英文在下。必要时，座位卡的两面都要书写用餐者的姓名。

排列便餐的席位时，如果需要进行桌次的排列，可以参照宴请时桌次的排列进行。位次的排列，可以遵循以下四个原则。

一是右高左低原则。两人一同并排就座，通常以右为上座，以左为下座。这是因为中餐上菜时多以顺时针方向为上菜方向，居右坐的人因此要比居左坐的人优先受到照顾。

二是中座为尊原则。三人一同就座用餐，坐在中间的人在位次上高于两侧的人。

三是面门为上原则。用餐的时候，按照礼仪惯例，面对正门者是上座，背对正门者是下座。

四是特殊原则。在高档餐厅里，室内外往往有优美的景致或高雅的演出供用餐者欣赏，这时候，观赏角度最好的座位是上座。在某些中低档餐馆用餐时，通常以靠墙的位置为上座，靠过道的位置为下座。

(二)西餐的位次

1. 西餐位次排列的规则

西餐的位置排列与中餐有相当大的区别，中餐大多使用圆桌，而西餐一般使用长桌。排列西餐的位次，一般应依照一些约定俗成、人所共知的原则进行。

比如男女二人同去餐厅，男士应请女士坐在自己的右边，还得注意不可让她坐在人来人往的过道边。若只有一个靠墙的位置，应请女士就座，男士坐在她的对面。如果是两对夫妻就餐，夫人们应坐在靠墙的位置上，先生则坐在各自夫人的对面。如果两位男士陪同一位女士进餐，女士应坐在两位男士的中间。如果两位同性进餐，那么靠墙的位置应让给其中的年长者。西餐还有个规矩，即：每个人入座或离座，均应从座椅的左侧进出。举行正式宴会时，座席排列按国际惯例：桌次的高低依距离主桌位置的远近而定，且右高左低，桌次多时应摆上桌次牌，同一桌上席位的高低也是依距离主人座位的远近而定。西方习俗是男女交叉安排，即使是夫妻也是如此。了解了以下基本原则，就可以轻而易举地处理位次排列问题。

（1）女士优先

在西餐礼仪中，女士处处备受尊重。在排定用餐位次时，主位一般应请女主人就座，而男主人则须退居第二主位。

（2）恭敬主宾

在西餐礼仪中，主宾极受尊重。即使用餐的来宾之中有人在地位、身份、年纪方面高于主宾，但主宾仍是主人关注的中心。在排定位次时，应请男、女主宾分别紧靠着女主人和男主人就座，以便进一步受到照顾。

（3）以右为尊

在排定位次时，以右为尊依旧是基本原则。就某一特定位置而言，其右侧之位理应高于其左侧之位。例如，应安排男主宾坐在女主人右侧，女主宾坐在男主人右侧。

（4）距离定位

一般来说，西餐桌上位次的尊卑，往往与其距离主位的远近密切相关。在通常情况下，跟主位近的位子高于距主位远的位子。

（5）面门为上

面门为上，又叫迎门为上。它指的是面对餐厅正门的位置，通常在位次上要高于背对餐厅正门的位置。

（6）交叉排列

正式一些的西餐宴会，一向被视为交际场合，因此，在排列位次时，要遵守交叉排列的原则。依这一原则，应男女交叉排列，生人与熟人交叉排列。某一用餐者的对面和两侧往往是异性，而且还可能与其不熟悉。

这样排列最大的好处是可以广交朋友。不过，这也要求用餐者最好是双数，并且男女人数各半。

2. 位次排列

西餐的餐桌一般是长条桌，其位次的排列方法有两种。

方法一：男女主人在长桌中央对面而坐，如图 5-23 所示。主人与主宾也可以分别坐在长桌中央对面，如图 5-24 所示。

图 5-23 西餐男女主人相对而坐的位次

图 5-24 西餐主人与主宾相对而坐的位次

方法二：男女主人分别就座于长桌两端，如图 5-25 所示。

图 5-25　男女主人分别就座于长桌两端的位次

(三)西餐宴会的台型

西餐宴会的台型除了最常见、最正规的长条桌外，还会将长条桌拼成其他形状的台型，比如有"T""山""E""U""V"等字形的台型，如图 5-26 所示。

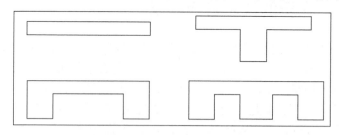

图 5-26　西餐宴会的台型

【实践练习】

1. 预设情景训练：

某单位副总经理、销售部经理和两名销售员前往某地，以乘轿车为例，分别将人员安排在合适的座位上。

2. 创设情景训练：①以小组为单位，以召开小型会议为例，分别将人员定位角色，按职务、年龄等进行座次安排的练习；②以小组为单位，分别将人员进行职务、年龄等角色定位，为中餐宴会安排好相应的座次。

第二节　办公室礼仪

【典型案例】

【指出失礼之处】

在某公司的午休时间，小王和小李坐在办公室里的休息区聊天。他们开始谈论起同事小张的私事，包括小张的家庭背景、个人感情以及一些未经证实的小道消息。这些话题原本应该属于个人隐私范畴，但小王和小李却毫不在意地大声谈论，甚至带着一些调侃和嘲笑的语气。

不久，这些言论传到了小张的耳朵里，他感到非常愤怒和受伤。他觉得自己被背叛了，因为这些话题是他从未公开分享过的，而小王和小李却毫无顾忌地谈论它们。这导致小张与小王和小李之间的关系变得紧张，甚至影响了整个团队的氛围。

【分析提示】

首先，小王和小李随便谈论小张的私事，这明显侵犯了小张的隐私权。个人隐私应该得到尊重和保护，不应该成为办公室闲聊的话题。其次，小王和小李在谈论小张的私事时，使用了调侃和嘲笑的语气，这种不负责任的言论很容易伤害他人的感情，破坏团队氛围。最后，作为职场人士，应该具备基本的职业素养，包括尊重他人、保持专业态度等。小王和小李的随便谈论行为显然缺乏这些职业素养。

办公室礼仪最能体现一个人是否具备良好的素质和个人修养，因为办公室是日常工作的地方，同事们在这里朝夕相处，很多礼仪需要我们去注意，良好的礼仪不仅能树立个人和组织的良好形象，也关系到一个人的前程和事业发展。

一、办公室工作人员的仪表言行礼仪

在办公室遵守最起码的仪表举止礼仪，不仅是对同事的尊重，更是每个人为人处世、内涵修养的最直接表现。在日常工作中，人际关系是否融洽非常重要。同事之间报以微笑，就能体现友好、热情与温暖，大家就会和谐相处。工作人员在言谈举止、衣着打扮、表情动作上，都可以体现出他是否拥有健康的心理素质。现在仍有很多职场新人对这些礼仪并不了解或并不放在心上，从而忽略了其人生历程中本应知道、了解和做到的一些细节。

(一)仪表端庄，仪容整洁

在办公室工作，服饰要与工作环境协调，以体现整洁、利落和精明强干为宜。一般来说，男士最适宜着正装，如穿白衬衣，黑、灰、蓝三色的西服套装，扎领带。衬衣的下摆一定要扎入裤腰里，应穿深色的皮鞋，服装必须干净、平整，不应穿花衬衣、拖鞋、运动服上班。不留胡须，不留长发，头发梳得美观大方，才能衬托出本人良好的精神状态和对工作的责任感。

女士的正装一般是西服套裙或连衣裙，穿透明的长筒丝袜，袜口不能露在裙口下，不宜穿有破洞的袜子。不宜穿凉鞋、旅游鞋，应穿皮鞋。衣服颜色不要太鲜艳、花哨。上班不宜穿太露、太紧、太透、太短的服装，不能穿奇装异服，休闲装、运动装、牛仔装等也不适合在上班时穿。上班时佩戴的首饰要适当，符合规范。发型以保守为佳，不能太新潮。最好化淡妆，以体现女性端庄、文雅、自尊自重的形象。

(二)举止优雅，表情自然

办公室工作人员良好的站、坐、走姿及目光表情，都能折射出一个人良好的文化素养、较强的业务能力和工作责任心，同时也体现了企业的管理水平。

在办公室里对上司和同事们都要讲究礼貌。上班时与同事、领导微笑问好，下班微笑道别。

待人接物、邀请致谢都应有真诚的微笑。微笑是一种无声的语言，它是对他人的宽容和友善的表现，是稳重成熟的表现。微笑也是自信、真诚、自尊、魅力的体现。行为举止应稳重、自然、大方，有风度。走路时身体挺直、步速适中、稳重、抬头挺胸，给人留下正直、积极、自信的印象。不要风风火火、慌慌张张，让人感到你缺乏工作能力。坐姿要优美、腰直、头正，不要趴在桌子上，歪靠在椅子上。有人来访时，应点头或鞠躬致意，不能不理不睬。工作期间不要与同事打闹，这样有失体面，不要手舞足蹈，过于做作，要给人留下正直、积极的印象。

(三)讲究谈吐，真诚典雅

办公室是工作和交际场所，而交谈当然是必不可少的事，讲究谈吐的礼节，是办公室工作人员必须具备的素质之一。中国有句俗话："良言一句三冬暖，恶语伤人六月寒。"这就是说，同样是说话，但说话的效果却大不相同。语言有好坏之分，美丑之别，由此可见，礼貌的谈吐，不仅能使交往对象获得精神上、心理上的快感，也有助于缩短彼此的距离，调节交往双方的关系。

办公室工作人员的谈吐要真诚，真诚的谈吐，可以使人感到信赖；谈吐规范典雅，能让对方满意；谈吐委婉，不仅能婉转、完整地表达自己的意思，还能使对方感到你是在为他着想，或感到合情合理，使对方乐于接受；谈吐要谦和适度，过分谦和，会使人感到过分狂热和肉麻，有时还会丧失自己的身份甚至人格；谈吐要有风度，谈吐风度是指一个人内在气质的言语表现，是一个人涵养的外化。此外，在办公室还要注意以下问题。

1. 一般不要谈薪金等问题

在美国、日本等国家一般最忌讳谈论薪金问题，因为在很多公司里，每一个人的工作不一样，得到的报酬也不一样，当一些人的薪水让别人感到待遇不公时，容易引起一些麻烦。

2. 不要谈私人生活和反映你个人不愉快的消极话题

不要谈论你的私人问题，也不要在办公室讨论你遇到的不好的事情和现在的不好的心情，因为这会影响别人的情绪，或者让别人对你有不好的看法。不要将自己的私人生活全部暴露在同事的面前，保留一点神秘感对你是有好处的，让人认为你是一个有魅力的人，一个能处理好自己生活的人。因为一个连自己的生活都处理不好的人是没有可能将公司的重任担当起来的。如果不注意这类问题，不但会影响你的形象，也会影响你的前途。

3. 不要评论别人

在办公室里最忌讳的是谈论别人的是非，中国有句古话："静坐常思己过，闲谈莫论人非。"当有人在评论别人时，你不要插嘴，也不要充当谣言的传播者。

4. 在谈论时，注意别人的反应

在谈论时不要滔滔不绝，而要观察别人的反应来决定谈话是不是继续进行。当别人对你所谈论的话题不感兴趣时，就应该转向别的话题。否则，这样的谈话，就会成为大家的负担，而不是一种快乐。

(四)恪守职责，高效稳妥

公司职员应树立敬业爱岗的精神，努力使自己干一行、爱一行、钻一行，以饱满的工作热情、高度的工作责任心，开创性地干好自己的工作。工作中一丝不苟，精益求精，讲究效率，减少差错，按时、按质、按量完成每一项工作，领导交给任务时，应愉快接受，做好记录，确保准确，然后认真办理，及时汇报。恪尽职守，严守机密。

二、办公室环境礼仪

当人走进办公区的时候情绪是积极的、稳定的，他就会很快进入工作角色，不仅工作效率高，而且质量好；反之，如果人的情绪低落，他的工作效率就低，质量差。如果办公区整洁、明亮，工作环境舒适，可使员工产生积极的情绪且充满活力，工作卓有成效。

随着现代化进程的加快，人们办公的"硬件"水平逐渐提高，办公环境也在不断改善，人们的工作效率也在相应地提高。

(一)办公室桌面环境

办公室的桌椅及其他办公设施，都需要保持干净、整齐。心理状态的好坏，必然在几案或其他方面体现出来。

从办公桌的情况可以看到桌子主人的状态，会整理自己桌面的人，做起事来肯定也很利索。为了更有效地完成工作，桌面上只摆放目前正在进行的工作文件；在休息前应做好下一项工作的准备；用餐或去洗手间暂时离开座位时，应将文件覆盖起来；下班后的桌面上只能摆放计算机，而文件或资料应该收放在抽屉或文件柜中。

有的公司已废弃掉了个人的专用办公桌，而使用共享的大型办公桌，为了下一位使用者，对共享的办公桌应更加爱惜。

(二)办公室工作人员心理环境

"硬件"环境的改善仅仅是提高工作效率的一个方面，而更为重要的往往是"软件"条件，即办公室工作人员的综合素质。这个观点正在被越来越多的白领们所接受。

办公室内的"软件"建设是需要在心理卫生方面下一番功夫的。因为"精神污染"从某种意义上说要比大气、光、噪声的污染更为严重，它会打击人们工作的积极性，从而影响工作效率与质量。因此，需要不断提高员工的心理卫生水平，应从以下几个方面努力：学会选择适当的心理调节方式，使工作人员不被"精神污染"；领导应主动关心员工，及时发现员工的情绪变化，根据工作情况，采取放"情绪假"的办法；工作之余多组织一些文娱体育活动，既丰富文化生活，又宣泄不良情绪；有条件的可以建立员工心理档案，并定期组织心理检查，这样可以避免员工产生严重心理问题；经常组织一些"健心活动"，使工作人员能够经常保持积极向上、稳定的情绪，掌握协调与控制情绪的技巧及方式。

三、在办公室与人相处的礼仪

(一)与上司相处的礼仪

1. 与上司单独相处时

大部分职员及年轻主管都害怕与上司单独相处，事实上，这既是一个挑战，也是一个机会，应好好把握住。可利用这个机会让上司加深对你的了解，增加对你的信任。如果上司好像很心烦，一直专心深思的话，最好不要打扰他。假如对方答非所问，则表示他不想说话。有时上司会主动问一些问题，此时下属回答的语气应简洁而诚恳。选择谈话的主题时，下属应视上司之意决定谈私事还是谈公事，身为下属不但要诚恳有礼，而且要细心地了解上司的问题重点所在，双方谈话才能有礼而愉快。

2. 上司接听私人电话时

遇到上司接听私人电话时，尽量回避，可以替上司关上办公室的门。

3. 上司生病时

一般在上司生病时，除打电话慰问外，可以带水果、鲜花或营养品亲自到医院或家中拜访慰问，尽管有时上司会因为探望的人多影响休息而有点厌烦，但对上司健康善意的关心符合中国人的礼仪。在欧美国家强调个人隐私和私人生活空间的神圣不可侵犯，不随便去医院或到家里探望生病的上司。

如你与上司相当熟悉，可以打电话，简短地表达希望他早日康复的慰问之意，相信只要一通电话他就会很高兴。此外，除非他问及公事，否则千万不要唠唠叨叨地对他诉说他住院以后公司所发生的一切事情。若是问及也只需简单告诉他："公司一切都很正常，只是我们都很想念您，大家都希望您早日康复。"打电话时应长话短说、简短扼要，由于病人很虚弱，如谈话太久会使病人感到不舒服。

4. 遇到棘手的问题时

遇到棘手的问题应首先去见你的顶头上司，不要越级去见别的上司。如果遇到上司无法处理的问题，则可以去见相关的部门主管领导，请求帮助解决问题。

(二)与下属相处的礼仪

对待每一位下属都应该和蔼可亲，上司的威信不是建立在蛮横态度上的，而是建立在你对别人的友好与尊重上。上司的权利是大家给予的，因此，尊重下属就是尊重你的权利。上司可以适当地称赞鼓励下属，这是获得他们工作上的配合的重要方法。不要因为自己的过失而去责怪别人，要勇于承担责任。在批评别人时要注意就事论事，不要凸显自己的优越地位。要培养自己的优良风度，不论是着装还是其他方面，都要体现以身作则的态度，不要让一些生活细节丑化了自己的形象。

(三)与男女同事相处的礼仪

在办公室里最难把握的是男女同事之间相处的"度"。尤其是年轻的女毕业生，处理与男同事、男上司的关系更不容易：过分亲热则会影响你的形象，打打闹闹会让人感觉不庄重；拒人于千里之外，又会使人产生独特清高、孤芳自赏的印象，给人瞧不起人的感觉。要注意保持空间距离，身体不要靠得太近；动作表示不要过于亲昵，不打打闹闹；语言交流时要注意用词恰当，要随和，不要过于随便。

四、到别人办公室的礼仪

(一)提前预约，准时赴约

即使是在同一个办公楼里办公，在见面之前，也一定要提前预约，而且要准时赴约，如果见面的是比你的职位更高的同事，那就更不能迟到了。如果约好在某人的办公室会面，而那人不在屋里，一般你就不宜再进去。如果没有等候室的话，可在门外等候。进办公室之前先敲门，即使门开着也要敲门，等他示意后，再进屋。如果对方正在打电话，可在门外等一会儿或过一会儿再来。

(二)遵守同事的办公室规则

有关客人拜访的规则同样适用于同事。在别人的办公室里，要等人示意后才能入座。如果有电话打断了你们的谈话，应该通过手势示意是否回避。不要把文件、茶杯等随意放在桌子上，那是他人的领地，应先征得同意，比如说，"我把茶杯放这儿行吗？"同样，需主人同意后才能挪动椅子，并在离开前放回原处。

如果确实需要使用某人的办公室或设备，应事先征得主人同意。如果主人同意了，给了你这项特权，也不可滥用。不要乱翻抽屉文件，不要偷看桌上的文件。如果用了别人的东西，应及时完璧归赵，并向主人致谢。如果用坏别人的办公工具，应该向人家说明，并主动修理或买一个新的。

(三)及时离开

在到别人办公室拜访时，无论是否达到拜访的目的，都不要停留过久，到了该走的时间就要离开，因为停留过久会影响被拜访人的工作。

五、办公室内的注意事项

(一)不要随便打电话

有些公司规定办公时间不能随便拨打私人电话，一般在外国公司里用公司电话长时间地、经常性地打私人电话是不允许的。在办公室里打私人电话，难免会被人听到。即使公司允许用公用电话谈私事，也应该尽量收敛一些，不要在电话里说个没完，这样让人感觉不舒服，也有损你的敬业形象。有的办公室里人很多，要是听到有人在打私人电话，最好是当作没有听见。

(二)要守时

上班时要按时报到，遵守午餐、上下班时间，不迟到早退，否则会给别人留下一个懒散、没有时间观念的印象。另外，一般不能在上班时间随便出去办私事。

(三)不诿过

如果有些小的事情办错了，当上司询问起来时，若这事与自己有关，你也可以直接替大家解释或道歉；如果是自己做错了事，更要勇于承担责任，绝不可以诿过于别人。

(四)主动帮助别人

当看到同事有需要帮忙的事情，一定要热心地帮助解决。在任何一个工作单位里，热心助人的人都是有好人缘的。

(五)不要随便打扰别人

当你已经将手头的活儿干完时，一定不要打扰别人，不要与没有干完活的人交谈，这样做是不礼貌的。

(六)爱惜办公室公共用品

办公室的公共用品是公用的，不要随便把它拿回家去，也不要浪费公共用品。

(七)中午午睡关好门

许多人有中午午睡的习惯，午睡休息时要关好门。当你有急事必须进出门时，记住每次进出门后必须带上门。不要因为怕有关门声而将门半开或虚掩着，这样不礼貌，因为关好门能给午睡者安全感，其心里更踏实，关门声的吵扰相对可以忍受。

【实践练习】

1. 预设情景练习：在一个能同时容纳十多人的办公室，有同级，有下属，模拟与同事相处的礼仪。
2. 创设情景练习：遇到一个棘手问题，向你的领导去请教如何处理。

第三节 公共场合礼仪

【典型案例】

【指出失礼之处】

在一次公开演讲上，企业家张先生作为主讲嘉宾，正在向在场的数百名听众分享他的创业经验和人生哲学。演讲现场秩序井然，听众们都在认真聆听。当张先生讲到关键部分时，一位名叫李华的听众突然站起，大声打断他的发言，声称张先生的观点有误，并要求与他辩论。李华的行为引起了在场听众的不满，但他并未在意，继续大声表达自己的观点，甚至用手指指着张先生进行指责。

【分析提示】

李华的行为严重违反了公共场合的礼仪和规则，擅自打断演讲，不尊重他人，不仅影响了演讲的正常进行，也损害了听众的权益。李华虽然表达了自己的观点，但方式过于激烈和不礼貌，所以在公共场合应该懂得尊重他人。表达观点时，应该选择适当的方式和时机，避免过于激烈和不礼貌的行为。这样我们才可以共同营造一个和谐、文明的社会环境。

公共场合的礼仪简称公共礼仪，是指人们在公共场合约定俗成的表示尊重、维护和谐的规范与准则。公共场合的礼仪是社会公德的体现，是使用频率最高的礼仪。

公共交通工具、商场、影院、图书馆、学术报告厅、博物馆、体育馆、医院等场所，是供社会成员出行、娱乐、生活的场所，也是我们通常所说的公共场所。

公共场合礼仪体现了社会公德，是人类文明程度的体现。在社会交往中，良好的公共礼仪可以使人际之间的交往更为顺畅，形成和谐的人际关系，为社会公众创造一个高质量的生活环境。

一、公共场合礼仪的原则

(一)遵守秩序、文明礼貌

公共礼仪维持了公共生活的最基本秩序，而公共秩序是社会公众的最低要求和需要，没有了秩序，公共的权利就无法保障，利益就要蒙受损失。

(二)仪表整洁、讲究卫生

讲究仪表和形体礼仪，也是讲究社会公德的表现。仪表整洁，不仅是对自己的尊重，也是对他人的尊重。如果服装不洁，则会给人不愉快的感觉。在公共场所衣冠不整，不讲卫生，不仅影响他人的正常情绪，也是个人没有修养，缺乏审美情趣的反映。

讲究卫生，包括个人卫生和公共卫生两方面。这既是个人身体健康的需要，也是对社会环境应有的关心和责任。讲究个人卫生，就要注意个人清洁卫生，每天洗脸刷牙，勤洗澡换衣。讲究公共卫生，就要不随地吐痰，不乱扔果皮、纸屑等。

(三)尊老爱幼、礼让妇女

尊老爱幼是我们中华民族的优良传统。人到老年，身体虚弱；小孩尚未成年，身心还未成熟，以此而言，老人和小孩在公共场所中更应该得到关心和照顾。

评价一位男士是否具有男子汉气概和绅士风度，其首要标准是看他是否尊老爱幼，是否遵循"女士优先"原则。女士优先原则，可以体现在男女交往的每一处场合。例如，走路时，同行男士应走靠外一侧，女士则走贴近建筑物一侧。上楼梯时，女士走在前面，男士走在后面；下楼梯时，则相反。男士和女士一同上车时，男士应上前几步，为女士打开车门；下车时，男士应先下来，为女士拉开车门。

二、公共生活礼仪

(一)行路

人们在上班下班、办事购物、假日休息时总要行路。道路是最基本的公众场合，一个人单独行路的机会也比较多，所以能不能自觉地讲究行路的规则，尤其能反映一个人修养水准的高低。

1. 遵守交通规则

道路上机动车、人力车、三轮车、自行车和行人南来北往，车水马龙，十分繁忙，因而必须遵守交通规则。步行要走人行道，横过马路要走人行横道，骑车要走慢车道，拐弯要伸手示意，不超速、不带人、不并行。行路时，不要左顾右盼、摇头晃脑。男士要彬彬有礼，注意风度。在热闹拥挤的地方走路，尽量不要几个人并肩而行，以免阻碍交通或妨碍他人。遇到车辆安全礼让，严禁闯红灯，听从交通警察的指挥。这样不仅可以保证交通的畅通，使大家能顺利地通过，同时也保证了人身安全。

在人行道上行走，女士或长者应走在右侧，男士或年轻者行于外侧。若一位男士与两位或两位以上的女士同行，男士应走在最外侧；若两位男士与一位女士同行，女士应走在中间。若夫妇两人陪长辈外出，则丈夫走在外侧，长辈居中，妻子走在内侧。在人多的街道上行走，最好保持一定的速度，不能挡住后人的去路。不要在行进中大吃大喝，吃东西最好在室内，或在销售点吃完再走。行路时，遇到意外的车祸、病人或其他意外事件，不能围观起哄，要协助有关工作人员。

2. 保持环境卫生

保持环境卫生是人类健康生活的需要，讲究公共卫生是每一个人应当具备的基本公德。不要在道路上随地吐痰，乱抛杂物。自觉地尊重环卫工人的辛勤劳动。出门一定带上面巾纸或小手绢，有痰要吐在面巾纸或手绢上，随地吐痰既不卫生，也会影响市容，搞不好还会因此同别人发生口角、摩擦。我们应当自觉养成讲究公共卫生的文明美德。

3. 礼貌待人

在路上，与年老人相遇，要主动让路。遇到妇女、儿童，不要拥挤。遇到路人摔倒，要上前扶一扶。别人掉了东西，看到了要招呼他一下。到人多拥挤的地方，要自觉依次而过，三人以上同行，不要并行，不要嬉笑打闹；不在道路上停下来长谈，影响交通。碰了别人或踩了别人要及时说声"对不起"；别人碰了自己，踩了自己，不必过分计较，必须说一下的，可以礼貌而委婉地说一声"请你注意一下"。初到一地问路时，应先礼貌地与他人打招呼，不论对方能否解决你的问题，都应致谢；有人向你问路时，应热情指点，无法回答时应表示歉意。在街上遇到熟人，要主动打招呼，互相问候；同马路对面的朋友打招呼，只要点头致意就可以了；如遇到久别的老朋友需多谈几句，应引至路边。遇到蛮不讲理的人，不要与之纠缠，尽早摆脱，必须讲清的，也不可以大声争吵，那样有失身份。常言说："有理不在声高。"始终保持理智而冷静的态度，就不致造成更大的不愉快。

(二)乘车

上下班、假日游玩、探亲访友,免不了要乘车。乘车时,不论人多人少,都应当遵守公共秩序,讲文明礼貌。

1. 乘公共汽车

(1) 依次上车

在车站候车时,要依次自觉排队。上车后,应向车厢内移动,不要堵在门口,以免妨碍后面的乘客上车。

(2) 主动购票

距离售票员较远时,应有礼貌地招呼或请人传递。坐无人售票车时,要准备好零钱,主动投币或刷卡、扫码。

(3) 互谅互让

在车上遇到老、弱、病、残、孕者,有座位的年轻乘客应主动让座。当他人给自己让座时,要立即表示感谢。如车上乘客较多,不慎碰撞了他人,应主动赔礼致歉;当被他人碰撞时,应表现出高姿态而谅解。

(4) 注意卫生

不要在车厢内吸烟,不随地吐痰,不将瓜皮果核之类的东西随地乱扔,更不能扔出车窗外。若与亲友一起乘车,则下车时男士或年轻者先下,再帮助女士或年长者下车。

2. 乘轿车

主人陪客人乘同一辆轿车,应帮助客人上下车。首先打开轿车右侧车门,并以手指示车篷上框,提醒客人注意。等客人坐好后,关上门,主人才可以从左侧开门上车。

若同亲友乘同一辆车,应请女士和长辈先上车,并为之开、关车门。抵达目的地时,主人应先下车,并绕过去为亲友打开车门,以手挡住车门上框,协助下车。

3. 乘火车

随着这些年我国铁路尤其是高铁的快速发展,火车已成为便利舒适又准时快速的交通工具,因此许多人在外出的时候,都会选择火车作为交通工具。乘坐火车时应注意下列事项。

(1) 不要携带太多行李

火车车厢的空间不大,大件的行李可以托运,但要提早抵达车站交运,以免没有足够的时间搬运,造成遗失。随身携带的行李必须包扎捆牢,不要堆放在走道上,妨碍他人通行,应该放置在自己座位对应的行李架上。特别是乘坐上下铺时,更应注意不要因为行李问题引起纠纷。

(2) 对号入座

长途旅行会在火车车厢中过夜,应对老、弱、妇、孺礼让,火车车厢有不同的等级,不得越级或占位,应该依照所购的座次坐卧,不可随便更换座位,或者强占他人的位置。

(3) 车厢内部秩序

火车车厢为密闭空间,与人交谈应注意音量。乘坐时间长,旅客间互相聊天解闷是很自然的，但是如果邻座乘客正在阅读或休息，则应该避免与之喋喋不休。应该控制谈话音量，以不妨碍他人的休息为原则。如携带幼童，则应该限制其随意奔跑或大声喧哗。

(4) 手机使用规则

火车车厢为公共场所，手机应设为振动模式，不要干扰别的乘客。应答电话时，也要轻声细语，不要讲得让全车厢都听到。

(5) 车上用餐礼仪

用餐时，应该尽量在自己座位上用餐，食物应堆放整齐，餐具用毕要收拾干净。如果要去餐车用餐，用餐时间不宜过久。如果使用餐盒，则使用完毕后应该包扎放好，不可污染环境。

(6) 卫生间的使用

使用卫生间，要多为他人着想，不宜久占，使用后要保持清洁，以利他人使用。无论火车还是其他公共场所，使用卫生间时均应该关门，大人、小孩都不可以敞门如厕。进入卫生间前，必须确定无人方可进入。等候时如果人多，必须排成一列循序进入，不可争先恐后。

(7) 乘坐及上下火车的礼仪

乘坐及上下火车时，如果是团体行动，必须遵守行进礼仪，如果有老、弱、妇、孺，应该礼让，并且协助其上下火车。

(三)乘飞机

往来世界各国的国际航班是最能展现国际礼仪的地方，从出发前的订票、确认机位、行李托运、办理登机手续、安检、候机、登机、就座、机上用餐、洗手间的使用，以及下飞机时的注意事项和应遵守的礼仪，都是大家需要重视的。

(1) 提早登机

国内线是在飞机起飞前一个半小时，国际线是在飞机起飞前两小时开始办理登机手续，旅客最好提早到达，以免时间仓促。办理登机手续时，要将欲托运的行李过磅，除了美国外，其他国家都是头等舱可以带 40 公斤，经济舱可以带 20 公斤，超重部分须付相当昂贵的运费，故行李以简单为宜。

(2) 避免携带大量现金

目前，随着支付方式的变化，国内携带现金的现象越来越少，但出国仍需要携带现金。现金虽然比较方便使用，可一旦被窃、被抢损失重大。因此旅行时勿携带太多现金，且不要放在同一个地方。兑换旅行支票或以信用卡付款是较理想的做法。

(3) 飞行安全管制

出于安全考虑，航空公司于航班起飞前会清舱，确定旅客名单，因此乘客在出发前要主动确认机位，防止机位被取消。要特别注意，剪刀、小刀、尖锐铁器、指甲刀、饮料不可放在随身背包里。

(4) 入境乘客须知

入境时需缴入境记录卡的国家，通常在飞机上空服员就会把它发给旅客填写，最好在下飞机前就填妥，从姓名到发照日期为止的各项，只要按照护照上的记录填写，就不会发生错误。入境卡上的签名需要由本人书写，不可由旅行社或他人代签。

(5) 对号入座

进入机舱后，如不知座位在何处，可将位卡交给空服员，勿争先恐后。如同行者无法毗邻而坐，应请空服员代为协调，勿未经同意就坐在别人的位置上。

(6) 行李安置妥当

空服员会协助旅客将行李放置妥当，小背包要放在行李置物柜中，小件物品要放好，免得行李柜打开时物品掉落。手提包可放在椅座下方，勿占用走道。如果有婴儿或是幼童同行，通常会安排在前面第一排的位置。

(7) 安全注意事项

飞机起飞前要收好脚踏板及桌面，将椅背扶正，并系好安全带。乘务员会先示范救生衣的使用方法，并且提醒乘客将椅背竖直，将安全带扣紧。起飞前所有人员都必须就座定位，直到安全灯的指示显示可以打开安全带为止。机舱内禁止使用手机及电子通信器材，因为这些器材会干扰机上设备。如需要空服员服务，请按服务铃，不要大呼小叫，或碰触空服员身体。空服员受过各种专业训练，掌握常规的急救方法，如有身体不适或是特殊医疗需求，可以商请其协助。遇到重大干扰气流的时候，也要听从空服员的指示行动。

(8) 机上用餐礼仪

用餐时，将椅背竖直，并将前座背后的小桌放下来，方便服务人员将盘放上。用餐时间，不要在座位间进出行动。椅背若要倾倒，应向后座的人知会一声，以免给他人造成不便。用餐期间，无论个人是否需要用餐，均应将椅背竖直，以便后座其他乘客可以顺利用餐。

(9) 卫生间的使用

上卫生间应注意门上的标示，若为 OCCUPIED，表示正在使用中；若为 VACANT，则表示无人，可以入内，并记得将门锁上，使用后要按 FLUSH 键冲水。机舱走道及卫生间内禁止吸烟。卫生间若有多人等候，应按照排队次序进行，不可争先恐后。洗好手后，要将洗水槽四周擦干，以便他人使用。

(10) 购买免税商品

购买免税商品时，请勿离开座位争相抢购，应等空服员推着货品车靠近时再告知购买物品。离开座位时，如需经过其他乘客，应先打声招呼。下飞机以前，将耳机交还空服员，毛毯稍微整理后搁在椅座上。

(四)乘电梯

首先，注意安全，当电梯关门时，不要扒门或强行挤入。当电梯超载时，不要心存侥幸，非进去不可。

其次，要讲究出门次序，等候电梯时，应站在电梯门两侧，不要妨碍电梯内的人出来。电梯门打开时，应先等里面的人出来后再依次进入。如果是自动电梯，则应让老人、小孩及女士先行进入，年轻者及男士应站在电梯按钮旁提供服务。与不相识者同乘电梯，出来时应由外而里依次而出。

再次，进入电梯后，主动告诉服务人员自己要到达的楼层；如果是自动电梯，应在入电梯时按一下要到达楼层的相应按钮，较为拥挤时，可请人帮忙。

电梯内保持安静，不要大声讲话，更不能在电梯内吸烟、随地吐痰等，同时，站立时应面向电梯门，避免和陌生人尤其是异性面对面站立。

(五)驾车

随着人们生活水平的不断提高，越来越多的家庭拥有了私家车，很多人都十分钟情于汽车驾驶，驾驶车辆外出已不再是为了谋生，而是为了提高自己的生活质量和工作效率。在驾车时，每个驾驶者都必须牢记出行有礼，礼让"三先"：先慢、先让、先停，切忌忘乎所以、目中无人。在驾车技术、安全驾车、礼让他人等方面，均要努力做好。驾驶礼仪体现在喇叭、灯光的使用，过斑马线，停靠等几个方面。

1. 喇叭

喇叭就如同学校的铃声一样，不同的声音代表不同的意思。因此，要正确使用喇叭，不要故意利用喇叭搞恶作剧。下面是几种喇叭打法所代表的意思。

(1) 一声短"嘀"表示打招呼，如"谢谢！""你好！""我先走了！"用于别人在路口礼让你，在停车场里看到熟人、门口的保安给你敬礼等场合。如果别人看见你的话，可以用扬一下手代替。

(2) 两声短"嘀嘀"，表示提醒他人——"注意，后面有车来了！"

(3) 一短一长"嘀""嘀"，表示紧急提醒别人"有危险！"

(4) 一声长"嘀——"，表示催促前面的人让路或大呼"挡着路了，危险！"

2. 灯光

(1) 汽车的灯光有两种功能，一种是照明，另一种是装饰。汽车各部位的灯光都有不同的用途，使用很讲究，既不可乱用，又不可不用，它的使用礼仪直接关乎行车的安全。

(2) 信号灯通常包括两种：转向灯(双闪)和刹车灯。正确使用信号灯对安全行车很重要。转向灯是在车辆转向时开启，断续闪亮，以提示前后左右的车辆和行人注意。转向灯的开启时间要掌握好，应在距转弯路口 100 米左右时打开。如果开得过早，会给后面车辆造成"忘关转向灯"的错觉；如果开得过晚，又可能会使后面尾随车辆、行人毫无思想准备。刹车灯一般亮度较高，使用刹车灯是用来告知后面的车，前面的车要减速或停车，让后面的车做好心理准备。此灯如果使用不当，极易造成追尾事故。

夜行示宽灯又称"小灯"。小灯是用来显示车身宽度和长度的，保证了晚上行驶的安全。有很多驾车者都认为"小灯"几乎不起任何作用，因此对小灯的运用不够重视。

夜行照明灯又称"大灯"。合理使用大灯应做到会车时变成近光，会车后及时变回远光，以扩大驾驶员的视野范围，弥补会车时造成的视线不清。通过交叉路口或进行超车时应以变换远近光来提示。正确使用大灯的同时，更要用小灯予以配合。

3. 过斑马线

在驾驶途中，遇到红灯时，应该在斑马线外减速，最后停在斑马线一米之外。不能脚放在刹车上准备刹车，直到最后贴着行人才停下来。这样的行为对行人来说是极度不礼貌的，并且也容易造成不必要的麻烦。

4. 停靠

生活中有很多驾驶者都没有正确的驾驶意识，主要表现在随走随停。行人走路时可以左顾右盼，可以到处去寻找道路；自行车和行人一样，也可以随时停下问路。因为这两种情况占用道路少，不会妨碍交通。但是，汽车却不同，其体积庞大，停下后，后面的车要绕过，至少会影响两条车道。因此，随意地停靠车子是非常不道德的。

(六)购物

在商场、便利店中，顾客与营业员互相尊重、互相体谅是双方文明相处的前提。到商店购物，要尊重营业员的劳动，体谅营业员的辛苦，尽量少麻烦营业员，使用文明礼貌语言。

买东西时，可以先自行看准样式、颜色、质量、价格等，合适了再咨询营业员，看不清、拿不准的可以先问一下。如果不合适，或者只是想看看，则不必麻烦营业员了。呼唤营业员时，语气要平和，不要用命令式口气高声呼叫。少年儿童对青年以上的营业员可以称阿姨、叔叔，对年龄大的营业员可称师傅。当营业员正忙碌时，要耐心等待一下，不要急不可待地高声叫喊，指手画脚。

挑选商品时，不要过分挑剔，对易污、易损商品要轻拿轻放，万一污损了，就应当买下来或者赔偿。挑选后不满意时，把商品放回，要说一声"劳驾了"；挑选多次时，可以说一声"对不起！给你添麻烦了"。

对于挑选好的商品可以放在购物车里，然后到收银处排队结账。

网购是当前非常流行的一种购物方式，它不受时间、地点的限制，人们尤其是年轻人基本以这种方式购买自己需要的物品。在价格上，网购通常比实体店购物更为便宜。由于网络可获取的信息更多，还可以货比三家，从而挑选出性价比更高的产品。但网购只能通过图片、视频来观察产品，感官性不强，会造成购买到的产品与消费者自身对产品的期望产生偏差而不满，从而退货率也比较高。

网购时一定要注意以下几点操作安全。

(1) 到知名的电商平台网购，不到陌生的网站购物，严防钓鱼网站。

(2) 慎扫可疑二维码。不少二维码链接木马病毒的下载地址，扫描后手机会自动下载和安装，且在后台终端运行，窃取用户信息。

(3) 使用支付宝、微信支付，拒绝在任何其他不熟悉链接的网站付款，当然消费者也可以选择货到付款。

(4) 网购注意保留凭证，尤其是聊天记录、交易记录，截屏交易网页。一旦出现纠纷，及时向工商部门投诉举报。

(七)排队

排队是多人办事时分清先来后到的最好方法。在日常生活中，人们无论办理公事还是私事都会经常遇到排队的情况，此时应该遵守必要的礼仪规范。

1. 主动排队

应该养成排队的良好习惯，不可破坏排队秩序，起哄或拥挤。

2. 遵守顺序

在排队时应该讲究先来后到，礼让尊长，自己不可以插队，也不可以让自己的熟人插队。

3. 保持距离

排队时，与前后左右的人应保持一定的距离，以尊重其隐私，切不可相互贴得过紧。

(八)看电影

到电影院看电影时，观众应当在温馨舒适的环境中观赏，每位观众都应当遵守电影院里的公共秩序，讲究文明礼貌。

(1) 在售票处购票时要排队，不要插队，也不宜请人代买。

(2) 进电影院要提前几分钟到场，主动出示票据，并对号入座。看电影迟到了，可请服务员引导入座，行走时脚步要轻，姿势要低，不要在过道上停留，以免影响他人。入座时身体要下俯，要向所经过的观众道歉，说一声："对不起。"如果别人坐错了你的位子，要轻声和蔼地再请他验看一下座号，不要引起争执。必要时可以请服务员帮助解决。遇到熟人，不要大声打招呼，也不要挤过去交谈，点一下头，打一个手势就可以了。

(3) 观看电影时，不要吸烟，尽量不吃带皮带核的东西，不随地吐痰，不乱扔杂物，不高声说话。要注意脱下帽子，身体不要左右摇晃，两腿不要抖动，更不要脱鞋子，让别人讨厌。观看已经看过的电影，不要在下边讲解、介绍、评论；热恋中的青年，应当自重，注意端庄，在公共场合过分亲昵，是不文明的。看电影不要在情节紧张、热烈时离场。离座时，要轻声地说"对不起""劳驾""借光"等，压低身体，轻步退场。

(九)看球赛

球赛是一项竞争激烈的体育活动，看球是一种健康有益的活动。比赛过程中高潮迭起的场面，揪着每一位观众的心；球员们高超的技艺，教练员临场斗志，给观众带来满足和享受；球员们勇敢顽强的斗志和良好的体育作风，使观众从中受到鼓舞和教育。

1. 入场

观看球赛虽不像到剧场那样需要刻意修饰仪表，但也应当服装整洁。入场应先排队购票，有秩序地进场，如果迟到，应当尽量不影响其他观众。从别人身前经过时要礼貌地请他"借光"。碰到别人时应说声"对不起"。

2. 观看

入座后，要遵守赛场秩序，不抽烟，不吃带皮带核的食物，不乱扔纸屑杂物。观看比赛要对双方的精彩表演加油叫好，适时恰当的叫好声可以使运动员受到鼓舞，发挥更高的水平。叫好加油声要适度，疯狂的叫喊，使人感到刺耳，显得粗俗。运动员失手或裁判员误判了，不要起哄、吹口哨，更不应该喊叫带污辱性的语言。

对领先一方的精彩表演，要以热烈的掌声给以激励，使他们发挥得更好。落后的一方，一时情绪调动不起来，动作迟缓，反应呆板，原有水平发挥不出来，这时更需要观众给他们加油鼓励。热情洋溢的鼓励声，会使他们头脑清醒，振奋精神，很快进入良好的竞技状态，赛出自己的风格，使比赛更激烈、精彩，观众获得更大的满足。相反，如果对落后一方进行嘲笑奚落，"嘘"声不止，则会使他们一蹶不振，看这样的比赛便不会得到什么享受。

激烈的球赛最容易调动人的情绪，这时观众不大容易控制自己，但这也是最能反映一个人的文明礼貌程度的时刻。具有高度道德修养的人，善于在这个时候冷静地控制自己，特别是在大型国际比赛场上，观众的表现反映着一个国家的文明状况。我们应当表现出"礼仪之邦"的风度，不要在球场上表现出有失国格、人格的行为，让人讥笑。

比赛结束，对双方的表演应报以热烈的掌声，表示谢意。自己一方胜了，不要得意忘形，手舞足蹈。自己一方败了，也不要埋怨球员、教练，不要冷嘲热讽，甚至出言不逊。

3. 退场

比赛结束离开座位时，不要争先恐后，特别是在人流涌向出口时，更不要向前拥挤，应随着人流缓缓而出。出场后不要围观球员，球员的车辆从身旁通过时，要让开通路，为表示友好可以招手致意。

(十)探望病人

探望、慰问病人是一种礼节行为，由于情况特殊，所以更需要注意方式方法，交谈得当会使病人心神快慰，消除忧虑，有利于早日恢复健康；稍有不当，哪怕一句话、一个眼神，也会给病人带来不良影响。

1. 探视前了解情况

到医院探视病人以前，要做一些准备，可向其家属、友人了解一下病人的病情和心情、饮食和休息情况，以及家里的情况等，以便到病房后，有针对性地做些安慰。去医院时，可以带些病人需要的东西，如书籍、食品、鲜花等，了解医院允许探视的时间，换上清洁的服装，女士这时不应该浓妆艳抹，服装也不应鲜艳刺目。

2. 探望中用安慰的话语

进医院，要遵守医院规定，按时间要求入内和离开。

进病房要先轻轻敲一下门，或轻轻开门进去。到病床前，先把礼物放下，见到病人，要同平常一样自然、平静。面带微笑，主动上前握手，不宜握手时，可探身表示慰问。见到病人治疗用的针头、皮管、纱布、绷带要表现出平静的样子，切不可表现出惊讶的神态，不然病人会增加精神压力。在条件允许的情况下，可坐在病人身旁或拿一把椅子坐下。

坐下后，要亲切目视病人，先问一声"今天好些了吧？"或"今天精神不错"，然后再关切地询问病人病情和治疗情况。交谈中，要让病人介绍情况，自己不要滔滔不绝地唠叨。多讲些慰问、开导和鼓励的话，用乐观向上的语言给病人以精神上的鼓励，不要提及刺激病人的话题，多讲些愉快的事，使病人得到宽慰和快乐。要帮助病人增强战胜疾病的信心，鼓励病人积极配合医生治疗，不要再为工作、家事操心。

3. 适时告辞

探望病人的时间不宜过长，十分钟左右即可起身告辞，问一下病人有什么需要帮助的，有什么事要帮办理的。离开前再嘱咐病人安心治疗，有条件的可表示过两天再来看望。

如果是危重病人，则不应做交谈，只是探视，简单而深情地安慰、鼓励，再向病人的亲属致意以后，就可告辞；不便当着病人的面交谈的，可在其亲属送到门外时再谈，以免引起病人疑虑，加重病情。

三、公共场所礼仪

在各类公共场所，必须注重礼仪规范，维护公共场所的气氛，遵守公共场所的秩序。

(一)图书馆礼仪

图书馆是人类智慧的宝库，也是学习和交流知识、获取信息的场所。读者在图书馆学习应衣着整洁，进入前应自觉关手机，不能穿背心、拖鞋，要自觉遵守图书馆的规章制度，爱护图书馆的设施，保持环境安静和清洁卫生，严禁吸烟。

读者在图书馆学习要讲文明，讲礼貌，不要抢占座位，为自己或为他人画地盘。图书馆是公共学习场所，有空位人皆可坐，但欲坐在别人旁边的空位时，应有礼貌地询问其旁边是否有人。

在图书馆借还图书、进行微机检索、课题查询、复印，在语音室听录音，在影像室看录像时，要按顺序排队。在图书馆，特别是在阅览室，走路要轻，最好不要穿钉铁跟的皮鞋。入座和起座要轻，翻书也要轻。交谈时，应轻声细语；若需长时间讨论，应到室外交谈。

在图书馆学习和阅览图书、报刊时，应自觉爱护图书馆的图书、报刊。阅览时不在图书、报刊上涂画或在图书、报刊上开"天窗"。查阅资料时，若遇到自己解决不了的问题，可以有礼貌地向图书馆咨询人员请教。

(二)参加学术报告会礼仪

参加学术报告会应衣着整洁、美观大方，准时入场、进出有序，依照会议安排落座。具体来说，要注意以下几点。

1. 遵守纪律，准时有序

参加会议，每个人都要有较强的时间观念，应提前几分钟到达会议地点，保证集会准时开始。不能拖拖拉拉，延误集会的时间和影响会议的气氛。入场时，不要勾肩搭背、大声谈笑、东张西望或寻人打招呼。必要时要在最短的时间内整好队列，并以较快的速度进入会场。入场后要在指定地点入座。如事先没有安排座位，要听从会议组织者的安排，迅速就座，秩序井然。不要挤占位置好的座位，更不要坐贵宾席。会议结束后，应让贵宾及师长先离开会场，然后再按次序退场，切忌一哄而散。

2. 尊重他人，端坐静听

报告人未入场前，与会者应端坐恭候报告人。当报告人出现在主席台上时，全场应立即安静下来，并报以热烈的掌声，这是一种基本的礼貌。这种礼貌是对报告人的尊重和鼓励，报告人也会因此把报告做得更好。

会议中，听众要端坐静听，不要交头接耳，窃窃私语，不要看手机、吃零食、打瞌睡、东张西望，否则会影响报告人的情绪，也会干扰他人听报告。

在一般情况下，不要随意离开会场，如有特殊原因需离场，也应悄悄离场，以减少对报告人和听众的干扰。借故离场、扬长而去都是对报告人的不尊重，是一种极不礼貌的行为。对报告中的精彩部分可以鼓掌，以表示赞同和钦佩。报告结束时，为表谢意应报以热烈鼓掌。如果报告人离席先走，则应再一次鼓掌表示欢送。

此外，对报告中的某些观点不同意，或由于报告中的引例和数据不够准确而有不同看法时，与会者应采取正确而礼貌的方式予以处理，或通过向报告人递条子的办法指出报告中的某些欠妥之处；或会议结束后，向会议组织者提出意见。当场在下面议论、喊叫或当面责问，都是极不礼貌的行为。

3. 提问发言，注意礼貌

要求发言先举手。会议是有组织、有秩序的，如果发言要先举手，得到主持人的同意后，方可发言。要认真听别人的发言，在别人发言时，不要做出无所谓或不耐烦的样子，不要随便插话，更不能强行打断别人的讲话。假如不同意发言人的观点，在他没有讲完之前，既不要立即反驳，也不要和周围的人议论，扰乱会场纪律，更不能公然露出鄙夷的神色或拂袖而去。

发言要有观点，以理服人。发言不管是阐述自己的看法，还是反驳别人的论点，都应该注意观点明确，论据充分，以理服人。对不同的意见，不要乱扣帽子、乱打棍子，切忌出言不逊、恶语伤人。别人批评自己的观点或对自己的观点提出不同看法时，应虚心听取，要让别人把话说完，不要急躁，不要说出有损别人人格的话，而应互相切磋，求同存异。

(三)参观博物馆和美术馆礼仪

博物馆和美术馆是高雅的场所，人们前去参观可以增长自己的知识和提高自己的艺术修养，因而在这种场所更要讲礼仪。

进博物馆和美术馆要将大衣、帽子及旅游携带的杂物存放在衣帽间。不要戴着帽子或食品杂物进入展览厅，一边参观一边吃零食是不文明的举止，可到休息室去吸烟、喝饮料、吃东西。

展览厅内要保持安静和良好的学术气氛，对讲解员的解说要专心倾听，遇到有不懂的地方或问题，可向他请教，当然也不要问个没完没了，惹他人生厌。参观时不要对展品妄加评论。如果你很欣赏某件作品，在不妨碍他人的情况下可以多观赏一会儿；如果别人停住欣赏某件展品，而你不得不从他前面越过时，一定要说声"对不起"。

参观时要爱护展品，不要用手抚摸，以免损坏展品；注意不要让孩子不小心碰坏展品或展厅内的设施。博物馆和美术馆为了保护展品及维护自身的权益，一般都禁止参观者摄影，允许照相的，也禁止使用闪光灯，因此参观时要注意遵守有关规定。

(四)参加展览会礼仪

1. 要提高自己展位的访问率

应注意做到两点：一是事先向可能来参加的单位和个人发出邀请函，并注明有礼物发放，这样被参观的概率就会很高；二是参展单位应突出自己展位的新颖性，在展板的设计、产品的摆放等外观设计上要力求完美无缺，要既整齐美观又讲究主次，布置上要在主题突出的基础上吸引观众的注意力。

2. 要更好地传播信息

在展览会上向观众直接散发有关资料，资料要印刷精美、图文并茂、内容丰富，并且注明参展单位的主要联络方式，如电话、传真、邮政编码、通信地址、E-mail 地址，等等。说明材料与单位名片应常备于展台之上，由观众自取。

3. 参展单位工作人员的礼仪

(1) 统一着装，佩戴胸卡

在展览会上工作的人员应当统一着装，最佳的选择是身穿本单位的制服，或者是穿深色的西装、套裙。全体工作人员除礼仪小姐外，都应佩戴标明本人单位、职务、姓名和有本人彩照的胸卡。

(2) 礼貌待人，维护形象

全体工作人员应当规范站立，迎客时要注意礼貌待人。当观众走进自己的展位时，都要面含微笑主动地向对方说："您好！欢迎光临！""请您参观"，并且做到不迟到、不早退、不无故离岗串岗。在任何情况下工作人员均不得对观众恶语相加或讥讽嘲弄。对于极个别不守展览会规则而乱摸、乱动、乱拿展品的观众，仍需以礼相劝，必要时可请保安人员协助，但不容许对观众擅自动粗，进行打骂、扣留或者非法搜身。

(3) 训练有素，熟悉产品

解说人员要训练有素，熟悉有关单位和产品的基本情况，熟悉有关资料，在解说的时候能够应对自如。

(4) 灵活机动，引导参观

当观众在本单位的展位上进行参观时，工作人员工作要灵活，既不干扰观众，又能够引导观众进行参观。

(5) 待人真诚，热情告别

当观众离去时，工作人员应当真诚地向对方欠身施礼，并道"谢谢光临"，或是"再见！"

(五)公共娱乐场所礼仪

1. 公园礼仪

公园是人们休息、娱乐的公共场所，无论春夏秋冬，许多离退休老人都会来到公园活动和锻炼。白天，游园者来到公园观光赏景；黄昏时分，忙碌了一天的人们在公园的草径上漫步，借此消除精神疲劳；夜幕降临，一对对正处于热恋之中的情侣相会在公园的花前椅上，倾吐衷肠。每逢周末或节假日，一些家庭全家出动，去公园尽情享受和体会大自然的美。不少学生周末或节假日也来到公园僻静处看书学习。公园更是少年儿童的乐园。

每位在公园里活动和游玩的游客，都应当自觉保持公园的卫生和宁静。在公园内不要随手乱扔果皮、纸屑、饮料瓶罐，也不要高声喧哗、嬉笑打闹。利用双休日在公园游玩、野餐，离开时不要忘了将废弃物收拾干净。

游客还应自觉遵守公园的规章制度，爱护公园的花草树木和娱乐设施，不能攀树折枝、掐花摘果、践踏草坪。不要在文物古迹上刻画、书写自己的名字，到处涂抹自己的名字，只会在其他游园者心目中留下不好的印象。

游客在公园里游玩和活动，同样要讲风格，讲礼让，讲互助。白天，游客不要躺在公园的长椅上睡觉；夜晚，不要打扰人家谈情说爱。在景点拍照时，若需要请别人帮忙，应礼貌地说出来，请别人帮忙拍照后，别忘了道谢。

不少公园里配备了儿童游乐设施，如小滑梯、小转马、小秋千等，这是专供孩子们玩耍的。成年人可以在旁边观看孩子们玩耍，但不要抢占为儿童专设的游乐设施。例如，公园专门为孩子们准备的小秋千，有些成年人却坐在上面长时间不下来，让孩子们排着长队，眼巴巴地等着。这样做不仅伤了孩子们的心，也极容易损坏这些儿童专用设施。

2. 剧院礼仪

歌剧、芭蕾舞剧院的礼仪与戏院礼仪略有差异。首先，开演后迟到者要等到幕间休息时才能进场，这期间只能在场外的闭路电视中看演出。其次，应等歌声结束、精彩唱段结束或舞蹈结束时鼓掌。演出中途，一般不鼓掌，以免打断精彩演出的连贯性。要尊重演员的艺术创造。马克思认为："需要赞扬和崇拜是艺术家的天性。"观众的掌声是对演员的最好赞扬，会使演员受到激励，发挥出更佳水平，使观众得到更好的艺术享受。演出中出现差错失误，不应"嘘嘘"起哄，在适当的时机给以更热烈的掌声，这掌声体现了对演员的体谅，是对演员的爱护。演员在经常听不到掌声的剧院演出，就可能失去信心，失去进取精神。因此，在我们观剧时，对精彩的表演要经常报以热烈的掌声，表达对演员的尊重和激励。

演出结束时，要起立站在原位，热烈鼓掌，感谢全体演职人员的艺术创造和辛勤劳动。中途没有非常情况，不要离场，必须离开时，要等幕间。演出片段后的鼓掌，也应视情况而定，应尽快止息，以免打断或影响后面的演出。有一年，意大利著名歌唱家帕瓦罗蒂来京演出，在演出大厅里，掌声和欢呼声甚至压倒了艺术家雄厚的嗓音。演出自始至终，观众无不站立，挥动手中节目单，这虽表示了观众的热情，但这种观赏方式也显得有些过火。在观赏传统的歌剧、芭蕾节目时，应考虑到这些传统艺术需要典雅的环境。这与看现代爵士乐、摇滚乐队的表演，可以吹口哨、发怪声，演员激动的情绪与疯狂观众配合的环境是截然不同的。

3. 戏院礼仪

戏院的规模比较大，座位多，常分正厅、花楼、包厢，有的还有顶楼。入场券分多种价格，一般前排较贵，后排便宜；包厢较贵，顶楼最便宜。戏票可以去戏院或戏票代售处购买，也可以用电话订票或网上购票。

看戏时的服饰没有严格的规定，但衣着要整洁、得体，一般票价高的座位上的观众衣着要更讲究、华丽一些。

进入戏院时，要尽可能不出声地走到自己的座位上去，即使戏未开演也要这样做。千万不要吵吵嚷嚷，前呼后拥地闯入，以免引起其他观众的反感。看戏时也要安静，不要充内行地给别人介绍剧情，或对演员的表演妄加评价，不要打扰他人看戏。看戏时也不要打瞌睡、打哈欠，如不感兴趣可在幕间休息时间离开。幕间一般有 10 分钟到 15 分钟休息时间，可利用休息时间喝饮料，到休息室休息或去卫生间。台上的戏演到一幕结束时，观众应鼓掌，当戏唱到精彩处时，台下观众可以叫好喝彩。

4. 音乐会礼仪

西方人士把出席音乐会视为一件高雅而庄重的事，因而出席音乐会的服饰很讲究，男士西装革履、打领带，女士则要穿上礼服并化妆。衣冠不整进入音乐会场，必定会令人侧目。

听众均应于音乐会开始前入座。一旦演奏开始，听众就将被禁止入内，而只能在门外静听，等候中场休息时方可入内。音乐会上不允许中途退场。

音乐会上要保持肃静。观众来到音乐厅入口处，则应停止说话，脚步放轻，任何惊动场内观众的言行都是失礼的。在音乐会上不许交谈、打呵欠，也不宜咳嗽和翻动节目说明书。

每支乐曲演奏完毕，听众应以掌声向演奏者致谢。但一曲未了或乐章之间不应鼓掌。否则就如同中途打断别人的讲话一样，只会显示出自己的无知。如果某人或某组器乐演奏特别精彩，观众经久不息的掌声要求他再来一曲是可以的，但不宜连续多次。

演出结束后可向演奏者献花，但在音乐会演出中途登台献花是不适宜的。演出结束后，听众应在座位上停留片刻，不要急于退场，待演奏者谢幕时，全场应起立鼓掌，以示尊敬，然后方可有秩序地退场。

5. 歌舞厅的礼仪

现如今歌舞厅出现在大街小巷，商业企业晚上开展业务性应酬活动的地点多选择轻松自在的歌舞厅。在歌舞厅应注意的礼仪：一是服饰上可更艳丽，化妆可采用浓妆；二是男士应尽可能多邀请同去的女士跳舞；三是对于客人的邀请，不管是否会跳，都应表现出乐于陪同，礼貌迎合；四是点歌或选择舞曲时，应征求客人的意见；五是对演员和服务员要用语文明、举止得体；六是在客人尽兴时，及时结束玩乐。

(六)体育运动场所礼仪

1. 观看体育比赛的礼仪

观看体育比赛要注意以下礼仪。

(1) 衣着

体育场所中的衣着一般是非正式的，以穿着适时、舒适为主，尤其是秋冬季的室外赛场，优先考虑的应是保暖。在室内体育馆里，坐在包厢里的观众通常比坐在看台上的观众要穿得正式，如果着运动装，也要求整洁大方。

(2) 入座

应准时到场，以免入座时打扰别人。观看比赛时，不能因情绪激动而用脚踩着座位看。

(3) 遵守秩序

观看体育比赛时要注意讲文明。可以在比赛中为喜爱、支持的运动员和运动队欢呼呐喊，但不要辱骂另一队，以免和另一队的支持观众发生争执，或被警察"保护"出场，更不要因不满赛况而向比赛场中投掷杂物，攻击裁判等。

(4) 照顾他人

和在其他公共场所一样，比赛期间不要频繁进进出出地买饮料、上洗手间等，以免影响其他观众。啦啦队、球迷队的欢呼助威也要照顾他人的观看体验。

(5) 退场

如果有要事，可悄悄离去。若等到赛完才离去，就要按顺序退场，不要互相拥挤，以免人多发生意外。

2. 观赏体育表演赛的礼仪

体育明星的表演赛通常云集国内外诸多高手，他们技艺超群，因而比赛颇为精彩，更容易调动人的情绪。观赏表演赛应注意以下几点。

(1) 着装

观看体育表演赛同样是没有特殊的服饰要求，但在看一些国际性的表演赛时，应比看一般比赛要注意打扮，工作装、沙滩装和奇装异服一般是不适宜的。

(2) 入场

注意车辆要在指定地点存放，按时入场，不要在人群拥挤的入场处逗留，进场后尽快找到座位坐下。由于体育明星的表演赛入场券比较难买，如果想在入场口等退票，注意不要妨碍他人入场，不可纠缠他人。

(3) 文明观赏

观看表演赛时要鼓励运动员的表演，随着比赛高潮的出现，看台上的气氛也会热烈起来，可以鼓掌和文雅地加以赞扬，有时运动员表现反常，没有发挥应有的水平，也要予以热情鼓励，不能吹口哨、怪叫，甚至喊带侮辱性的话。在观看国际性的表演赛时，要注意表现出大国的胸怀，坚持"友谊第一，比赛第二"。

(4) 退场

表演赛结束同看比赛一样要按秩序退场。但要注意退场时不要尾随、堵截体育明星和名人，不要拦住明星的汽车或纠缠明星签字留念。

3. 参加群众性体育活动的礼仪

目前我国群众性体育活动项目繁多，无论是正式比赛项目还是非正式比赛项目，都有很多体育爱好者参加。参加体育活动中应注意以下几点。

(1) 遵守比赛规则

虽然体育活动不同于正式比赛，但大家仍应遵守各种比赛的规则要求，才能使活动有秩序。运动比赛瞬息万变，比赛中裁判员难免失误，对这种情况，应支持裁判员工作，不要起哄。

（2）　讲求运动道德

在以健身、娱乐、陶冶性情、社交等为目的体育活动中，如板球、高尔夫球、台球、保龄球等，这类活动多以增进友谊为目的，所以更讲求运动道德。进行活动时，行为不可粗鲁，不可与对手发生冲突，不可嘲笑、挖苦对方的技艺。赛前、赛后都要与对手握手、拥抱致意。

（3）　保证安全

以猎奇、惊险和一定程度的冒险为乐趣的活动，一定要事先准备充分，措施得当，以保证活动时的人身安全。例如，在长途自行车骑行比赛中，参赛者须按规定路线行驶，不得频繁变换车道，遵守参与比赛活动的基本礼仪与安全。

4. 健身房礼仪

健身房是供人们锻炼身体的场所。在公共健身房活动，要讲究以下礼仪。

（1）　相互关照，不长时间独占某一项器材。公共健身房内配备多项器材，分别用于锻炼身体不同部位的肌肉。鉴于此，一个人不要长时间霸占某一项器材，以免妨碍他人进行全身运动。

（2）　爱护器材，保持器材干净。在锻炼时汗水弄湿了器材，应用毛巾等擦干器材。

（3）　保持安静，不大声喧哗。健身房是运动场所，应避免高声谈笑或大声喧哗。离开健身房前，应向指导教练致意，感谢他的指导与陪伴。

此外，运动完毕，应将器材归回初始状态，计时计数归零。

(七)使用洗手间礼仪

洗手间是我们日常使用极为频繁的地方，因为公共场所的洗手间也是众人共用的，所以在使用时就必须遵守规则，以免影响下一位使用者的情绪，而且洗手间的使用礼仪最能体现出文明程度的高低。

公共洗手间有时会出现不够用的情况，后来者必须排队等待。等候时应该在洗手间最靠外处(通常是入口处)排队，按先来后到的次序排成一排，一旦有其中某一间空出来时，排在第一位的人自然拥有优先使用权，这是国际惯例；而不是个人排在某一间门外，以有点赌运气的方式等待。如果不按国际通用习惯排在门前，必定会遭到其他人怒目相视，甚至指责。

洗手间最忌讳肮脏，所以在使用时应尽量小心，如果有污染也应尽可能加以清洁。有些人有不良习惯，不愿意去善后，那就会殃及下一位使用者。女性卫生用品千万不要顺手扔入马桶中，以免马桶堵塞。此外，踩马桶、随意浪费卫生纸等行为，都是相当不妥的。

在飞机、轮船、游览车、火车等交通工具上，洗手间是不分男女的，大家共用，此时无须讲究"女士优先"。

每个地方卫生间的标记各不相同，一般除用各国不同的文字注明外，也有不少地方是用图案来标示的，男厕多是烟斗、胡子、帽子、拐杖、男士头像等，女士则多以高跟鞋、裙子、洋伞、嘴唇、女士头像等来表示。

儿童一般是可以和父亲或母亲一起使用洗手间的，但不成文的规定是，母亲可以带着小男孩一起上女厕，没有人会介意，而父亲则不可以带女孩上男厕。

在欧洲的一些国家，上洗手间是须付小费的。客气一点的是在出口处的桌子上摆着一个浅碟子，使用完毕可以随意放一些硬币等当作清洁费。严格一点的，则在入门处清楚地标示使用卫生间的费用，有些要事先付费，你若不付费，管理人员就不替你打开锁着的厕门。还有一些用机械投币式开关，即在入口处设有一自动投币机门，投下一个硬币，旋转门就可以开一次。

原则上，使用完洗手间必须洗手，洗手台也会有擦手纸与干手机。一般习惯是可用擦手纸巾擦干手，用完的纸要扔入垃圾桶。也可用干手机把手吹干，干手机多为自动感应方式并有自动定时装置，所以不用考虑如何关闭电源的问题。

清洁工会不断检查各洗手间并进行清洁。在清洁时有时会拖地，此时会放上标有类似"Wet Floor"等文字的黄色的告示牌。如果遇到此情形，不可坚持使用，以免影响清洁工的正常工作，但可以询问最近的洗手间在何处。

【实践练习】

1. 预设场景训练：模拟表演下面的情景剧，体会公共场合礼仪，参照自己日常言行，努力提升自己的素养。

候车室里的故事

主持人："观众朋友们，文明礼仪是人类为维系社会正常生活而要求人们共同遵守的、最基本的道德规范，是一个国家社会文明程度、道德风尚和生活习惯的反映，是一个人的思想道德水平、文化修养、交际能力的外在表现。在这个片段中，我们每个人在公共场所中表现的一言一行、一举一动，都会折射出我们的文明意识和道德水平。"

(火车鸣笛声，隆隆地驶入站台，由远至近)

车站播音员的声音：(画外)"旅客们，由衢州开往北京的 520 次列车进站台 1 道，请旅客们携带好自己的行李，检票进站……"(重复一次)

说话间，一对年轻的情侣手挽着手，亲昵地、有说有笑地上场，他们一边笑，一边迈着轻盈的步伐走近长椅，最后开心地坐在长椅上。然后，从包里取出鸡爪、花生等，十分亲昵地你一口我一口喂食，一边吃一边扔下包装食物的袋子、果皮等，毫不顾忌。吃完后，将剩下的倒地上。随后，男士斜倚靠在女士身上，双脚放在长椅上，将座位挤占得满满的。

这时，一对老年夫妇肩背包袱相互搀扶着上场。左右环顾一下却找不着座位，老人走到这对年轻人身边几次欲言又止。最后大爷说："小同志——"

年轻人：(抬头看看，不屑)

大爷："小同志，能让一让吗？"

年轻人抬头看看，然后双脚高抬起，嘴角哼出："哼——"

大爷看看，很无奈，这时大娘发出咳嗽声。大爷于是上前："小同志，能让一下吗？她……她有……"

年轻人："碰我干什么？你有毛病呀！"

大爷："是，是有毛病，她有毛病……"

年轻人："有毛病？有毛病到这里来干什么？有毛病到医院去喽，我看你真的有毛病……"(说罢，俩人继续调笑！)

大爷：(无助又无奈，只好佝偻着身子，与大娘相互依偎着站在一旁)

主持人上场，十分生气地走到他们面前，大声道："喂，你们的东西丢了，刚才小偷把你们的东西拿跑了。"

年轻人：(站起)"什么？小偷？他们跑哪去了？"

主持人："往那去了，快去追呀。"

两人连忙追去。这时，主持人走到老人身边，(给音乐)关切地说："大爷大娘，来，你们这里坐！"然后扶着大娘坐下，取出水给他们喝，询问……"

年轻人上场看到主持人："喂，你骗我干什么？我什么东西都没丢。"

主持人走向前："你啊，东西丢了不要紧，做人的良心和品德不能丢，尊老爱老是中华民族的传统美德，这个东西可千万不能丢，你们也会老，你们也会需要社会的关爱。"

年轻人(男士)还想争辩，女士拉了他一把，有些愧疚地对他一扭头便走。小伙看看这里，望望那里，有点无措，然后鞠了一躬道："对不起。"说完对着女青年的方向："小丽，小丽……"(追去)

主持人："礼仪的内容涵盖社会生活的方方面面，包括仪容、举止、表情、服饰、谈吐、待人接物等。在道德实践中我们每个人都必须注意礼仪，使人们在"敬人、自律、适度、真诚"的原则上进行人际交往，告别不文明的言行。

2. 创设场景训练：

(1) 设计一组场景：乘公交车场景、乘出租车场景、乘飞机场景，每小组 3～5 人扮演不同角色，体会不同场合乘坐交通工具应遵守的礼仪。

(2) 模拟影剧院场景、观看球赛场景，体会相关礼仪。

本 章 小 结

本章主要介绍了公共活动中的礼仪，包括位次礼仪、办公室礼仪、公共生活礼仪和公共场所的礼仪。通过本章的学习，使学生能够认识公共场合礼仪的重要性，掌握行进中、乘车、会议、宴会等的位次礼仪，理解公共场合礼仪的基本原则，掌握购物、看电影、探望病人等公共生活礼仪，以及去图书馆、美术馆、博物馆、音乐厅、剧院、体育馆、洗手间等的礼仪规范。

关 键 概 念

位次礼仪　公共　以右为尊　以远为上

课 堂 讨 论

1. 你认为在哪些场合要注意位次礼仪？

2. 为什么乘车时要讲究位次礼仪？

3. 在办公室注重礼仪有哪些好处？

4. 举例说明不注重公共生活礼仪的危害。

复习思考题

1. 在公共场合要注意哪些礼仪?
2. 行进中应该注意哪些位次礼仪?
3. 如何对中餐宴会的位次进行排列?
4. 公共场合礼仪要遵循哪些原则?
5. 参加学术报告会,有哪些礼仪要求?

第六章　网络通联礼仪

学习目标

1. 了解网络通联礼仪的概念、特点。
2. 掌握网络通联礼仪的核心原则。
3. 会应用网络通联礼仪。
4. 掌握电话礼仪、电子邮件礼仪、微信微博礼仪、网络直播礼仪。

学习内容

1. 网络通联礼仪概述
2. 电话礼仪
3. 电子邮件礼仪
4. 微信微博礼仪
5. 网络直播礼仪

第一节　网络通联礼仪概述

【典型案例】

【指出失礼之处】

一天，小王通过发微信消息，邀请小李去参加一个聚会，但小李没有及时回复。后来小李回复答应去参加聚会，但并没有解释没有及时回复信息的原因。到了聚会当天，当小李到达聚会现场时，发现朋友们已经等了好长时间，聚餐也已经开始了，为了不打扰朋友们，小李匆匆就座。

【分析提示】

首先，小李应该给小王解释信息未及时回复的原因；其次，小李应该解释一下迟到的原因，并向朋友们道歉。

一、网络通联礼仪的概念

网络通联礼仪是指人们在利用网络进行通信、联络时所应遵守的基本行为规范。它由"网络"和"礼仪"组合而成，是用于规范网络行为的基本规范。在现实生活中，只要进入网络，就应该按网络的"方式"行事，与人友好相处，这是起码的道德要求。因此，网络礼仪既是保证网上人们正常交往和相互理解的重要手段，也是判别网民是否文明礼貌的行为标准。

二、网络通联礼仪的组成要素

(一)招呼礼仪

招呼礼仪是与人打招呼时的称呼和问候的规范性用语。在日常人际交往中，我们对不同身份和年龄的人有不同的打招呼方式和礼节，如对长辈的称呼为"您"，对同辈或晚辈的称呼可以为"你"。而在网络上，交谈的身份是不确定的，这时候必须考虑礼节问题，同时还要考虑网络交流对象是否愿意、有没有时间。因此，学会网络上的新型打招呼方式或结识礼仪，是网络交往的基本要求。

(二)交流礼仪

网络最大的优点是为人们的交流提供了方便，并且交流不受时间和空间的限制，因此网络交流礼仪尤显重要。在前网络时代，人们可以从容地应付礼尚往来；如今，网络媒介在扩大交往的过程中形成大量信息，可能让人们来不及应付，因此网络服务提供商就会对在交流中的礼仪做一些规定和要求，如许多网络服务提供商就"规定"发信者要写明信件主题等，这就是一种交流格式或礼仪。

(三)表达礼仪

表达礼仪可以表明一个人的态度和情感，如在网络上，表达微笑可以用三个符号：冒号、连字号和右括号[:-)]，这个合成符号按照顺时针旋转 90 度就像一张笑脸，为什么要这样做呢？因为它可以表明发信者对所表述信息的基本态度，让收信人决定对待这条信息的方式。这实际就是一种礼仪，一种约定俗成的规矩，在表明你对对方的尊重。

三、网络通联礼仪的特点

(一)普遍公认性

网络通联礼仪要求遵守某种一致的"格式"，只要是"在线"网民，大家都必须认同一致的行为方式，不仅仅是一般意义上的"可以理解"，而且要求大家共同遵守。网络把各个区域连成一片，因此需要制定相同网络规则，而网络通联礼仪就是网络区域通行的交流标准和方式。

(二)技术可行性

网络社会，信息是靠网络传输的，因此礼仪的表达受到网络信号的限制。但伴随着5G 时代的到来，网络通联礼仪在进行网络传输时更加具有技术可行性。

(三)可理解性

网络交往与日常交往不同：日常交往的对象是可见、可知、可感的活生生的个体；但网络交往不同，与"人"打交道的感觉完全不同，与你"谈情说爱"的人可能是一个和你性别相同的爱捉弄人的玩家，你收到即时回信的作者可能在地球的另一个角落。

网络通联礼仪的一些规则是从排除背景差异而达到正常交流的要求出发的，它要求某种行为方式整齐划一，看起来比较严格和烦琐，但却是必要的。网络礼仪是一种网络行为格式，遵守了相应的网络规则，网络交流才能被理解。

(四)弱强制性

从礼仪的特征看，礼仪都具有一定的强制性，是固化了、形式化了的行为方式，就"应该""必须"在某种场合执行，因此，网络礼仪也不例外，具有一定的弱强制性。

四、网络通联礼仪的核心原则

(一)记住别人的存在

互联网是高科技背景下人们聚集交流的平台，但也存在人们在面对电脑屏幕时会忘记是在与"人"打交道的情形，因而会存在一些粗劣和无礼的行为。因此，网络通信礼仪的第一条就是要记住他人的存在，当着他人的面不应该说的话在网上也不要说。

(二)网上网下行为一致

现实生活中，人们都需要遵纪守法，网络上也不例外。网上的道德与法律与现实生活是一致的，不能因为是网络上的交流而降低道德标准，违反法律法规。

(三)入乡随俗

在网络中，不同的网站会存在不同的规则。在一个论坛中可以做的事情，在另一个论坛中可能不允许做。比如，在聊天室发言和在新闻论坛中发布信息是不同的，一般最好的做法是先看一会儿再发言，这样可以了解论坛的气氛和可以接受的行为。

(四)尊重别人的时间和带宽资源

在网络上发言特别是提出问题时，最好自己先花时间去搜索和研究一下，很有可能同样的问题已经被问过多次，现成的答案唾手可得，所以不要以自我为中心，要知道别人为你寻找答案也需要花费时间和耗费资源。

(五)网络中要留有好印象

由于网络的匿名性，别人无法从你的账号信息中获取对你的印象，因此，你的一言一语便成为别人对你印象的唯一判断依据。如果你对某一方面不熟悉，应弄清楚了再开口，无的放矢只会给别人留下"灌水王"的印象。同样，发帖前要仔细检查语法和用词，不要故意挑衅和使用不文明用语。

(六)网络中要学会分享

在网络中，除了帮助别人解答问题之外，当别人为你解答了你的问题之后，特别是通过电子邮件得到回答以后，应该表示感谢，在条件允许的情况下与大家分享。

(七)平心静气地争论

在网络中，争论是常见现象，但是要以理服人，不要进行人身攻击。

(八)尊重他人的隐私

在网络中，别人给你的电子邮件等通信记录，以及 QQ、微信的私聊记录应该是隐私的一部分，不应向他人传播。如果你认识的人使用昵称上网，未经他的同意，你不应该将他的真实姓名公开。如果不慎看到别人的私聊记录或电子邮件信息内容，也不应当导出传播。

(九)不要滥用权力

在网络中，管理员和版主比其他用户有更多权力，应该好好使用这些权力，不要滥用。

(十)宽容

在网络中，当别人写错字、用错词、问一个比较低级的问题或写一篇没必要的长篇大论时，不必在意，因为人都有犯错误的时候；如果你真的想给建议，可以通过电子邮件私下提醒。

【实践练习】

1. 预设情景训练：马上要过节了，试着编辑一个祝福的手机短信，发送给自己的好友。

2. 创设情景训练：以小组为单位，针对"如何在微信朋友圈发布信息"这一内容进行讨论，并将讨论结果进行展示。

第二节　电　话　礼　仪

【典型案例】

【指出失礼之处】

张小姐大学毕业后在某公司就职，她性格开朗、活泼，朋友非常多，因此，电话也非常多。张小姐上班时总会接一些私人电话，接到朋友电话时，张小姐总是很高兴，常常旁若无人地与朋友谈笑风生，似乎总有说不完的话，但是她没有觉察到周围同事们时常带有责备的目光。

【分析提示】

在办公室要遵守一定的礼仪。张小姐在办公室随意接听私人电话，影响了其他同事的正常工作，所以无论是在办公室还是在其他社交场合接打电话，遵守其礼仪规范是必要的。

一、固定电话礼仪

在社交活动中，电话被现代人公认是便捷的交流和沟通工具，电话礼仪也被称为现代礼仪的基础规范。在日常工作中，使用电话沟通时的语言与语气很关键，它直接影响着一个公司的声誉；在日常生活中，人们通过电话也能粗略判断对方的人品、性格。因此，掌握正确的、礼貌待人的接听、拨打电话的基本礼仪和技巧是非常重要的。

(一)拨打电话礼仪

拨打电话时，拨电话的人即为这次电话交谈的主动行为者，拨打电话应有目的和原因：或是告知对方某事，或是有求于对方，或是节日问候，等等。

拨打电话时，首先要清楚通话后该说什么，如果内容比较多，特别是给陌生人、名人、上司打电话时，建议先打个腹稿，给对方以沉着、思路清晰的感觉。

拨打电话是向对方发出邀请或通知对方时，应简洁明确表达相应内容，同时要符合礼仪规范。如果电话交谈的内容比较多，则问明对方当下是否有空闲时间；如果对方没有空闲时间，应以商量的口吻另约时间，或约对方过会儿再打过来。

接通电话后，要确认自己接通的电话号码是准确无误的，应立即简要报明自己的身份、姓名及要通话的人名。若对方让你"稍候"，应静握话筒等候；如果对方告诉你要找的人不在，不可鲁莽地将话筒挂断，应在道谢之后再挂断电话。

接通电话后，因为话筒传声与面谈有差异，所以将话筒贴得太近或离得太远都不是好习惯。一般情况下，音量以听清对方声音为标准，语速相对于平时要慢一些，切不可装腔作势，拿腔拿调。

在公共汽车上或其他场合打移动电话，要注意长话短说，不要喋喋不休、语调过高。

(二)接电话礼仪

接电话者的应对顺序：电话铃响两声后接听电话——左手持听筒、右手拿笔——报上接电话人的姓名或公司部门名称——确定来电者身份姓氏——打招呼——电话会谈——复述来电要点——最后道谢——客户先收线。

接通电话时，首先以礼貌用语通报自己单位的名称，明确接听者是所找的人后，可立即回答；如遇到要找的人不在，可婉转回答对方或告诉对方随后拨打；对方如有重要事情，要求转告或记录下来，应认真予以记录，对其中的重点内容再复述一遍，以确保转告内容的正确性。

电话交谈结束前，可询问对方，说些客套话，这既是尊重对方也是提醒对方，最后可以说"再见"了。通话结束后，如果接听者为长辈或领导，就等对方放下话筒后自己再放话筒；如果接听者是平辈或平级，则谁先放下话筒均可。

(三)电话交谈礼仪规范

电话交谈要做到"合拍",希望收到良好的效果,必须遵循一定的礼仪规范。

(1) 交谈内容应以双方共同感兴趣、需商量的事为主,对别人不愿意谈及的事或容易引起悲痛伤心的事,应尽量回避,如遇不得已而提及,语言应婉转而含蓄。

(2) 交谈中应避免提及对方的生理缺陷。

(3) 不应随便议论长者和名人,尤其不应把他们的私生活当作谈资,否则会给人留下浅薄无聊的印象。

(4) 交谈中如果无意涉及某些话题,刺伤了对方,应立即道歉,请求原谅,这是交谈中应有的风度。

(5) 通话过程中,不要对着话筒打哈欠、吃东西,也不要同时与他人闲聊,否则会让对方感觉自己无足轻重。

二、移动电话礼仪

手机是我们日常生活中不可或缺的通信工具,无论是在社交场合还是公共场合,使用手机的礼仪与规范越来越重要。

(一)移动电话使用礼仪规范

(1) 在公共场合特别是在楼梯、电梯、人行道等地方,不可以旁若无人地使用手机,应该把自己的声音尽可能压低,绝不能大声说话,吸引路人的注意。

(2) 在会议中、和别人洽谈的时候,为了显示对别人的尊重,又不会打断发话者的思路,最好的方式是将手机关机;如果不方便,最起码要将手机调成振动状态。

(3) 在电影院或剧场不宜使用手机接打电话,如果有非常重要的事情,可以采用静音的方式发送手机短信。

(4) 在餐桌上,最好将手机关机或调成静音状态,不要让手机铃声打扰良好的就餐气氛。

(5) 无论业务多忙,为了自己和他人乘机的安全,在飞机上都不要使用手机。

(二)移动电话放置礼仪规范

(1) 在公共场合,手机应该放置在随身携带的公文包里,这个位置最正规。有时手机也可以放在上衣的内袋里或暂时别在腰带上。

(2) 在会场中,手机可以交给秘书、陪同人员或会务人员代管,也可以放在不起眼的地方,如手边、手袋里,但不要放在桌上。

(三)手机短信礼仪规范

(1) 在和别人说话或别人在注视你时,不要查看和编辑短信,否则会给人以不尊重对方的感受。

（2）在短信的内容选择和编辑上，应该和通话一样重视礼仪，不要编辑和转发不健康的短信，特别是带有讽刺名人、伟人、革命烈士内容的短信，更不应该转发。

（3）不同场合的短信，礼仪也不同。商务场合的短信要围绕主题，有信必回，配合电话、邮件使用；社交场合的短信及节日祝福短信一定要署名，短信内容要健康。

三、电话礼仪的"5W1H"

一般来说，在进行电话交谈时，想令人产生好感，应掌握"5W1H"通话要点。"5W1H"指的是 Why(理由)、What(内容)、Who(对象)、When(时间)、Where(地点)、How(方法)。

"5W1H"包含了电话交谈所涉及内容的各个方面，即电话所为何事？事情发生在什么地方？什么时候发生的？现在这个事情是谁在做？为什么要让他做？现在是怎样做的？

电话沟通前，必须将这几个要素确定好了，再确定如何称呼对方、对方的电话号码是否有误等有效信息。

【实践练习】

创设情景训练：选3～5名同学相互接打电话，请其他同学观察他们的礼仪是否规范。

第三节　电子邮件礼仪

【典型案例】

【指出失礼之处】

小王毕业后应聘到某公司上班，工作职位是部门经理助理，经理给小王分派了一项工作任务，就是用公司的电子邮箱给公司的客户发送新产品介绍信息。小王在发邮件过程中，认真核对收件人信息，仔细核对主题，确认无误后，让经理过目，经理看了小王的邮件信息后，摇摇头……

小王的邮件正文中没有称呼、问候语，直接将公司的新产品信息复制粘贴过来，未做任何调整，邮件信息只用一段文字，也没有致谢语，感觉非常不专业。

【分析提示】

邮件礼仪非常重要，它不仅能够传递信息，还能够表达态度和情感。在写邮件时一定要注意邮件礼仪和格式，以提高邮件的专业性和礼貌性。

一、电子邮件的概念

电子邮件是一种用电子手段进行信息交换的通信方式，是互联网应用最广的服务。通过网络邮件服务商的电子邮件系统，用户可以以非常低廉的成本、非常快速的方式与世界上任何一个角落的网络用户联系。

电子邮件中可以包含文字、图像、声音等多种媒体元素。用户可以订阅大量免费的新闻、专题邮件，并轻松实现信息搜索。电子邮件的存在极大地方便了人与人之间的沟通与交流，促进了社会的发展。

二、电子邮件的优缺点

(一)电子邮件的优点

(1) 电子邮件使用方便，实现了一对多的信息传送。

(2) 电子邮件传送速度快、费用低廉。

(3) 电子邮件不仅可以传送文字信息，还可以包含声音、图像等多媒体信息。

(4) 电子邮件分发效率高。

(5) 电子邮件满足了人与人非实时通信的要求。

(二)电子邮件的缺点

(1) 电子邮件系统的脆弱性。电子邮件可能会由于机器故障、网络中断、人为失误或安全漏洞等出现问题。

(2) 电子邮件涉及个人隐私问题，可能会出现泄露的安全问题。

(3) 电子邮件也会出现垃圾邮件，造成广告泛滥。

(4) 电子邮件中也可能会出现欺诈信息。

(5) 电子邮件是交互式的，如果没有回应，就没有效果。

三、电子邮件的信息格式

一封完整的电子邮件由信头、信体和签名组成。

(一)信头

信头一般有以下几个部分。

(1) 收信人。即收信人的电子邮件地址。

(2) 抄送。CC 表示抄送，表示同时收到该邮件的其他人的电子邮件地址，可以是多个。

(3) 主题。Subject 反映邮件的主要内容，可以是一个词、一句话，由发信人自拟。

(二)信体

信体是希望收件人看到的信件内容，有时信体还可以包含附件。信体的内容由用户自由撰写，可包含文本、图像。附件中可以包含一个或多个文件，文件类型可以有多种。

(三)签名

签名包括发件人的个人信息或企业信息，通常包括姓名、职务、公司、联系方式等。

四、电子邮件的地址格式

电子邮件的地址格式是：收件人邮箱名@邮箱所在主机的域名，如 xiexiren@tsinghua.edu.cn。

五、电子邮件的发送和接收

(一)电子邮件的发送

电子邮件是一种比较常见的交流方式，人们在用电子邮件交流的过程中，会失去面对面交流时表现外在形象魅力的机会，也无法使用个性化的语调和表情，因此，在发电子邮件时，最重要的是把文件写得简洁明了而又不失自己的个性。发送邮件按照如下步骤进行。

(1) 用户登录客户端(如 QQ、Outlook)或者网站收发邮件系统，也可以使用页面客户端进行收发。

(2) 编写邮件信息，填写发件人、收件人、抄送人。编写邮件信息过程中要注意以下内容。

① 称呼。称呼一般使用"尊敬的×××先生/女士，您好！"如果是比较亲密/熟悉的朋友，可以用较亲密的一些称呼。

② 主体。简明扼要地说清楚事情，要段落清晰，明确易懂。如果具体内容很多，正文应只做摘要介绍，后以附件进行详细描述。附件不宜过大，如有多个附件，可以打包压缩，同时提醒收件人查收附件。

③ 结尾致辞。使用"此致/祝……"语言，注明日期。

(3) 最后单击"发送"按钮正式发送邮件信息。

(二)电子邮件的接收

电子邮件的接收是通过登录客户端(如 QQ、Outlook)或者网站收发邮件系统，查看邮件信息，同时也可以删除、回复、恢复邮件。

(三)电子邮件收发可能出现的问题及解决方式

(1) 信件延迟或未发送。由于网络不稳定或服务器错误导致信件滞留在路由器上，加上邮件传输繁忙，此时应尝试重新发送。

(2) 信件被屏蔽。可能被发件人邮箱服务器邮件安全防护系统屏蔽，此时建议联系邮箱服务商进行处理。

(3) 信件报错。一般报错的原因是由于信件过大，超出了容许的范围，也有可能是附件中的文件格式有误(如附件格式不应为.exe)，此时删减邮件中的图片或附件即可解决。

【实践练习】

创设情景训练：以两人为一组，利用 QQ 邮箱平台或其他邮箱平台进行生日祝福邮件的发送和回复，并指出各自的礼仪规范。

第四节　微信微博礼仪

【典型案例】

【指出失礼之处】

某公司最近新上岗的一位人力资源部经理助理小张，在应试阶段，上司与其做了一番沟通交流后，发了该公司薪酬考核体系给她，结果她过了一天也没有回复。第二天，上司问她："你收到我的信息了吗？"她回复："收到了，但是还没考虑好，所以还没回复。"

【分析提示】

小张的行为属于"回避式沟通"，选择不予回复，这就会失礼。在公司里，上司如果给你发邮件、信息，询问工作进展，应该尽可能在最短时间里回复，告知进展。不论完成与否，甚至在工作进展中的重要节点上，主动汇报会更好。

一、微信礼仪

微信已经成为我们生活中不可缺少的一个通信工具，上到七旬老人，下到小学生，几乎每个人都有一个微信号。这当然和微信让我们的沟通更便捷有关。但是对于很多人而言，在使用微信的时候难免会出现这样或者那样的问题，而微信礼仪也是一个容易被人们忽视的问题。事实表明，微信是一个社交圈，微信礼仪必须加以重视，否则社交圈会越来越小。

(一)添加好友礼仪

目前，微信用于社交的功能越来越强大，因此，在微信中添加好友已经成为常态化社交工作。

(1) 扫码礼仪。按照礼仪长幼有序、主客适宜的原则，应该是"晚辈(下属、主人、男士、乙方等)"去扫"长辈(上司、客人、女士、甲方等)"的手机微信。不论是晚辈还是长辈谁先提出添加微信的，都应该由"晚辈"去扫描"长辈"的二维码，添加微信好友。

(2) 备注礼仪。在微信中添加好友时，一定要注明原因，做好备注，谁先加的好友，谁先打招呼自报家门。自报家门的常见方式是："今天交流非常有收获。我的电话号码是139×××××××××，有事您随时招呼"或"感谢+我的电话号码+未来展望"等。

(3) 电子名片礼仪。在微信中添加好友时，可以发送电子名片，这样既方便对方查找，也有利于双方后期进一步交流。

(二)朋友圈礼仪

在朋友圈分享很简单，但是一定要注意分享对别人有益处的东西。朋友圈分享要注意以下礼仪。

1. 减少朋友圈刷屏

朋友圈是用来分享的，不是用来刷屏的。在朋友圈发广告可以理解，但是刷屏就过分了，因为一连串的广告真的令人讨厌，谁也无法忍受。因此，如果要发广告，也请以真正的分享心态去发布，绝不是草草了事。现在的社会人都很浮躁，但朋友圈的发文是否为用心文案，还是能直接看出来的。

2. 点赞评论请用心

每个人都喜欢与自己的好友互动，朋友圈里点赞、评论、留言非常正常，但有些人都没看明白是什么内容，直接一通点赞，是不合适的。如果别人发布的是伤心、难过的消息，就不应当点赞。因此在朋友圈点赞、评论之前要用心，须先看清楚内容再去点赞，不然可能被拉黑。

3. 点赞不要太过量

有些人可能平时无闲暇时间看朋友圈，但在某一天有空闲时间时一直在看朋友圈，同时在朋友圈一通给别人点赞，一下点好几十个赞，甚至对别人几年前的朋友圈点赞，这样做非常不合适。

4. 评论回复要注意

当你在朋友圈回复评论时，要用"回复××"的回复框，不要单独评论，不然会给其他点赞者都推送评论消息，这样会打扰到他人，也不符合朋友圈礼仪。

5. 不发负能量信息

不要在朋友圈发表负能量的信息、莫名其妙的感叹、无厘头的咒怨等让好友们心沉的言辞；若需要关注、安慰，可以直接表达。

6. 转发朋友圈礼仪

转发朋友圈信息时应先点赞或评论留言"由于精彩而转发"。

(三)聊天礼仪

随着微信使用的普及，微信聊天已经成为生活中的社交常态，因此，也自发形成了一种礼仪和习惯。

1. 提高沟通效率

在微信聊天时，如果对方是非常熟悉的朋友，一般不必说"在吗"；否则，应在询问"在吗"后直接切入主题，以缓解对方焦虑或节省时间。因为在生活和工作中的人们，每个人都是一个个体，都处在自己所安排的事情当中，所以如果想要通过微信联系对方，那么就不该有"在吗"这样的问候语。因为对方如果不在，那么就不会回复；如果对方在，可能因为你的这一句话，他要从其所忙碌的事情当中抽出几分钟来等待你的下一句话。因此，为提高沟通效率，需要直接切入主题，对方不会因为你少说一句"在吗"就认为你没礼貌，反而很多时候会因为你没说"在吗"而提高你们彼此沟通的效率。

2. 注意信息的准确

在微信聊天时，主要是通过发信息进行沟通，因此在发信息时要有适当的称呼，内容要简短，及时回复信息。同时，在发送信息前，仔细检查信息内容及文字，不要出现错字或有歧义的文字内容。

3. 不随意发布聊天记录

在微信聊天时，不要未经同意发布聊天记录。因为在聊天中，很多内容都可能是随意调侃的话语，如果截图下来，在公共场合传播，不知具体情况的人，可能会因为聊天记录中的一两句话而产生误会。虽然现在聊天截图已经被很广泛地当作段子和吐槽用图，但是在公开发布之前，最好先征求对方同意。

4. 不用意念回复

看到微信中的消息时，可能当时我们忙得焦头烂额，不能够做到秒回，但也要记得随时查看一下未回复的消息，告诉别人："不好意思，因为太忙，没能及时回复。"因为每个人都希望被别人在意，被别人认真对待，所以不要疏于表达自己对别人的在乎。

5. 不在群里单独聊天

不在微信群里单独与某人聊天，以免干扰其他好友，可以单独与他微信联系或把相关的人拉到一起，另外建群聊天。

6. 不发布或转发不当信息

不在微信中发布或转发带有"如果不转发……"等强制性或诅咒性字眼的微信，朋友之间只有尊重，没有要挟。

7. 尽量发文字

在微信聊天时，尽量发文字。但在开车或不方便时，对家人、极好的朋友可以使用语音。

8. 适当发表情包

在微信聊天时，可以适当发恰当的表情及表情包。因为文字有时候显得生硬，表情和表情包可以调节气氛，但要适当使用，太过调侃的表情不要用于严肃的场合。

二、微博礼仪

微博是微博客的简称，是一种在互联网上通过关注机制分享简短、实时信息的广播式的社交网络平台。微博具有简单方便、内容多元、传播迅速、交互性强、内容开放的特点。但由于部分微博用户道德水准较低，从而给微博平台带来一些负面影响，因此，在使用微博时，应该注重微博礼仪规范。

(一)树立礼仪规范形象

微博的基本功能是信息分享。虽然大家在微博上彼此互动却不见其人，但微博绝非是一个纯虚拟空间。微博上的一言一行，都能体现出每个用户的不同学识、气质形象与品行素养，因此在微博上互动应注意以下礼仪规范。

(1) 遵守国家法律，不发布违反国家法律的内容。

(2) 遵守社会公德，不使用不文明字词作为个人昵称，发布消息时不攻击、谩骂他人。

(3) 不发送垃圾信息，不要在短时间内反复发布同一条消息；不要发布、传播谣言。

(4) 话题区是公共区域，不要在话题区内讨论和主题无关的内容。

(二)注意发布、互动内容

1. 使用富有礼貌、生动、风趣的语言

在微博上发布信息，可用富有礼貌、生动、风趣的语言，因为语言有无限魅力。要尊重他人，因为尊重他人即尊重自己。在微博上使用文明用语，不仅有助于培养发布者积极健康的心态，而且是一种热情、亲和、开放、合作的精神体现。

2. 可穿插趣味、生动性的回复

在微博上进行互动，可以穿插趣味、生动性的回复，偶尔与大家开开小玩笑，也会起到很好的效果。微博文字中的"小表情"，也可很好地辅助传递情绪，体现人性化的感性内涵。

3. 利用私信，进行私密对话

在微博上，有时也可以巧妙利用私信，进行私密对话。如一些带有敏感性问题不适合公开交流的话，可以私信对方。但要注意，如果没必要进行私密沟通的事宜，应尽可能不以发私信的形式来处理，以免让对方产生反感，甚至被拉黑。

三、网络中的自我保护

在网络中交流，要注意保护自己。首先要维护自己的形象和单位形象。需要以单位、部门的名义在网上发表对时事的见解时，尤其不能泄露商业机密、国家机密。不要在网上随便留下单位电话、个人信息，以免被骚扰。要正确使用网络技术，既不能充当"黑客"，又必须防范"黑客"。对于利用网络进行犯罪的事实，我们发现后应及时向公安机关举报。

【实践练习】

1. 预设情景训练：在自己所关注的抖音或快手平台，按照符合礼仪规范的要求，发布一则评论信息，截图展示。

2. 创设情景训练：分小组进行讨论，针对"微信朋友圈发负面信息内容的影响"这一主题展开辩论。

第五节　网络直播礼仪

【典型案例】

【指出失礼之处】

主播李佳琦在回复一名观众评论产品定价问题的时候，用一种指责性的语气质询这位用户："哪儿贵了？"并强调道："这么多年都是这个价格，不要睁着眼睛乱说。"后来他又表示："考虑一下自身问题吧，这些年里薪资上涨了吗？还是说自己的工作态度和表现不好？"

【分析提示】

主播李佳琦的发言属于网络上不当且失礼的发言，这个发言被批评为欠缺体谅与同情心理，惹怒了许多社交媒体用户。后来李佳琦做出了回应，他在个人的新浪微博账号上传达了他的歉意。

一、网络直播平台简述

随着互联网的迅速发展，网络直播成为一种新潮流，同时网络直播也成为一种新兴的网络文化产业，与传统的电视节目直播相比，网络直播具有发布更便捷、内容更多元、互动更深入的特点，网络直播礼仪规范越来越重要。

目前，网络直播平台主要有淘宝直播、拼多多直播、抖音直播、快手直播、蘑菇街、京东直播、小红书、苏宁等。每个平台均有自己设定的平台规则，因此要根据自己的特长领域、用户群体，去选择直播平台。

淘宝直播主要是淘宝孵化的平台，流量非常大，转化率非常高；抖音直播用户量非常大，抖音平台上的用户群体偏年轻化，且大多居于一、二线城市，消费水平较高；快手直播主要用户集中在三、四线及以下城市，产品价格比较低；小红书 App 是年轻人生活、学习、娱乐的平台，汇集美妆穿搭教程、旅游攻略、美食、健身、日常等，在小红书社区，用户可以通过文字、图片、视频笔记等进行分享。

二、网络直播礼仪

无论选择哪一个网络直播平台，在进行网络直播时都应该注重直播礼仪规范。

(一)直播主体礼仪

(1)　网络不是法外之地，网络直播主体应自觉增强法律意识，严格遵守国家法律法规，言语有度，不散播谣言，不夸大其词，与他人和谐交流，言行文明规范。

(2)　网络直播主体也必须严于律己，不断提高个人综合素养，树立正确的人生观、世界观、价值观，不要挑战道德和法律的底线。注意保护个人隐私，同时也不泄露他人隐私。

(3) 网络直播主体也要遵守网络直播秩序，不要传播负能量的内容，营造良性的竞争环境，自觉抵制、远离有害内容的直播，如果遇到有违法情形应立即举报，共同维护行业秩序。

(4) 网络直播主体应传播积极向上的内容，从自身做起，维护好健康有序的网络直播环境，让网络直播在传播信息的同时也传播文明。

(二)观众礼仪

(1) 观众在观看直播时，要保持安静，不要在直播间频繁发送与直播内容不相关的、自顾自聊的、频繁刷屏的、提及其他主播或直播团体的弹幕。

(2) 观众在观看直播时，不要随意干扰主播。如当主播正在讲解时，不能发布垃圾广告、涉及人身攻击的低俗词汇以及敏感言论的弹幕。

(3) 观众在观看直播时，不要发布各种违法的观点，不能散播谣言，更不能发送引起社会不良影响的弹幕。

(4) 观众在观看直播时，需要时可记住主播的留言，以便更好地了解信息。

【实践练习】

创设情景训练：分小组扮演主播与观众，选择一个直播主题进行展演，其他同学观察展演组的礼仪规范。

本 章 小 结

本章介绍了网络礼仪的概念、特点、遵循的原则，还介绍了电话礼仪、电子邮件礼仪及微信微博礼仪，最后简单介绍了网络直播礼仪。

关 键 概 念

网络礼仪　电话礼仪　邮件礼仪　微信微博礼仪、网络直播礼仪

课 堂 讨 论

1. 你接到一位朋友的电话，朋友在电话中抱怨他的球场施工质量不好，带来了很多麻烦，他非常恼火，情绪激动，言语有些过激，应如何处理？

2. 列举生活中 2～3 个网络失礼的案例，分析其原因。

3. 电子邮件通信礼仪有哪些？

4. 微信添加好友、朋友圈礼仪、聊天礼仪应注重的细节是什么？

5. 网络直播要注意哪些礼仪规范？

复习思考题

1. 什么是网络礼仪？
2. 网络礼仪有哪些特点？
3. 简述网络礼仪的核心原则。
4. 如何规范网络直播礼仪？

第七章 餐 饮 礼 仪

学习目标

1. 了解中式餐饮的特点，熟悉日常进餐的礼仪。
2. 掌握中餐宴会的礼仪，包括常见的宴请形式，邀请工作、宴会前的准备工作等。
3. 熟悉中餐宴会宴请者的礼仪及赴宴者的礼仪。
4. 了解西餐宴会礼仪。

学习内容

1. 中餐礼仪
2. 西餐礼仪

第一节 中 餐 礼 仪

【典型案例】

【指出失礼之处】

老李是某企业的工程师，待人热情开朗，乐于助人，对工作认真负责。但他有一个毛病，就是在餐桌上特别喜欢饮酒和劝酒，对别人的敬酒也来者不拒，所以一顿饭下来，经常醉得不省人事。公司里的同事聚餐时，特别害怕和他坐在一起，有时甚至不邀请他。老李也经常纳闷，为什么同事都对他敬而远之呢？

【分析提示】

从本案例中可以看出老李有嗜酒的不良习惯。在宴会等场合饮酒要适量，劝酒要适度，这样有助于调节气氛，增进友谊。但若不分场合过度饮酒、劝酒，必然会带来一些问题或是危害，有时会破坏同事、朋友间的友谊。

餐饮活动是指人们在社交活动与休闲方式日益多样化的今天，以商务洽谈、朋友聚会、休闲娱乐等为目的，以饮食为主要形式的多功能消费活动。

全球饮食风味按特色划分，可分为三大类：一是以法国菜为代表的西式菜点，二是以土耳其菜为代表的阿拉伯菜点，三是以中国菜为代表的中式菜点。

一、中式餐饮的特点

中式餐饮的特点主要从烹饪特色、饮食结构、进餐方式三方面体现出来。

(一)中餐的烹饪特色

中国菜在世界上享有较高的声誉，它之所以备受世人青睐，是因为中国烹饪具有一系列的特点，主要表现在：选料广，拼配巧妙；加工精细，造型优美；注重火候，控制得当；风味讲究，味型丰富；菜品多样，变化无常；主副食分明，小吃品种丰富；菜系流派众多，地方风味浓郁。正因如此，中国赢得了"烹饪王国"的美誉。

1. 原料选择多样

我国烹饪原料的选择极其广泛和讲究，可谓是山珍海味，无所不包。我国烹饪还以选料精细、用法讲究闻名于世。

2. 烹调方法多样

中餐热菜制作常用的基本烹调方法有二十多种：炒、煸、熘、爆、炸、烹、烧、焖、煨、扒、炖、煮、蒸、涮、汆、烩、烤、焗、煎、贴、挂霜、拔丝和蜜汁等。冷菜烹调方法有十几种，主要有：卤、酱、酥、腌、熏、冻、酿和松等。调辅料中更是要讲究"一菜一和"。

3. 菜肴品种多样

统计表明，我国主要地方菜肴有五千多种。历史记载统计在册的花色品种有六万多种，其中菜肴五万多种，点心近万种，再加上无书面记载的民间肴馔以及近年的创新菜肴，估计可达几十万种。仅粤菜一项就有数万种菜肴品种之巨。

4. 菜系流派众多

具有深远影响、发展完善的菜系流派有四大菜系：鲁、川、苏和粤；向外辐射的八大菜系：鲁、川、苏、粤、湘、徽、闽和浙；相对普及的十二大菜系：鲁、川、苏、粤、湘、徽、闽、浙、京、沪、滇和贵；菜系流派还包含了不以地域分类的各种各样的风味菜肴，如民间、市肆、官府、宫廷、寺院、食疗和仿古等。

(二)中餐饮食结构的特点

中国传统伙食结构受地域和地理环境的影响，具有一定的差异性。北方地区以面为主食，辅以牛肉、羊肉、猪肉、蔬菜等；南方地区以米为主食，辅以鱼肉、猪肉、蔬菜等。新疆、内蒙古、西藏等地各因其地理环境的不同，略有差异。但总的来说，以米面为主体，水产畜肉蔬果为辅，是我国饮食结构的主要特征。

(三)中餐进餐方式的特点

中国传统进餐方式最主要的三大特点如下。

1. 独特的餐具

使用的餐具和西餐的餐具大不相同，中餐主要使用碟、碗、筷、勺、杯，尤其是筷子，灵活、方便、多用的特点是其他取食器物不可比的。

2. 团聚共食

西餐讲究分餐分食，而中餐则主张众人围坐，共食一盘菜。餐桌方面，民间以八仙桌(四方桌)为主，市肆餐饮以圆桌为主。团聚共食体现了中国传统"和合"的儒家文化特征。

3. 喜好劝菜劝酒

有朋相聚，必尽所能，以好酒好菜相待，这是中国人传统的饮食礼节。举杯推盏之间，人们喜欢劝菜劝酒，把好菜夹给来宾吃，把美酒敬给来宾喝，不管你喜不喜欢吃，不管你能不能喝，似乎只要劝了、敬了，礼仪就到位了，否则就会认为主人不热情。

二、日常进餐礼仪

无论是家庭日常便饭，还是朋友小聚宴饮，抑或是一人独自出入饭店，你的行为举止都有一定的礼仪要求。有时候，或许你在就餐时不经意间的一个不文雅的小动作，可能会让你的身份掉价，给人较差的印象。

(一)使用中餐餐具

中餐的餐具比较简单，但是餐具使用的礼仪细节需要注意。中餐的餐具主要有碟、碗、筷、勺、杯等。

1. 碟子

中餐的碟子也叫盘子，有很多种，大些的用于盛放公共菜品，一般要求保持原位，不需移动；稍小点的盘子叫食碟，主要用于盛放个人食物。食碟的主要作用是暂放从公用的菜盘里取来享用的菜肴。用食碟时，一次不要取放过多的菜肴，食碟往往还要放吃剩的残渣，如骨、刺等，这些残渣不要吐在地上、桌上，而应轻轻取放在食碟前端，放的时候不能直接从嘴里吐在食碟上，要用筷子夹放到碟边。如果食碟放满了，可以让服务员换一个。

2. 碗

碗主要用来盛放主食、羹汤，所以要注意以下一些礼仪细节：不能双手端起碗来进食，不能向碗里乱扔废弃物，不能将碗倒扣在桌上。

3. 筷子

筷子是中餐最主要的餐具，必须文明使用，筷子通常是成双使用。在与人交谈时要暂时放下筷子，不能一边说话，一边挥舞筷子；不要把筷子竖插在食物的上面；不要用筷子剔牙、挠痒或当众摆弄筷子。

4. 勺子

勺子的主要作用是取菜肴、食物。用筷子取食物时也可以用勺子来辅助。暂时不用的勺子，应将其放在自己的碟子上，不要把它直接放在餐桌上或插在食物中。用勺子取食物后，要立即食用或放在自己的碟子里，不能再把食物倒回原处。不要把勺子塞到嘴里，或者反复吮吸舔食勺子。

5. 杯具

中餐的水杯主要用于盛放清水、果汁、汽水等软饮料。注意不要用水杯来盛酒，也不要倒扣水杯。另外，需注意喝进嘴里的东西不能再吐回水杯里，这样是十分不雅的。

6. 汤盅

汤盅是用来盛放汤类食物的。用餐时，使用汤盅有一点需要注意，将汤勺取出放在垫盘上并把盅盖翻转平放在汤盅上就是表示汤已经喝完。

7. 牙签

牙签也是中餐餐桌上的必备之物。牙签有两个作用：一个是扎取食物，另一个是剔牙。但是用餐时尽量不要当众剔牙，非剔不可时，要用另一只手掩住口部，侧过身体。剔牙后，不要叼着牙签，更不要再用其来扎取食物。

8. 小毛巾

中餐用餐前，一般会为每位用餐者上一块湿毛巾。这块湿毛巾的作用是擦手，擦手后应该把它放回盘子里，由服务员拿走。而宴会结束前，服务员会再上一块湿毛巾，和前者不同的是，这块湿毛巾是用于擦嘴的，不能用其擦脸或抹汗。

(二)注意就餐的"吃相"

所谓吃相就是吃饭过程中的礼仪规范。

1. 主不请，客不尝

取食有先后，宾主相聚，主人先动筷，客人后动筷。家庭便饭，长辈先动筷，晚辈后动筷。

2. 就近拈，勿远夹

在有转盘的餐桌上进餐时，桌上的菜是可转动的，每个菜都可转到自己面前来，因此夹菜时不必迫不及待取远处的菜，而应夹面前的菜。

3. 适量取，不贪食

对桌上自己喜欢吃的菜，也应适量取食，不能不管别人的需求，埋头多食。

4. 食轻言，嚼轻声

俗话说："食不言，寝不语。"而众人相聚进餐不说话是不可能的。但吃饭时说话要注意两点：一是轻声说话，不可大声嚷嚷；二是忌讳口中含着食物说话，这样既不卫生又不文雅。吃东西时应尽可能不发出响声。

5. 吐骨刺，置骨碟

在酒楼吃饭，餐桌上一般都备有骨碟，因此，骨刺应吐在骨碟上。如一般家庭聚餐时，没有放置骨碟，骨刺可吐在面前的桌面上，切忌吐在地上。

6. 用餐毕，擦唇边

用餐结束，应用毛巾或餐巾纸擦拭嘴唇，以免油渍或食物残留在嘴边，不雅观。

(三)把握劝菜劝酒的尺度

劝菜劝酒是中国民间传统饮食礼俗，有朋自远方来，为了表达对客人的尊敬，活跃餐桌上的气氛，有时少不了要劝菜夹菜，敬酒劝酒。劝菜也有劝菜的礼规：菜上桌，主人应先劝客人动筷，客人则应礼让，主人动筷后客人方可动筷。劝菜要适度，如客人婉言谢绝，就不能勉为其难。劝菜夹菜应用公筷，不要用自己的筷子为别人夹菜。劝菜时不要劝吃档次低的普通菜，要劝吃档次和质量较高的菜或是特色菜，以示尊重。随着社会的发展进步，劝菜礼俗渐渐弱化了，相反，劝酒礼俗则日益强化。需要注意的是"酒分量饮"，劝酒有度。

三、中餐宴请礼仪

在社交中，人们以宴请的形式表示欢迎、庆贺、答谢、饯行等。宴请是一种常见的礼仪社交活动，具有社交性、聚餐式和规格化三个特点，是人们结交朋友、联络感情、建立密切关系的重要手段，也是职业经理工作的一项主要内容。

就宴请活动的性质而言，分为三种：第一种是礼仪性的。例如，为欢迎外国元首、政府首脑来访，为庆祝国庆日举办的国宴，它有着严格的礼宾规格和礼宾程序。第二种是交谊性的，主要是为表示友好，发展友谊。例如，接风、送行、告别等。第三种并无特定的题目，也有时是借题目做文章。这种宴会的主办方，为解决特定的工作问题而举行宴会，以便在席间进行商谈。这三种宴会的目的，有时交相为用，兼而有之。

(一)常见的宴请形式

1. 宴会

宴会通常指的是以用餐为形式的社交聚会。举办者为了表达敬意、谢意，或为了扩大影响等目的而专门举行的餐饮招待活动称为宴会，可以分为正式宴会和非正式宴会两种类型。

(1) 正式宴会

正式宴会是一种隆重而正规的宴请。它往往是为宴请专人而精心安排的，在比较高档的饭店，或是其他特定的地点举行的，讲究排场、气氛的大型聚餐活动。对于到场人数、穿着打扮、席位排列、菜肴数目、音乐演奏、宾主致辞等，往往都有十分严谨的要求和讲究。一般情况下，宴会持续时间为两小时左右。

(2) 非正式宴会

非正式宴会也称为便宴，也适用于正式的人际交往，但多见于日常交往。它的形式从简，偏重于人际交往，而不注重规模、档次。一般来说，它只安排相关人员参加，不邀请配偶，对穿着打扮、席位排列、菜肴数目往往不做过高要求，而且也不安排音乐演奏和宾主致辞。

2. 家宴

家宴也就是在家里举行的宴会。相对于正式宴会而言，家宴最重要的是要营造亲切、友好、自然的气氛，使赴宴的宾主双方轻松、自然、随意，彼此增进交流，加深了解，促进信任。

3. 便餐

便餐也就是家常便饭。用便餐的地点往往比较随意，礼仪讲究也最少。只要用餐者讲究公德，注意卫生、环境和秩序，在其他方面就不用介意过多。

4. 工作餐

工作餐是在工作交往中具有业务关系的合作伙伴，为进行接触、保持联系、交换信息或洽谈工作而采取用餐的形式进行的聚会。它不同于正式宴会和亲友们的会餐，其重在一种氛围，意在以餐会友，创造出有利于进一步进行接触的轻松、愉快、和睦、融洽的氛围。

(二)宴请"5M"法则

宴请有一个基本的法则，即安排或参加餐饮活动时，必须从费用、参加者、环境、菜单、举止5个方面加以高度重视，力求符合礼仪规范。这5个方面在英文中的解释是以M为首字母的，因此称"5M"法则。

1. 费用(Money)

组织宴请首先要做个大致的预算，不管是用信用卡消费还是付现金，宴请方都要做好资金准备，以免出现尴尬的局面。

2. 参加者(Meeting)

如果是规模较大的宴请，势必要拟好一个宴请的名单，在参加者的座次安排上都要有所讲究。拟名单也需要征求主宾的意见，是否需要其他人作陪等。

3. 环境(Medium)

宾客的身份不同，宴请的环境也应有所区别，主要是侧重点不一样。例如，正式宴请重环境，在一定规格的星级饭店、著名餐饮企业都是环境格调高雅之选。私人宴请重特色，亲朋好友聚会，不必过分讲究排场；风格、品位独具特色的饭店餐馆不失为增进感情和交流的上佳选择。涉外宴请重文化，具有地方和民族特色的饭店对于外宾来说都是充满新鲜感和吸引力的。

4. 菜单(Menu)

正式宴请要准备一个事先安排好的菜单给宾客，方能显示出主办者的诚意和细致。在点菜前也需要征求宾客的意见。

5. 举止(Manner)

就餐过程中的行为举止要符合礼仪规范，如"祝酒不劝酒，让菜不夹菜"，并且要注意一些细节问题。

(三)宴请前准备

1. 确定目的、名义

宴请的目的是多种多样的，可以是为某个人，也可以是为某件事。大型活动可以集体名义发出邀请；日常交往小型宴请，则可根据具体情况以个人名义或夫妇名义发出邀请。

2. 确定对象、范围

宴请范围是指请哪些方面人士，请到哪一级别，请多少人，主人一方请什么人出来作陪。这都要考虑多方因素，如宴请的性质、主宾的身份、国际惯例，等等。各方面都要想到，不能只顾一面。

3. 确定宴请时间、地点

宴请的时间应对主、客双方都合适。注意不要选择对方的重大节假日、有重要活动或有禁忌的日子和时间。例如，对信奉基督教的人士不要选 13 号，更不要选既是 13 号又是星期五的日子。小型宴请应首先征询主宾意见，最好当面约请，也可用电话联系。主宾同意后，时间即被认为最后确定，可以按此时间约请其他宾客。

宴请地点的选择。官方正式隆重的活动，一般安排在政府、酒店或宾馆内举行。举行小型正式宴会，则可视情况而定。

4. 发出邀请

邀请范围与规模确定之后，即可草拟具体邀请名单。被邀请人的姓名、职务、称呼，以至对方是否有配偶都要准确。各种宴请活动，一般均发电子请柬，这既是礼貌，亦对客人起提醒、备忘之用。便宴约妥后，也可发短信请柬。工作进餐一般不发请柬。有些国家，邀请最高领导人作为主宾参加活动，需单独发邀请信，其他宾客发请柬。电子请柬一般提前一周发出，若是纸质请柬应提前一至二周发出，有的地方须提前一个月，以便被邀请人及早安排。

也有手写短笺、电话邀请。无论以何种形式发出邀请，都应该真心实意，热情真挚。发出邀请后，应及时落实应邀情况，以便合理安排。

5. 宴会座次的安排

正式宴会一般都事先排好座次，以便宴会参加者各得其所，入席时井然有序；同时也是对客人的尊重礼貌。非正式的小型便宴，有时也可不必排座次。安排座次时，应考虑以下几点。

(1) 以主位为中心

以主人的座位为中心，如果有女主人参加，则以主人和女主人为基准，以靠近者为上，依次排列。

(2) 将主宾和主宾配偶安排在尊位

安排位置时通常以右为上，即主人的右手是最主要的位置，要把主宾和主宾配偶安排在主人左右侧最显尊贵的位置上。其余主客人员，按礼宾次序就座，如图 7-1 所示。

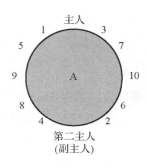
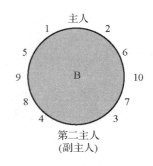
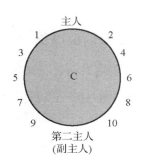

图 7-1　中餐宴会座次的安排

（3）便于相邻者交谈

在遵照礼宾次序的前提下，尽可能使相邻就座者便于交谈。例如，当身份大体相同时，把使用同一语种的人排在一起。

（4）陪客插在客人间

主人方面的陪客，应尽可能插在客人之间就座，以便同客人接触交谈，避免自己人坐在一起。

（5）夫妇不相邻

夫妇虽然在同一桌就餐，但一般不相邻而坐。西方习惯，女主人可坐在男主人对面，男女依次相间而坐。在非官方的西餐宴会上，女主人通常处于第一主人的位置，女主人面向上菜的门。我国和其他一些国家不受此限。

（6）译员在主宾右侧

译员可安排在主宾的右侧，以便于翻译。有些国家习惯，不给译员安排席次，译员坐在主人和主宾背后工作，另行安排用餐。

座位排妥后，应设法在入席前通知出席者，并现场对主要客人进行引导。较大型宴会，以在请柬上注明席次为最好；中小型宴会，可在宴会厅门口放置一席位图，标明每个人的座处，请参加者自看；小型宴请，也可以口头通知，或在入席时，由主人及招待人员引座。在每个座位上均应放置书写清楚的座位卡，如是多桌次的宴会，还应在每个桌上放置桌次牌。桌次牌可在宴会开始前、入座完毕后撤去。

6. 菜单的拟订和菜序的安排

宴会上的食品菜肴，一定要考虑到客人的宗教习惯和口味习惯。菜肴要安排得精致可口，适合于来宾的口味，而且还要美观大方，让人看了悦目赏心，做到色香味形俱全。客人往往从主人准备的美味佳肴中体会到热诚待客的心意，从而留下难忘的回忆。

中餐上菜的顺序一般是先上凉菜，后上热菜；先上主菜，后上辅菜；先上口味咸鲜清淡的菜，后上甜的味浓味重的菜；先上风味菜，后上一般菜；先上炒菜，后上烧类菜；先上荤菜，后上素菜；先上菜肴，后上点心、水果。

不管怎样，冷盘要十分精致，开胃，量不必太大，以免一开始吃多了，后面的主菜吃不下。汤宜清爽可口。

四、宴请者的礼仪

(一)热情迎宾

宴会开始前,宴请者应站在大厅门口迎接客人。对重要的贵宾,还应组织相关负责人到门口列队欢迎。客人来到后,主人应主动上前握手问好。

(二)引导入席

主人请客人走在自己右侧上手的位置,向休息厅或直接向宴会厅走去。休息厅内服务人员帮助来宾脱下外套、接过帽子。客人坐下后送上饮料。主人陪主宾进入宴会厅主桌,接待人员引导其他客人入席后,宴会即可开始。

(三)致辞、祝酒

正式宴会一般都有致辞和祝酒,但时间不尽相同。我国习惯是在开宴之前讲话、祝酒、客人致答谢词。在致辞时,全场人员要停止一切活动,聆听讲话,并响应致辞人的祝酒,在同桌中间互相碰杯。致辞、祝酒后,宴会正式开始。

(四)服务顺序

服务人员无论是斟酒、分菜还是换骨碟等,都要从第一主宾开始,然后是主人、第二主宾等按顺时针方向进行。规格高的,由两名服务员服务,按顺序一名从第一主宾开始进行,另一名从第二主人右侧的主宾开始,每名服务员服务半桌人。

(五)席间敬酒

在宴请的场合都有主人向客人敬酒、宾客之间互相敬酒的习惯。在敬酒时,态度要稳重、热情、大方。宴会上互相敬酒,目的是互致友谊、活跃气氛,宾主都应量力而行,适可而止,切忌强制劝酒、逼酒甚至酗酒。

(六)热情交谈

在宴会过程中,大家可以互相自由交谈,但仍要注意不失礼貌。在整个宴会过程中,主人要注意不要只和自己熟悉的一两个人交谈,也不应沉默寡言。宴会上的话题很多,应注意选择一些大众性、趣味性和愉悦性的话题。

(七)融洽气氛

用餐时,主人应努力使宴会的气氛融洽,活泼有趣。不能冷落了个别人,要不时地找话题进行交谈。还要注意主宾用餐时的喜好,掌握用餐的速度。

(八)适时结束宴会

宴会时间一般为1~2小时,不宜过长或过短。主人要适时掌握宴会结束的时间,一般在客人吃完水果后，主人可以宣布宴会结束，同时对客人光临宴会表示感谢。主人和招待人员应把宾客送到门口，热情握手告别，感谢宾客的光临。

五、赴宴的礼仪

宴会是否成功，宴请者处于主导地位，宴请者要以客人的需要、习惯、兴趣安排一切。而应邀赴宴的客人的密切配合也是绝不可忽视的，在赴宴时应在以下几个方面着重注意。

(一)回应邀请

接到邀请后，不论能否赴约，都应尽早做出答复。不能应邀的，要婉言谢绝；接受邀请的，不要随意变动，按时出席；确有意外不能前去的，要提前解释，并深致歉意。作为主宾不能如约的，更应郑重其事，甚至登门解释、致歉。

(二)仪表得体

出席宴会前，赴宴者要注意服装的整洁和个人卫生，要穿合体入时的干净服装。参加宴会要精神饱满、容光焕发，这样能增添宴会的隆重气氛，也是对主人和其他来宾的尊重。若是参加正式宴会，应穿请柬上所规定的服装。

(三)准时到达

掌握到达时间，赴宴不得迟到。迟到是非常失礼的，但也不可去得过早。去早了主人未准备好，难免尴尬，也不得体。

(四)寒暄入座

如主人恭迎，则应先向主人握手、问好、致意，然后按照主人事前安排好的桌次和席位入座，不得随意入座，或者在服务人员的引导下入座。注意，在自己的座位卡处入座，不要坐错了位置。坐姿要端庄、自然，不要太僵硬，也不要往后倒塌靠在椅背上。肘不要放在餐桌上，不要托腮，眼光随势而动，不要紧盯菜盘。

(五)文雅进餐

在主人致辞完毕，经主人招呼后，即可进餐。要注意餐别不同，应注意的礼仪要求也不一样。但进餐时要文明、从容。闭着嘴细嚼慢咽，不要发出声音，喝汤要轻啜，对热菜热汤不要用嘴去吹。骨头、鱼刺吐到筷子、叉子上，再放入骨盘。嘴里有食物时不要说话；剔牙时，用手遮住。就餐时，不得解开纽扣，松开领带。

(六)亲切交谈

参加任何宴会，无论处于何种地位，都避免不了和同桌人交谈，边吃边谈是宴会的重要特点，特别是左右邻座，如互相不认识，可以先做自我介绍。特别注意同主人方面的人交谈，不要总是和自己熟悉的人说话。

(七)道谢告别

宴会结束后，赴宴者应起身离座，不可贪杯恋菜而拖延撤席，也不可因余兴未尽而说笑不止。结束时，来客应向主人表示谢意，从礼仪角度讲，一是感激宴会之丰盛，二是感谢主人让大家度过了愉快的时光。如主人备有小礼品相赠，不论价值轻重，都应欣然收下并表示感谢。

(八)礼貌致谢

从礼仪角度考虑，宴会后，在合适的时候给主人打个电话致谢，可加深印象，增进友谊，为今后的进一步合作打好基础。虽然宴请已过，但这个环节赴宴者不应忽视，该举动很多时候可以为增强进一步的联系和合作起到事半功倍的作用。

六、中餐用餐礼仪的注意事项

(一)了解用途，避免尴尬

用餐前服务员为每人送上的第一块湿毛巾是擦手用的，最好不要用它去擦脸。在上虾、蟹、鸡等菜肴前，服务员会送上一只小水盂，其中漂着柠檬片或玫瑰花瓣，它不是饮料，而是洗手用的。洗手时，可两手轮流蘸湿指头，轻轻刷洗，然后用小毛巾擦干。

(二)尊重风俗，文雅用餐

(1) 中餐用餐有自己的传统习惯和寓意。例如，在与渔家、海员吃鱼的时候，忌讳把鱼翻身，因为那有"翻船"的意思。

(2) 客人入席后，不要立即动手取食。应待主人打招呼，由主人举杯示意开始时，客人才能开始动杯。

(3) 取菜的时候，客人不能抢在主人前面。夹菜要文明，应等菜肴转到自己面前时，再动筷子，不要抢在邻座前面，不要碰到邻座。一次夹菜也不宜过多，绝不能大块往嘴里塞，狼吞虎咽。不要在公用的菜盘内挑挑拣拣，不要夹起来又放回去，这样会显得缺乏教养。多人一桌用餐时，取菜要注意相互礼让，依次而行，取用适量。

(4) 用餐的时候，要细嚼慢咽，这不仅有利于消化，也是餐桌上的礼仪要求。动作要文雅，不要吃得摇头摆脑、响声大作，更不要在餐桌上宽衣解带，这样不但失态欠雅，而且还会败坏别人的食欲。可以劝别人多用一些，或是品尝某道菜肴，但不要擅自做主，主动为别人夹菜、添饭。不要敲敲打打、比比画画，还要自觉做到不吸烟。用餐的时候要适当地与左邻右舍的人进行交流，营造一个愉悦的就餐氛围，但不要嘴里一边含着东西，一边与人聊天。

(5) 如果有事要离开，也要先和旁边的人打个招呼，可以说声"失陪了""我有事先行一步"等。

七、饮酒礼仪

在宴会中和其他一些社交场合，饮酒是必不可少的，俗话说"无酒不成席"，如果中餐宴请中少了酒，则会让来宾感到少了许多助兴的气氛。

酒文化是中华民族饮食文化的一个重要组成部分。酒在我国已有五千年的历史了。中国的酒品种繁多，名酒荟萃，享誉中外。在中餐宴请中，饮酒大有学问。

(一)了解酒的类别

在我国，宴会的用酒一般是白酒和葡萄酒。白酒是中国人饮用的主要酒类。葡萄酒是以葡萄酿制而成，按色泽可分为白、红、桃红三种；按是否含糖又分为甜、干两种。产地和品种差异对质量影响甚大，目前公认法国葡萄酒尤以法国波尔多、勃艮第地区产的葡萄酒最佳。我国宁夏贺兰山东麓的葡萄酒也非常有名。

(二)掌握饮酒规范

饮酒必须遵守相关的规范，否则就会错误百出，直接影响宴会交往效果。一般来说，应当重视以下六个方面的要点。

1. 正确选择酒具

饮用不同类型、品种的酒水应当选择不同式样的酒杯，如饮用白酒要选择白酒杯，饮用葡萄酒要选择葡萄酒杯，饮用啤酒要选择啤酒杯。

2. 把握酒杯拿法

在正式场合，酒杯具体持握方式颇有讲究。要注意姿势和酒温等多种制约因素，如饮用加入冰块的白葡萄酒时应手持酒杯腿，饮用温度要求稍高的白兰地酒时则手托杯底；并避免错误或不雅的拿法，如双手托杯、手托杯腿、手指搭在杯口以及用手捂住酒杯等不当拿法。

3. 注意酒水的搭配

所谓搭配是指酒水与酒具、酒水与菜肴、酒水自身所要求的搭配。如正规西餐宴会讲究上一道菜换一种洋酒，不同菜肴与酒水有固定的搭配。又如饮用威士忌时，应添加一些苏打水；饮用白葡萄酒时，应加入一些冰块等。

4. 掌握酒水的温度

绝大多数的洋酒，饮用时有专门的温度要求。饮用前务必了解酒的温度上的要求或规定，如红葡萄酒适宜15～20℃时饮用，白葡萄酒适宜8～12℃时饮用，香槟酒适宜4℃时饮用，白兰地酒则适宜18～20℃时饮用。可采取物理方法(冰镇或加冰块)、人工方法(手托杯底来略增酒温)控制酒温。

5. 坚持适量饮用

饮酒时，适量是一个基本要求，具体体现在两个方面：一是装杯定量，注意装杯具体定量要求，如中餐饮酒通常"酒满敬人"，西餐宴请则切忌满杯，大致以"七分满"为宜；二是饮用适量，切忌贪杯和过度劝酒，切忌借酒消愁，以免醉酒误事甚至产生更严重的后果。

6. 礼貌祝酒、敬酒

祝酒是宴会的一个重要礼仪程序。正式宴请主人敬酒，宾客们应回敬。举行或出席酒会或宴请，应事先了解饮酒习俗和出席宾主双方人员身份。祝酒时，通常要讲一些祝愿、祝福类的话，有时主人和主宾还会发表一篇专门的祝酒词，祝酒词内容越短越好。主人与主宾先碰杯，目视对方(眼鼻组成的三角区)以示致意；人多时可同时举杯，不一定碰杯。敬酒时，态度要热情，身体要站稳，举起酒杯，待对方饮酒时再跟着饮。若是为在座的女士们的健康干杯，应不漏掉任何一位女士。客人、晚辈、女士一般不宜首先为主人、长辈、男士的健康干杯。女士接受他人祝酒时，不一定要举起自己的酒杯，以微笑表示感谢即可，稍微喝上一点更好。当为尊贵的人物的健康干杯时，酒杯中的酒最好一饮而尽，若自己酒量不行的话，应事先只斟少许酒。碰杯时，应该让自己的酒杯低于对方的酒杯，表示你对对方的尊敬。也可以用酒杯杯底轻碰桌面表示和对方碰杯，当你离对方比较远时，完全可以用这种方式。如果主人亲自敬酒干杯后，应回敬主人，和主人再干一杯。如果因为生活习惯或健康等原因不适合饮酒，也可以委托亲友、部下、晚辈代喝或者以饮料、茶水代替。作为敬酒人，应充分体谅对方，在对方请人代喝或用饮料代替时，不要非让对方喝酒不可，也不应该好奇地"打破砂锅问到底"。别人没主动说明原因就表示对方认为这是他的隐私。

(三)注意饮酒的事项

1. 众欢同乐

大多数酒宴宾客都较多，所以应尽量多谈论一些大部分人能够参与的话题以得到多数人的认同。因为个人的兴趣爱好、知识面不同，所以话题尽量不要太偏，避免谈起来滔滔不绝，而忽略了他人。要注意不要与人贴耳小声私语，给别人一种神秘感，会使他人觉得受到冷落，而影响喝酒的心情。

2. 结交朋友

大多数酒宴都有一个主题，也就是喝酒的目的。赴宴时首先应环视一下宾客的神态表情，分清主次，不要单纯地为了喝酒而喝酒，而失去交友的好机会，要了解邀请方的目的，敬酒时要照顾大局。要想在酒桌上得到大家的赞赏，就必须学会察言观色，适时交流。

3. 语言得当

酒桌上可以显示出一个人的才华、修养和交际风度，诙谐幽默的语言，会给别人留下很深的印象，使人无形中对你产生好感。因此，应该知道什么时候该说什么话，语言得当、诙谐幽默很关键。

4. 劝酒适度

在酒桌上往往会遇到劝酒的现象，有的人总喜欢把酒场当战场，想方设法劝别人多喝几杯，认为不喝到量就是不实在。但有时过分地劝酒，会破坏朋友感情。

5. 分清次序

敬酒也是一门学问。一般情况下敬酒应以年龄大小、职位高低、宾主身份为依据。敬酒前，一定要充分考虑好敬酒的顺序，分清主次。与不熟悉的人在一起喝酒，要先打听一下对方的身份或是留意别人如何称呼，做到心中有数，避免出现尴尬的局面。

6. 饮酒适量

酒席宴上要看清形势，正确估计自己的实力，不要太冲动，尽量保留一些酒力和说话的分寸，既不让别人小看自己，又不要过分地表露自身，选择适当的机会，逐渐放射自己的锋芒，才能稳坐泰山。

【实践练习】

1. 预设场景练习：

(1) 元旦之际，某公司的销售部提前完成了订单，销售业绩又创新高。销售部李经理为激励团队的士气，同时感谢下属一年来的辛勤工作，特地在周末晚上邀请下属一起用餐。请模拟用餐情景，每组选 3~5 名同学，其中一人扮演李经理，其他几名同学扮演被宴请的下属，注意用餐的位次礼仪、敬酒礼仪。

(2) 友和公司要在元旦之际邀请新客户夏华公司的代表参加中式晚宴，时间是 12 月 27 日，地点定在市中心的喜来登酒店。当晚，友和公司的总经理(A)、两位副经理(B 和 C)、两位办公室主任(D 和 E)，以及夏华公司的总经理(a)、销售部经理(b)、生产部主任(c)、技术部两位主管(d 和 e) 参加了晚宴。请你以接待者的身份为他们发出邀请，安排座位，拟订菜单和酒水，并进行宴会接待。

2. 创设情景训练：模拟安排三桌的主题中餐宴会并进行招待。

第二节　西　餐　礼　仪

【典型案例】

【指出失礼之处】

刚参加工作不久的小梅在一家外企销售部工作。一天中午陪销售部经理到西餐厅宴请英国客户。她到餐厅入座后，把餐巾打开别在了衣服领口上。第一道食物面包和汤上来了，喝汤时，为了让汤凉得快一些，她一边用汤匙搅拌着热汤，一边用嘴吹着汤的热气，喝汤时还发出吸溜吸溜的声音。牛排上来后，她右手拿刀，左手拿叉，用力地来回切，刀与盘子发出刺耳的声响。她感觉到经理和客人都在看她，不好意思地把餐巾摘下来放在了桌旁，放刀、叉时，刀口朝外，叉齿向上。宴会结束后，经理提醒小梅，以后要注意一下餐桌礼仪。

【分析提示】

小梅餐巾放置的地方不符合西餐礼仪;喝汤时一边用汤勺搅着热汤,一边用嘴吹还发出声音,不符合餐饮礼仪;使用刀、叉时应避免发出碰撞声;用餐完毕,则应将刀叉并拢放在盘子内。

西餐是欧美各国菜肴的统称,也就是说,西餐是欧美饮食体系的代名词,即以英、法、德、俄、意、美、澳等国为代表的白种人的饮食体系。西餐传入我国已有一百多年的历史,发展到今天,西餐在菜肴上已中西合璧。在社交活动中选择西餐进行宴请也越来越寻常。与中餐相比,西餐礼仪相对烦琐复杂,掌握好西餐礼仪是职场人士必备的交际技能。

一、西餐的特点

与中餐相比,西餐在进餐方式、饮食结构、饮食习惯、烹调方法等方面都有其特色。

(一)西餐注重分餐

在进餐方式上,无论是日常便餐还是高档宴会,西餐都实行分餐制。朋友聚会,各点各的菜,想吃什么点什么,充分体现了西方人对个性的尊重。分餐制是吃多少点多少,这样既不会造成浪费,与合食相比又符合现代卫生要求。

(二)餐具多用刀、叉

在餐具使用上,西方人习惯用刀、叉,用刀切割,用叉取食。不同刀、叉用途各异,餐具种数也较多。

(三)肉与奶是主食

在饮食结构上,西餐以肉、奶、鱼等动物原料为主,西餐主副食不分,肉与奶是主要食品。

(四)喜冷食和生吃

在饮食习惯上,西方人喜欢冷食和生吃。比如啤酒要喝冰的,饮料要喝冰的。西餐多保留部分生食,如蔬菜生吃,鱼生吃,连牛排也煎三至七成熟。鸡蛋也单面煎,煎出汤蛋,即半熟蛋。西方人认为只有生吃,才能完整吸收原料中的营养。

(五)强调科学与规范

在烹调加工上,西餐强调科学与规范,比如一份炸鸡翅,无论是纽约,还是在旧金山,如出一辙。全世界牛排的配料都是番茄、土豆加生菜,非常标准。西餐从某种程度上讲,只烹不调,注重进餐过程中调味,而烹调的食物也大多是大块大片的,需食客自己用刀、叉分割后食用。

二、西餐的分类

(一)西菜之首——法式大餐

法国人一向以善于吃和精于吃而闻名。法式大餐，至今仍名列世界西菜之首。法式菜肴的特点是选料广泛(如蜗牛、鹅肝都是法式菜肴中的美味)、加工精细、烹调考究、滋味有浓有淡、花色品种多，还比较讲究吃半熟或生食(如牛排、羊腿)，以半熟鲜嫩为佳，海味的蚝也可生吃，烧野鸭等一般至六成熟即可食用。法式菜肴重视调味，调味品种多样。用酒来调味，什么样的菜选用什么酒都有严格的规定，如清汤用葡萄酒，海味品用白兰地酒，甜品用各式甜酒或白兰地等。法国人还十分喜爱吃奶酪、水果和各种新鲜蔬菜。

法式菜肴的名菜有马赛鱼羹、鹅肝排、巴黎龙虾、红酒山鸡、沙福罗鸡、鸡肝牛排等。

(二)简单与礼仪并重——英式西餐

英国的烹饪饮食有家庭美肴之称。英式菜肴的特点是油少、清淡，调味时较少用酒，调味品大都放在餐台上由客人自己选用。烹调讲究鲜嫩，口味清淡，选料多为海鲜及各式蔬菜，菜量要求少而精。英式菜肴的烹调方法多以蒸、煮、烧、熏见长。

英式菜肴的名菜有鸡丁沙拉、烤大虾苏夫力、薯烩羊肉、烤羊马鞍、冬至布丁、明治排等。

(三)西菜始祖——意式大餐

在罗马帝国时代，意大利曾是欧洲的政治、经济、文化中心，虽然后来意大利落后了，但就西餐烹饪来讲，意大利却是始祖，可以与法国、英国媲美。

意式菜肴的特点是原汁原味，以味浓著称。烹调注重炸、熏，以炒、煎、炸、烩等方法见长。意大利人爱吃面食，做法甚多。其制作面条有独到之处，各种形状、颜色、味道的面条约有几十种。面条的形状有字母形、贝壳形、实心面条、通心面条等。意大利人还喜食意式馄饨、意式饺子等。

意式菜肴的名菜有通心粉素菜汤、奶酪焗通心粉、肉末通心粉、比萨饼等。

(四)营养、快捷——美式菜肴

美国菜肴是在英国菜肴的基础上发展起来的，继承了英式菜简单、清淡的特点，口味咸中带甜。美国人一般对辣味不感兴趣，喜欢铁扒类的菜肴，常用水果作为配料与菜肴一起烹制，如菠萝焗火腿、苹果烤鸭等。美国人喜欢吃各种新鲜蔬菜和各式水果，对饮食要求并不高，追求营养、快捷。

美式菜肴的名菜有烤火鸡、橘子烧野鸭、美式扒牛排、苹果沙拉、糖浆煎饼等。

(五)西菜经典——俄式西餐

沙皇俄国时代的上层人士非常崇拜法国，贵族不仅以讲法语为荣，而且饮食和烹饪技术也主要学习法国。但经过多年的演变，俄国逐渐形成了自己的烹调特色。俄国人喜食热食，爱吃鱼肉、肉末、鸡蛋和蔬菜制成的小包子和肉饼等，各式小吃颇有盛名。

三、西餐餐具的摆放和使用礼仪

西餐餐具种类繁多，摆放很讲究，使用也讲究规范。许多不了解西餐的人，坐在西餐桌前，对琳琅满目的餐具，往往不知所措。

(一)西餐餐具的摆放

西餐的餐具主要有刀、叉、餐巾、匙、盘、杯等。国际上常见的西餐餐具的摆台方法是座位前正中是垫盘，垫盘上放餐巾(口布)；盘左放叉，盘右放刀、匙；刀尖向上，刀口朝盘；主食靠左，饮具靠右上方。正餐的刀、叉数目应与上菜的道数相等，一个座席一般只摆放三副刀、叉，并按上菜顺序由外至里排列，用餐时也从外向里依序取用。两侧的刀、叉、匙排成整齐的平行线。如有席位卡，则放在垫盘的前方。面包碟放在客人的左手边，上置面包刀(即黄油刀，供涂奶油、果酱用，而不是用来切面包)一把，饮具的数目、类型应根据上酒的品种而定，通常的摆放顺序从右起依次为葡萄酒杯、香槟酒杯、啤酒杯、水杯。如有面食，吃面食的匙、叉则横放在前方，如图 7-2 所示。

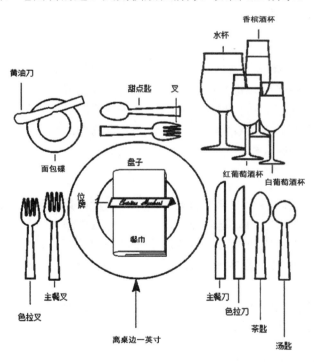

图 7-2　西餐餐具的摆放

(二)西餐餐具的使用

广义的西餐餐具包括刀、叉、匙、盘、杯、餐巾等，狭义的餐具则专指刀、叉、匙三大件。

1. 刀

刀分为食用刀、鱼刀、肉刀、黄油刀和水果刀。正确的拿刀姿势是：右手握住刀柄，拇指按着柄侧，食指则压在柄背上。刀是用来切割食物的，不应挑起食物往嘴里送。用餐时，如果有三种不同规格的刀同时出现，一般正确的用法是：带小小锯齿的刀用来切肉制食品；中等大小的刀用来将大片的蔬菜切成小片；小巧的、刀尖是圆头的、顶部有些上翘的小刀，则用来切小面包，也可用它挑些果酱、奶油涂在面包上面。

2. 叉

叉分为食用叉、鱼叉、肉叉和虾叉。叉子的拿法有背侧朝上及内侧朝上两种，要视情况而定。背侧朝上的拿法和刀子一样，以食指压住柄背，其余四指握柄，食指尖端大致在柄的根部，太往前，外观不好看；太往后，又不太能使劲，硬的食物就不容易叉进去。叉子内侧朝上时，则如铅笔拿法，以拇指、食指按柄上，其余三指支撑柄下方，拇指和食指要按在柄的中央位置，如果太往前，会显得笨手笨脚。左手拿叉，叉齿朝下，叉起食物往嘴里送，如果吃面条类软质食品或豌豆，叉齿可朝上。动作要轻，捡起适量食物一次性放入口中，不要拖拖拉拉一大块，咬一口再放下，那样很不雅观。叉起食物入嘴时，牙齿只碰到食物，不要咬叉，也不要让刀、叉在齿上或盘中发出响声。吃体积较大的蔬菜时，可用刀、叉来分切。

3. 匙

匙一般有汤匙、甜食匙、茶匙。在正式场合中，匙有多种，小的用于喝咖啡和吃甜点；扁平的用于涂黄油和分食蛋糕；比较大的，用来喝汤或盛碎小食物；最大的是公用于分食汤的，常见于自助餐。汤匙和点心匙除了喝汤、吃甜品外，绝不能直接舀取其他主食和菜品；不可以将餐匙插入菜肴当中；更不能让其直立于甜品、汤或咖啡等饮料中。进餐时不可将整个餐匙全部放入口中。

4. 其他餐具

点完菜后，在菜送来前的这段时间把餐巾打开，往内折三分之一，让三分之二的餐巾平铺在腿上，盖住膝盖以上的双腿部分。最好不要把餐巾塞入领口。用餐时可用餐巾的一角擦嘴，但不可用餐巾擦脸或擦刀、叉等。用餐过程中若想暂时离开座位，可将餐巾放在椅背上，表示你还要回来；若将餐巾放在餐桌上，表示你已用餐完毕，服务员则不再为你上菜。

餐盘右前方摆放 4 个酒杯，它们的用途各有不同。大杯用于盛水，中杯用于盛红葡萄酒，小杯用于盛白葡萄酒，细长杯子用来盛香槟酒。

四、西餐上菜顺序和食用方法

(一)西餐上菜顺序

要了解西餐的吃法，首先必须了解西餐的上菜顺序。西餐正餐的上菜顺序复杂多样，讲究甚多，其上菜顺序如下。

1. 头盘

西餐的第一道菜是头盘，也称开胃品。开胃品一般有冷头盘或热头盘之分，常见的品种有鱼子酱、鹅肝酱、熏鲑鱼、鸡尾杯、奶油鸡酥盒、焗蜗牛等。

2. 汤

汤大致可分为清汤、奶油汤、蔬菜汤和冷汤四类。品种有牛尾清汤、各式奶油汤、海鲜汤、美式蛤蜊巧达汤、意式蔬菜汤。冷汤一般分德式冷汤、俄式冷汤等。

3. 副菜

鱼类菜肴一般作为西餐的第三道菜，酥盒菜肴品均称为副菜。通常水产类菜肴与蛋类、面包类食品，均为副菜。

4. 主菜

肉、禽类菜肴是西餐的第四道菜，也称主菜。肉类菜肴的原料是牛、羊、猪、小牛仔等各个部位的肉，其中最有代表性的是牛肉或牛排。

5. 蔬菜类菜肴

蔬菜类菜肴可以安排在肉类菜肴之后，也可以与肉类菜肴同时上桌，所以可以算一道菜，或者称之为一种配菜。蔬菜类菜肴在西餐中称为沙拉，与主菜同时上的沙拉，称为生蔬菜沙拉，一般用生菜、西红柿、黄瓜、芦笋等制作。

6. 甜品

西餐的甜品是主菜后食用的，它包括所有主菜后的食物，如布丁、煎饼、冰激凌、奶酪、水果等。

7. 咖啡、茶

西餐的最后一道菜是饮料，多为咖啡或茶。饮咖啡一般要加糖和淡奶油，茶一般为红茶。正式的全套西餐没有必要全部都点，点太多吃不完反而失礼。

(二)西餐的食用方法

在正式场合所用的西餐，菜肴应该一道接一道送上来，等客人吃完一道菜，再上第二道菜；作为参宴者每吃完一道菜，便把刀、叉、勺并排放在盘里，待侍者从你的右手边收走，接着从你的左手边送来下一道菜。西餐各道菜品，其具体的食法各不相同，按照西方礼仪，同桌多人就餐时，必须等每位都上完一道菜后才能同时用餐，而且要注意速度，以配合大家。下面介绍几种主要食品的食用方法。

1. 开胃菜

开胃菜也称头盘、前菜。一般有冷头盘和热头盘之分，常见的品种有鱼子酱、鹅肝酱、熏鲑鱼、沙拉、什锦冷盘等。在西餐里，开胃菜往往不列入正式的菜。但一盘小巧可人、美味诱人的西式开胃菜能很好地刺激味蕾并增进食欲。

2. 面包

面包一般在开餐前 5 分钟左右送上，西餐正餐面包一般是切片面包，吃面包时，可根据个人口味，涂上黄油、果酱等。吃时应掰成小块送入口中，不要拿整块面包咬。

3. 汤

汤可分为清汤与浓汤两大类，也具有开胃作用。品种有牛尾清汤、各式奶油海鲜汤、美式蛤蜊汤、意式蔬菜汤、俄式罗宋汤、法式洋葱汤等。喝汤时才算正式开始吃西餐。喝汤时，不要啜，即使汤再热，也不要用嘴吹，要用汤匙从里向外舀，汤喝完后，将汤匙留在汤盘里，匙把指向自己。

4. 主菜

主菜多为肉、禽类菜肴或海鲜。在正式的西餐宴会上，一般为一个冷菜、两个热菜。两个热菜中一个是海鲜，由鱼或虾以及蔬菜组成；另一个是肉菜，是西餐中必不可少的主菜，其中最有代表性的是牛肉或牛排，配以蔬菜，代表着此次用餐的最高水平。牛排一般都是大块的，吃的时候，用刀、叉把肉切成一小块，大小刚好是一口。千万不要用叉子把整块肉夹到嘴边，边咬边咀嚼边吞咽，咀嚼时要闭上嘴唇。

5. 蔬菜类菜肴

蔬菜类菜肴通常为配菜。可以安排在肉类菜肴之后，也可与肉类菜肴同时上桌。蔬菜类菜肴在西餐中称为沙拉。与主菜同时搭配的沙拉，称为生蔬菜沙拉，一般用生菜、番茄、黄瓜、芦笋等制作。还有一类是用鱼、肉、蛋类制作的，一般不加味汁。沙拉习惯的吃法是将大片的生菜叶用叉子切成小块，如果沙拉是一大盘，端上来就应使用沙拉叉；如果沙拉和主菜放在一起，则要使用主菜叉来吃。

6. 甜品

西餐的甜品是主菜后食用的，可以算作第六道菜。从真正意义上讲，它包括所有主菜后的食物，如点心、冰激凌、奶酪等。蛋糕、西饼用小甜食叉子，冰激凌、布丁等用甜点调羹食用。

7. 水果

吃完甜点，一般会上一份新鲜水果。水果作为甜点或随甜点一起送上，通常为水果沙拉或拼盘。若是未加工的水果，则应削皮去核后再吃。

8. 热饮

热饮一般为红茶或咖啡，以帮助消化。

从实际情况看，出于节约金钱和时间方面的考虑，西餐也在简化，一般由下列五道菜肴构成：开胃菜、汤、主菜、甜品、咖啡。

五、西餐宴会礼仪

(一)西餐宴会的形式

西餐宴会按进餐的时间分为午宴和晚宴，晚宴属正式宴会。按宴会内容分为冷餐会、鸡尾酒会、招待会等。

1. 正式宴会

正式宴会是有特定主题、规格较高的宴请形式。按西方的习惯，隆重的晚宴也就是正式宴会，基本上都安排在晚上 8 点以后举行，我国一般在晚上 6 点至 7 点开始。举行这种宴会，说明主人对宴会的主题很重视。正式晚宴一般要排好座次，并在请柬上注明对着装的要求，其间有致辞或祝酒，有时安排席间音乐，由小型乐队现场演奏。

2. 便宴

便宴是一种非正式的简便的宴请，可分早餐会、午宴会、晚宴会。便宴气氛比较轻松、自然，多用来招待熟识的宾客朋友。在家里举行的便宴也称为家宴，服装、席位、餐具、布置等不必太讲究，但仍然有别于一般家庭聚餐。便宴越来越多地用于官方宴请或公务往来活动。

3. 自助餐

自助餐，有时也称冷餐会，是目前国际上通行的一种非正式的西式宴会，在大型的商务活动中尤为多见。它的具体做法是：不排席位，菜肴以冷食为主，也可用热菜，连同餐具陈设在菜桌上，供客人自取；客人可自由活动，多次取食；酒水可陈放在桌上，也可由招待员端送。冷餐会在室内或在院子里、花园里举行，可设小桌、椅子，客人自由入座，也可以不设座椅，站立进餐。根据主、客双方身份，招待会规格隆重程度可高可低，举办时间一般在中午 12 点至下午 2 点、下午 5 点至 7 点。这种宴会形式常见于官方正式活动，用以宴请人数众多的宾客。

国内举行的大型冷餐招待会往往用大圆桌，设座椅，主宾席排座位，其余各席不固定座位，食品与饮料均事先放至桌上，招待会开始后，自动进餐。

一般来讲，自助餐礼仪主要有以下五点：一是要排队取菜，二是要循序取菜，三是要量力而行，四是要多次少取，五是要避免外带。

4. 酒会

酒会也称鸡尾酒会，通常以酒类、饮料为主招待客人。这种招待会形式较活泼，便于广泛接触交谈。招待品以酒水为主，略备小吃。不设座椅，仅置小桌(或茶几)，以便客人随意走动。酒会举行的时间亦较灵活，中午、下午、晚上均可，请柬上往往注明整个活动延续的时间，客人可在其间任何时候到达和退席，来去自由，不受约束。

鸡尾酒是用多种酒配成的混合饮料。酒会上不一定都用鸡尾酒，但通常用的酒类品种较多，并配以各种果汁，不用或少用烈性酒。食品多为三明治、面包、小香肠、炸春卷等各种小吃，以牙签取食。饮料和食品由招待员用托盘端送，或部分放在小桌上。

近年来，国际上举办大型活动采用酒会形式较普遍。庆祝各种节日、欢迎代表团访问，以及各种开幕、闭幕典礼，文艺、体育招待演出前后往往举行酒会。

(二)西餐宴会的台型及席位安排

1. 西餐宴会的台型

西餐宴会最常见、最正规的是"一"字形长台，还有用"一"字形长台拼成其他各种形状的宴会餐桌，其台型设计按厅堂的大小和自然条件来布置，如图 7-3 所示。一般有长方"一"字台、"T"字台、"U"形台、"E"形台、"山"形台等，总的要求是左右对称，出入方便。

图 7-3 西餐宴会的长方"一"字形长台

确定台型后，要按就餐人数安排座椅。主人的座位应正对厅堂入口处，其视线应能纵览全厅。

2. 西餐宴会的席位安排

一般家庭式西餐宴会习惯是长台的一端为主人席位，另一端为女主人或副主人席位。主人的右侧为主宾，左侧为第三宾客，副主人右侧为第二宾客，左侧为第四宾客，其余交错类推。这种宴会席位排法的优点是气氛较随和，有两个谈话中心。

一些国家和地区，特别是较为正式的宴会上，更喜欢将主人和副主人座席相对安排在长台长边中央位置，将宾客按顺序交叉安排在长台左右，这样可使全桌形成一个交谈中心，而又不至于冷落宾客，如图 7-4 所示。

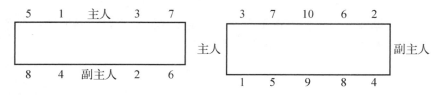

图 7-4 "一"字形长台的席位安排

(三)西餐的 6 个"M"

1. 菜单(Menu)

当您走进西餐馆，服务员先领您入座，待您坐稳，首先送上来的便是菜单。菜单被视为餐馆的门面，老板也很重视，通常用最好的面料做菜单的封面，有的甚至用软羊皮打上各种美丽的花纹。如何点好菜，有个绝招，打开菜谱，看哪道菜是以饭店名称命名的，一般可以取之；要知道，哪位厨师也不会拿自己店名开玩笑的，所以他们下功夫做出的菜，肯定会好吃的，一定要点。看菜单点菜已成了吃西餐一道必不可少的程序。

2. 音乐(Music)

豪华高级的西餐厅，要有乐队演奏一些柔和的乐曲，一般的小西餐厅也播放一些美妙的乐曲。但这里最讲究的是乐声的"可闻度"，即声音要达到"似听到又听不到的程度"，也就是说，要集中精力和友人谈话就听不到，要想休息放松一下就听得到，这个火候要掌握好。

3. 气氛(Mood)

西餐讲究环境雅致，气氛和谐。一定要有音乐相伴，有洁白的桌布，有鲜花摆放，所有餐具一定要洁净。如遇晚餐，灯光要暗淡，桌上要有红色蜡烛，营造一种浪漫、迷人、淡雅的气氛。

4. 会面(Meeting)

吃西餐主要为联络感情，很少在西餐桌上谈生意。因此，西餐厅内少有面红耳赤的场面出现。

5. 礼俗(Manner)

吃西餐时要遵循西方习俗，勿有唐突之举，特别是手拿刀、叉时，若手舞足蹈，就会"失态"。使用刀、叉，应是右手持刀，左手拿叉，将食物切成小块，然后用叉送入口内。一般来讲，欧洲人使用刀、叉时不换手，一直用左手持叉将食物送入口内。美国人则是切好后，把刀放下，右手持叉将食物送入口中。但无论何时，刀是绝不能送物入口的。西餐宴会，主人都会安排男女相邻而坐，讲究"女士优先"的西方绅士，都会表现出对女士的照顾。

6. 食品(Meal)

西餐的食品魅力在于其独特的口味和丰富的内涵。肉类是不可或缺的主角，常见的有牛排、羊排、猪肉、鸡肉等，鱼类也是西餐中的一种重要食材。烹饪方法也多种多样，如煎、烤、煮等。奶制品在西餐中扮演着重要的角色，包括新鲜的牛奶及各种奶酪、黄油等。除此之外，还有意大利面、比萨、沙拉等。这些食品各有特色，丰富了西餐的口味和种类。

(四)西餐宴会用餐的礼仪

1. 着装讲究

参加正式宴会时，应当重视自己的衣着。一般而言，针对不同的宴会形式、规模以及举办时间，适合穿着出席的服装也各有不同。若是邀请函已经指定的话，就依照指定穿着；未指定也应穿适合宴会的服饰，如西装和礼服。此外，出席正餐一般不戴帽子，女士也不可围厚长的围巾。

2. 入座规范

根据请柬上注明的席位或自己在众宾客中的身份落座，或由服务生引座。通常从左侧入座，一般应请女士先入座，然后男士再入座。如果服务生没有替女士拉座椅的话，男士应为女士把椅子拉开，女士进入后，再把椅子推进。

3. 女士优先

尊重女士是西餐礼仪的一大特点。在非官方的西餐宴会上，女主人通常处于第一主人的位置，主宾往往在女主人的右方；用餐的开始和结束，往往由女主人示意。西餐宴会一般是男女交叉安排、相邻而坐。为了体现男士的绅士风度，男客人应帮助他右边的女宾拉出座椅，待女宾入席下座时，帮助女士将座椅稍稍往前推，使其身体靠近桌的适宜位置，男士待女士坐下后再就座。作为女士应对帮自己就座的男士微微一笑，表示感谢后坐下，同时请身边的男士就座，并转身和他寒暄，以便引出交谈的话题。

4. 刀、叉、匙的用法

正式宴会，对餐具非常讲究。每吃一道菜，都要用相应的餐具，喝汤用汤匙，吃开胃品用开胃品刀、叉，吃鱼用鱼刀、鱼叉，吃牛排用主菜刀、叉，吃甜点用甜点叉、匙，吃水果用水果刀、叉。

餐具按顺序由外向内依次取用，一般左手拿叉，右手拿刀或匙。具体用法是：右手中指和拇指夹住刀柄，食指放在刀背上。左手持叉与右手持刀的方法基本相同。拿匙就像拿钢笔一样，匙面朝上。切吃食物时，用叉紧紧压住食物的左端，顺着叉的侧边用刀切下约一口大小的食物后，再用叉直接叉起送入口中。席间有事离席，还未吃完时，可将刀、叉呈八字形摆于盘上，而刀刃必须朝向自己。若用餐完毕。可将刀、叉并拢置于盘中，刀、叉柄部朝向右下方45度，暗示服务员可以撤盘。

5. 酒杯与餐巾的用法

葡萄酒杯、香槟酒杯等高脚杯，要用右手轻拿杯柄部分，慢慢地移向嘴边，而不要把嘴伸向酒杯。餐巾是用来擦手、嘴和防止弄脏衣服的，而不是用来擦汗或擦鼻涕的。擦嘴时轻轻地拿起餐巾一端，优雅地在嘴唇上轻压一下。若暂时离席应将餐巾轻轻折好，自然地放在椅子上。

6. 亲切交谈

西餐桌上可和别人轻松自由地交谈。有人说，没有交谈的餐桌上，仿佛少了一道菜。餐宴时的交谈当然以风雅为上，谈一些大家感兴趣而又轻松愉快的话题，如赞美餐桌上的菜肴、酒水饮料和摆饰，或文艺、体育、旅游等话题，不宜谈及宗教、政治、疾病等可能触及别人忌讳的话题。交谈对象一般以左右邻座为宜，最好不要隔着人交谈，尤其不宜大声与餐桌对面的人交谈，但也不要耳语。满嘴食物时，不要与人交谈，如他人与自己交谈应等食物咽下后再应声。如果自己不擅长聊天又缺少话题，不妨当一个好听众，但不要随意插话或打断别人的谈话。也不能得意忘形大声说笑，更不能挥动刀、叉，手舞足蹈。通常说话前要用餐巾擦一下嘴。

7. 礼貌告辞

除了结婚喜宴和正式宴会之外，通常普通的宴会不会约定结束时间。例如，参加鸡尾酒宴会，并没有规定何时离开会比较好，只要没什么重要的事，应尽量避免比主宾早离场。这当然也不是说待得越久越好。在离席的时机上，以"中场"为标准，"中场"为散会的间接说法。当司仪宣布"宴会已经进行到中场了"，这即是在示意到陆陆续续离席的时候了，因此借此离席是不错的选择。离席时也请不要忘记向主办者打声招呼。

(五)西餐用餐礼仪的注意事项

1. 举止高雅

(1) 进食噤声。在进餐时应细嚼慢咽，避免狼吞虎咽或大声咀嚼，减少因咀嚼过快而产生噪声；同时，使用餐具时应保持稳定，不要发出过大的声音。

(2) 防止异响。餐桌上不要发出如咳嗽、喷嚏、打嗝等声音，弄得餐桌椅、餐具发出声响等。

(3) 会用餐具。要正确使用刀、叉、勺各种餐具，如果不懂，可以先看别人如何使用，然后紧跟模仿即可。

(4) 正襟危坐。就座时，从左侧进入，身体与餐桌保持两拳左右距离，上身呈挺拔之态。双手不要支在桌上，或藏于桌下，应扶住桌沿。双腿切勿乱伸，别忘了自己对面与两侧皆为异性。

(5) 吃相文雅。吃东西时，用叉将食物取起放入口中，而不要低头用嘴去接近食物。面包应用手掰着吃；如果要将面包涂上黄油，应用手一块块撕下面包，然后一小块一小块地涂；吃沙拉时只能使用叉子；吃水果不可整个咬着吃，应先切成小瓣，用叉取食；如要吐出嘴中硬核、鱼刺等，不要直接吐在手上，而要用叉接好去放在盘子边缘。

2. 衣着考究

用餐规模、档次不同，用餐时衣着也不尽相同。

(1) 礼服：在隆重宴会上，男为燕尾服或西装，女为大礼服或小礼服；也可以男穿中山装，女穿旗袍等。

(2) 正装：在普通宴会上，一般着深色西装套装、套裙。

(3) 便装：浅色西装、单件西装上衣、时装。

不管穿什么服装，在用餐时都不允许当众整理衣饰，如不准脱外套、换衣服、松领带、解腰带、拉袜子、脱鞋子，等等。

3. 尊重妇女

(1) 礼待女主人。

(2) 照顾女宾客。帮存外套，拉椅让座，帮助取菜，拿调味品，陪其交谈等。

(3) 不用女侍者。

4. 积极交际

根据西餐礼仪，西餐宴会的主旨就是促进人们的社交活动，与会者应适当交际。

(1) 宾主交际。问候主人，与其叙旧。

(2) 来宾交际。与周围人都交谈上几句。

【实践练习】

1. 预设情景练习：一帆公司在与合作商恒佳公司签订合作协议后，邀请合作商恒佳公司的总经理、采购部经理以及两位主管到本市的一家西餐厅就餐；一帆公司总经理、副总经理、办公室主任及生产部主任一同出席。请你以一帆公司接待者的身份向他们发出邀请，安排座位，拟订菜单和酒水，并进行宴会接待。

2. 创设情景训练：模拟安排一次 100 人的自助餐的组织计划。

本 章 小 结

本章主要介绍了人们在中西餐饮活动中的基本礼仪规范，以及在社交场合中如何正确得体地应用中西餐礼仪知识。通过本章的学习可以使读者认识到，与他人进行餐饮交往，不仅要尊重交往对象，还要恰当地运用中西餐礼仪，充分体现一个人内在的修养和素质。

关 键 概 念

中餐宴会　便宴　祝酒　西餐

课 堂 讨 论

1. 中餐用餐中，上的洗手盅有何用途？

2. 如何在宴会中敬酒才不会失礼？

3. 宴请活动可以通过哪些方式调节宴会的气氛？

4. 中餐的"八大名菜"是哪几个？各有什么特点？

5. 西餐宴会菜点与酒水是如何搭配的？

6. 出席中餐宴会的注意事项有哪些？

复习思考题

1. 正式宴会有哪些礼仪要求？

2. 常见的宴请形式有哪些？

3. 赴中餐宴会时要注意哪些礼仪？

4. 西餐的餐具如何使用？

5. 西餐用餐时应注意哪些礼仪？

第八章　求　职　礼　仪

学习目标

1. 了解求职礼仪的概念。
2. 了解求职前的心理设定以及资料准备。
3. 了解面试流程中的礼仪。
4. 掌握求职礼仪的作用及功能。
5. 了解多种求职方式和求职渠道，掌握网络求职的礼仪。
6. 掌握面试过程中交谈礼仪的要求。

学习内容

1. 求职礼仪概述
2. 求职前的礼仪
3. 求职面试的礼仪
4. 求职后的礼仪

第一节　求职礼仪概述

【典型案例】

【指出失礼之处】

曾经有一位女士去外企面试，她进门的时候，所有的面试官都认为是保洁阿姨走错了房间：此人身穿连帽衫、牛仔裤，外加一双休闲鞋，还戴了一副颜色褪色的眼镜。坐定之后就滔滔不绝地讲述自己在国外的经历，根本没有在意面试官的存在。她的举止也非常随意，坐在椅子上晃来晃去，整个十五分钟的面试中，身体的摆动没有停下来过。最让人大跌眼镜的是，她还愤愤不平地抱怨国外的机会根本没有传说中那么好，从业人员素质低下，等等。面试官也听得是一愣一愣的，结果大家可想而知。

【分析提示】

求职礼仪是公共礼仪的一种，求职者通过语言、仪态、行为举止、着装、打扮等方面体现自己的内在素质。该女士去外企面试，不注重个人仪容仪表，不注意语言的规范性，其言行反映了对应聘公司不尊重，仪态举止有失分寸，最终导致面试失败。

现代社会中，也存在很多"有知识、无素养"的人。素养的构成中除了知识素养外，还应有礼仪素养，因此我们要注意综合素质的培养。尤其是在找工作时，要懂得把自己推销出去。虽然你平时满腹经纶，但是如果你不注意自己的言谈举止，站姿、坐姿、走姿欠大方雅观，与人说话时眼神不对，说话时紧张得直冒汗，那么你的推销效果就会大打折扣。西方有句谚语："获得工作的不一定是最能胜任的人，却一定是最懂得求职之道者。"同时在全球化经济社会中，必须注意第一印象，"你永远没有第二次机会树立第一印象。"任何人都会根据自己与他人见面后的最初几秒或几分钟，对他人迅速地做出判断。在求职应聘这种事关个人成长发展的事件中，第一印象尤为重要，其很可能决定着你应聘工作的成败。

一、求职礼仪的概念

求职礼仪是公共礼仪的一种，指在求职过程中所表现出来的礼节和仪式。它涉及应聘者的多个方面，包括应聘资料、仪态举止、仪表和着装打扮等，这些都是展现个人素质和能力的外在表现。求职礼仪不仅仅是关于穿着和化妆，更重要的是体现出对他人的尊重和关注，并让他人感受到这种尊重和关注。

二、求职礼仪的作用

(一)求职礼仪有助于提高求职人员的个人素质

求职面试礼仪是一门学问，得体、周到的言谈举止及仪表，对于求职面试来说非常重要，它反映了一个人的修养，体现了一个人的教养与风度。修养体现在细节上，细节展示素质。

求职人员学习和实践求职礼仪，可以培养自律、尊重他人和善于沟通等优秀品质，这些品质不仅有助于求职成功，更为个人职业发展奠定了坚实基础。

(二)求职礼仪有助于建立求职人员的良好形象

求职礼仪在塑造求职者良好形象方面发挥着关键作用。得体的着装、整洁的仪表和自信的仪态，都是求职者向外界表示自己专业、认真态度的有效方式。恰当运用求职礼仪，不仅能够在面试中留下深刻的第一印象，还能够展现自己的职业素质和内在品质；不仅增强了求职者在面试中的竞争力，还为其未来的职业生涯打下了坚实的基础。

(三)求职礼仪有助于提升求职成功率

求职礼仪在提升求职成功率方面起着不可忽视的作用。得体的外表、自信的举止以及恰当的言谈，都能够给面试官留下深刻的印象，从而增加求职者被录用的概率。此外，求职礼仪还能够帮助求职者更好地展示自己的专业素养和技能，进一步提升自己在众多竞争者中的优势。因此，学习和实践求职礼仪是提升求职成功率的重要途径之一。

三、求职礼仪的特点

(一)认同性

求职礼仪的认同性特点体现在它能够让求职者和面试官在交流中达成共识，建立起一种相互尊重和信任的关系。这种认同性不仅表现在求职者对面试问题的准确理解和回应上，还有助于求职者更好地融入企业文化，成为企业团队中的一员，从而提升求职成功率。

(二)规范性

求职礼仪的规范性体现在多个方面。首先,语言表达要规范,无论是简历还是面试,都要使用准确、简洁的语言展现专业素养。其次,行为举止须得体,如准时、穿着得体、保持礼貌、坐姿端正。再次,态度认真积极也是规范性的重要体现,求职者应全力以赴,展现最佳状态。最后,求职流程也应遵循规范,如按要求投递简历、按时参加面试等。

(三)沿习性

求职礼仪的沿习性体现了社会文化和职业规范的发展变迁。传统上,求职礼仪强调谦逊、尊重和正式,如西装革履、准时赴约等,反映了职场对专业性和严谨性的要求。然而,随着时代的进步,现代求职礼仪逐渐融入灵活、个性化和网络化的元素。例如,在线求职的普及使得面试形式和礼仪也随之改变,如视频面试的礼仪、网络沟通的技巧等。因此,求职者在遵循传统礼仪的同时,也需适应新的职场文化和规范。

【实践练习】

预设情景练习:程某去某贸易公司应聘,招聘主管是位女性,因为事先看过程某的简历,面试女主管觉得程某很有实力,认为他是个人才。面试进行得很顺利,程某给女主管留下了很好的印象。面试结束时,女主管热情地伸出右手,说:"小伙子,表现不错!"程某赶忙伸手相握,他手心朝下,像铁钳一般握住女主管的手。女主管面露微妙的惊异之色,她想:"这小伙子怎么这么没礼貌?"程某就这样被女主管从新员工名单中划掉了。

请讨论说明面试礼仪的重要性,指出案例中有哪些地方不符合求职礼仪规范。

第二节　求职前的礼仪

【典型案例】

很多人都知道,在外国正规的公司职业女性只能穿着裙子或长袖套装,且无论春夏秋冬、天气冷暖都如此。但是在中国,许多外企女性穿着裤装和短袖上班同样非常专业,而且已经被大众所接受,所以在准备面试着装时,不必完全拘泥于外国的规矩。

女性的裙装不要太短、太暴露,开衩不能太高,否则容易尴尬。在坐着的时候,双腿还应并拢。讲到裙装的风格,建议大家平时多观察外企公司职业女性着装的色调和品位,在不同风格中,找出适合自己体形与气质的样式。

一些大企业在进行礼仪培训时,培训师会当场提问:"纽约职业女性必备的三个包是哪三个?"大多数人只能想到化妆包和公文包这两个,而第三个包就是运动包。化妆包通常有 B5 纸大小,用于盛放化妆品、钱包和钥匙等;公文包则至少要可以放下 A4 纸大小的文件;运动包是用来盛放去健身房用的运动服装。

对于去面试的学生,建议只带一个能放下简历和其他证明材料的公文包就可以了。公文包里还要准备一些补妆用的工具、身份证件和钱包等。

【分析提示】

不同国家和地区对求职礼仪的要求规范性是有差异的，因此求职面试之前的准备是必不可少的。

一、求职前目标设定

每个求职者都想谋求一份好的职业，但是，不是所有的求职者都能够胜任应聘的岗位，在求职前客观地分析自我，分析环境，明确求职的目的是成功的第一步。

明确求职目标，切忌盲目自卑，有些求职者在面试多次碰壁后变得茫然，不知所措，不知道自己能干什么，适合干什么，缺乏自我定位。还有些求职者为了表示自己的诚意，在求职面试时跟招聘者说，我什么都能干，没有工资都行，只要给我一个机会，可能会让用人单位感到意外。如今，是信息高速发展的时代，要在社会中找到一个最符合自己、最接近择业目标的单位，首先必须获取市场就业信息。就业信息是指有关求职就业方面的消息和情况，一般内容包括每个国家、地区政治经济状况、社会各部门需求情况，以及未来各产业、职业的发展趋势等宏观情况。在决定去应聘前，求职者应对该地区及单位有个初步的印象，深入了解这个地区的文化及政策，掌握详尽的单位情况资料，才能做到"知己知彼，百战不殆"。如果你对招聘单位一无所知，面试必然失败。

二、求职前的资料准备

(一)了解应聘单位及岗位的相关信息

首先，了解公司所在地、规模，在全球的活动概况，在国内设立分公司的时间、业绩、市场的规模，计划推展的业务，公司发展前景，个人是否能在公司得到长足发展。如果公司企业文化氛围浓厚，团队成员团结一致，公司发展有后劲，就能增加本人做好这个岗位工作的信心。其次，在求职清单上，岗位信息是必须了解的内容。搜集、了解岗位信息虽然可能累一些，但它可以给自己需要的东西，比如有无专业培训机会和薪资、福利，而且还能够知道是否和优秀的高素质的人在一起工作。

(二)动手制作个人简历

1. 简历制作要点

- 基本资料——与工作无关者不要赘言；
- 学历——由最高学历依次排列；
- 经验——由最近的工作经验依次说明；
- 专业素养——证照、论文题目及摘要。

2. 格式简洁大方

- A4 格式，页数以不超过 2 页为佳；
- 除非是创意类的工作，否则建议版面与外观中规中矩；

- 中文+英文，不要火星文及错别字，语言要通顺。

3. 慎选相片

- 男生不要附军装照；
- 女生不要附写真照。

4. 简历内容

(1) 基本情况介绍

包括姓名、性别、年龄、身高、籍贯、政治面貌、毕业学校等。

(2) 学习情况介绍

包括几年间总的学习情况、平均成绩、主攻方向，如经济学方面、市场学方面、金融学方面、财会学方面等。重点介绍所学应聘职业涉及的课程。

(3) 实习实践情况

现代社会强调实践经验，单纯学习好的学生，不一定能获得用人单位的赏识，因此，强调实践经验对应聘很有益处。实习实践情况包括自己发表的文章、在企业实习和参加的社会实践等。

(4) 社团活动

列出参加过的比较重要的社团活动，所担任过的学院、系别、社团的各类职务。

(5) 特长爱好

选择有说服力的特长，尤其是针对用人单位需求列举自己的特长，但不可以弄虚作假。

(6) 科研活动情况

在校期间在期刊上公开发表的论文，参加的创新创业项目，或跟随导师参与过的科研项目等。

(7) 获奖或参赛情况

在校就读期间所获得的各类奖励荣誉，所取得的资格证书、等级认证书、各类参赛名次证书等。

(三)面试前的准备

1. 物品准备

求职者在参加面试前，整理好妆容，穿戴好衣服、配饰后，还要注意做好面试前的准备，如公文包、求职记录笔记本、多份打印好的简历、面试准备的材料、个人身份所获奖励证书、登记照等，所有准备好的文件都应该平整地放在一个文件夹或牛皮纸袋里。假如说着装是你面试时的"战袍"，那么公文包等物件就是你面试时的"武器"。

(1) 公文包

求职时带上公文包会给人以专业的感觉。公文包不要求买很贵重的真皮包，但要看上去大方典雅，大小应可以平整地放下 A4 纸大小的文件。

(2) 笔记本

笔记本可以记录参加过求职面试的时间、各公司名字、地址、联系人和联系方式，以及可以对面试过程进行记录等。求职记录本应带在身边，以便记录最新情况或以备随时查询。

2. 心理准备

在求职前做好心理准备有助于求职的顺利进行。心态左右你的一切，无论情况好坏，都要抱着积极的心态，莫让沮丧取代担心，生命的价值可以极高，也可以一无是处，关键是看你的心态如何，因为有什么样的心态就会有什么样的行为，所以面对用人单位，应聘者首先要调整好自己的心态，找准自己的位置。始终要记得自己是在"求"职。无论你的条件多么好，才学有多深，无论人才市场的供求状况对你多么有利，都不能有高高在上、舍我其谁、高人一等的心态。也不要总是看到别人的优点而对自己产生怀疑，低估自己的能力。在求职的整个过程中始终要保持平常心态，尊重对方，注重礼仪。

(1) 增强自信

毕业生刚刚步入这个竞争激烈的社会，一旦遇到一些小问题便会问自己："我行吗？"也因此否定自己。著名的推销员齐格总结自己的职业生涯时感慨颇深地说："只要你真正相信自己并投入工作就能冲破一切困难获得成功。"在世界上没有两个人的指纹、声音和 DNA 是相同的，我们每一个人都是独一无二的个体。把自己与别人相比是毫无意义的，因为你根本不知道别人在生活中的目标与动力以及别人独一无二的能力。我们对自己的认识、对自己的定位以及我们将要实现的目标决定着我们在这个世界上的独特的位置。

成功者相信的是自己，他们取得成功不依赖于地位或身份，而依赖于他们自身实现目标的信心。自信是人生的动力，它能帮我们战胜自卑和恐惧。你相信自己会成为什么样的人，并且去做了，你自然就会成为你希望的那个人。

(2) 放松心情

面试前，要保证充足的睡眠，至少提前 10 多分钟到达面试现场，在进入面试房间前，先调整自己的紧张情绪，可以先做 3～5 个深呼吸来缓解紧张情绪。

三、求职前的渠道准备

(一)邮件求职

1. 认真撰写

向他人发送求职电子邮件时，一定要精心构思，认真撰写。在撰写电子邮件时，尤其要注意下面三点。

(1) 邮件的主题要明确

一个电子邮件大都只有一个主题，并且往往需要注明。若是将其归纳得当，收件人见到它便对整个电子邮件的内容心中有数了。

(2) 邮件的语言要流畅

电子邮件要便于阅读，就要语言流畅，尽量别写生僻字、异体字。

(3) 邮件的内容要简洁

人力资源负责人的时间极为宝贵，所以电子邮件的内容应当简明扼要，越短越好。

2. 注意编码

我国海峡两岸、香港、澳门以及海外华人，目前使用着互不相同的中文编码系统。因此，当使用中国内地(大陆)的编码系统向生活其他地方的华人发送电子邮件时，由于双方所采用的中文编码系统有所不同，对方便很有可能只会收到一封由乱字符所组成的"天书"。

因此，在使用中文向其他国家和地区的华人发出电子邮件时，必须同时用英文注明自己所使用的中文编码系统，以保证对方收到邮件后能选择正确的编码，让邮件中的内容正确显示。

3. 慎选花哨功能

现在市场上的大多数电子邮件软件均有多种字体供选用，甚至还有各种信纸可供使用者选择。这固然可以强化电子邮件的个人特色，但是此类功能求职邮件是必须慎用的。

4. 求职邮件的撰写

(1) 抓住重点

求职邮件的撰写，应该掌握由上而下的重点，也就是说，重点应放在最前面的第一段。如果信件很长，最好在结尾的部分再度强调第一段的重点。

(2) 说明要求

主动说出你期待对方做的事情，当你想要收件者采取行动时，如果电邮的内容过长，在信件的一开始，就说明你的要求；如果内容很短，不超过一个屏幕可以读完的范围，直接在信件内容的结尾提出要求即可。

(3) 明确时间

每一份邮件的日期与时间要明确。

(4) 回复邮件

当你回复对方的来信时，应使用对方的主旨回复，让对方知道这是来自你的回复。此外，如果想要在主旨标明回复的重点，可以在邮件正文中注明「回复主旨：×××××××」，让对方知道这是回复哪一封信。

(二)电话求职

打电话是交流的一种手段，使用电话是向同事、宾客、领导等快速地传递信息、保持联络进而顺利地开展工作的一种最便捷的方式。电话交流中能轻松地感觉到通话者的个人素质和对待工作的态度，从而也能够感觉到企业精神状态。因此，在接打电话的过程中都必须掌握和遵循必要的电话礼仪。

求职电话礼仪的主要内容就是要求注重自我形象。电话交流中的礼仪不仅是对对方的尊重，而且是对自身形象的维护和宣传。

1. 求职电话基本礼仪

在求职过程中，电话沟通是初步建立与雇主关系的重要环节。一次得体、专业的电话沟通，不仅能够展示你的能力和经验，还能够为你赢得对方的好感和信任。

(1) 语言清晰

在拨打求职电话时，要确保自己的语言清晰、准确，给对方留下专业、认真的印象。要调整自己的发音，确保每个字都能准确传达，避免使用方言或含糊不清的词汇。语调要自然、流畅，既要展现自信，又要显得亲切、热情。同时，要注意控制音量，既要让对方听清楚，又要避免过于嘈杂或刺耳。

(2) 主次分明

在打电话前，首先，要充分了解公司的背景信息、职位要求以及自己的简历内容。这样可以在交流时更加自信，并且能够准确回答招聘方可能提出的问题。其次，要明确表达自己的目的，如"我是应聘贵公司××职位的候选人"。同时，在回答问题时，先回答主要问题，再回答次要问题，保持条理清晰，让对方能够快速了解你的核心优势。最后，要突出重点，在有限的时间内，突出展示自己的核心技能和经验，以及与职位要求的匹配度。避免在无关紧要的事情上过多纠缠，让对方能够快速感受到你的价值。

(3) 语言文明

在求职电话中，使用"您好""请问""谢谢"等礼貌用语，展现出你的良好教养和职业素养，这不仅能够让对方感受到你的礼貌，还能够提升你在招聘方心中的形象。避免使用消极、抱怨或有攻击性的语言。保持积极、正面的态度，展现出你对工作的热情和对未来的期待。

(4) 态度端正

在电话中，展现出自己的自信，相信自己有能力胜任这份工作。但是，要避免过于傲慢或自大，保持谦虚和低调。同时耐心细致，如果对方有疑问或需要进一步了解你的情况，保持耐心，详细解答每一个问题，展现出你的细心和责任感，让对方感受到你的专业性和可靠性。

(5) 专注投入

在电话交流中，保持专注，避免分心或做其他事情，让对方感受到你对这次交流的重视和投入，从而增加他们对你的好感度。

(6) 善解人意

在通话开始后，除了自觉控制通话时间外，必要时还应注意受话人的反应。比如，可以在通话开始之时，先询问一下对方，现在通话是否方便。倘若不便，可约另外的时间，届时再把电话打过去。倘若通话时间较长，如超过 3 分钟，亦应先征求一下对方意见，并在结束时略表歉意。在对方节假日、用餐、睡觉时，万不得已打电话影响了别人，不仅要讲清楚原因，而且万勿忘记说一声"对不起"。

2. 接听面试官打来电话时要注意的礼仪

(1) 接听电话前

要准备好笔和纸。如果没有准备好笔和纸，那么当对方需要留言时，就不得不要求对方稍等一下，让对方等待，这是很不礼貌的。因此，在接听电话前，要准备好笔和纸，要停止一切不必要的动作，不要让对方感觉到你在处理一些与电话无关的事情，这样会让对方觉得你在分心，这也是不礼貌的一种表现。

要使用正确的姿势。如果姿势不正确，电话可能会不小心从你手中滑下来，或掉在地上，发出刺耳的声音，这样会让对方感到非常不满意。

要带着微笑迅速接起电话，即使不见面，也能让对方在电话中感受到你的热情。

(2) 接听面试电话

在求职过程中，接听面试官的电话是进入下一轮面试或获得工作机会的关键一步。

第一，了解背景信息。在接听面试官的电话之前，尽量了解公司的背景信息、面试的职位以及可能的面试流程。这样，当面试官打电话过来时，你可以更加自信和专业地应对。

第二，准备纸和笔。在接听面试官的电话时，准备好纸和笔用于记录重要信息，如面试时间、地点、需要准备的材料等。这显示出你对面试的重视和准备充分。

第三，清晰表达。当面试官询问你问题时，回答要清晰、简洁，避免使用模糊或含糊不清的措辞，确保面试官能够准确理解你的意思。

第四，注意语气和态度。保持积极、自信的语气和态度，展现出你对职位的热情和对工作的认真态度。同时，避免过于紧张或过于放松，保持适度的紧张感有助于你更好地回答问题。

第五，主动提问。在回答面试官的问题后，可以适当地提出一些问题，以显示你对职位和公司的兴趣和关注，这也可以帮助你更好地了解公司和职位，为接下来的面试做好准备。

第六，确认重要信息。在通话结束前，再次确认面试的时间、地点和需要准备的材料等重要信息，这可以避免因误解或遗忘而错过面试机会。

第七，礼貌结束通话。在通话结束时，表达感谢并礼貌地结束通话。可以说："感谢您给我这次机会，我期待着与您见面。"然后等待面试官挂断电话后再放下电话。

四、求职者的职业形象设计

(一)树立正确的职业心态

1. 积极的心态

积极心态居职业心态的首位，其有两个重要的表现：一是不轻言放弃；二是不怨天尤人。塑造积极心态的 11 种方法：①构筑正确的价值评估体系；②要有开悟的精神，把生命和生活看透而不是看破；③增强抗挫折的耐力；④树立正确的思维方法；⑤学会享受过程，活在当下，全身心投入；⑥学会感恩；⑦不要自责，相信自己；⑧学会压力管理；⑨培养远大的志向和宽广的胸怀；⑩培养热爱生活和乐观的生活态度；⑪培养坚定的信念。

2. 主动的心态

职场人士有四件事情要学会主动：一是本职工作要主动；二是协助他人要主动；三是对公司、团队有利的事情要主动；四是提升能力和素质的事情要主动。

3. 空杯的心态

空杯心态意味着始终保持谦逊，乐于学习新知识，不断挑战自我，实现个人成长和进步。面对新知识和新挑战，不骄不躁，持续清空过去的成就，以全新的姿态迎接下一个挑战。

4. 学习的心态

即要有一种"三人行，必有我师焉"的心态，永远记住学习是没有止境的。

(二)仪容仪表设计

仪表包括人的容貌和行为举止，是一个人精神面貌的外在体现。

1. 卫生

清洁卫生是仪容美的关键，是礼仪的基本要求。不管长相多好，服饰多华贵，若满脸污垢，浑身异味，那必然会破坏一个人的美感。因此，求职者都应该确保服装、面部清洁。

2. 服饰

服装不但要与自己的具体条件相适应，还必须时刻注意客观环境、场合对人的着装要求，即着装打扮要优先考虑时间、地点和目的三大要素，并努力在穿着打扮的各方面与时间、地点、目的保持协调一致。面试着装应保守且专业，如穿西装、衬衫、裙子或裤子等，避免着装过于花哨或休闲款式。

3. 饰物

为了在过于素净的套装上做一些点缀来提精神，有些女性会选择一些小巧、精致的饰物来进行搭配。所戴饰物不用名贵，只要简单、大方就可以了，也尽量不要佩戴过多的配饰，以免分散面试官的注意力。

4. 发型

面试过程中，无论你的发型如何，都应保持整洁有序。避免过于凌乱或过于前卫的发型，应选择符合你申请的职业形象的发型。例如，如果你申请的是保守的金融职位，那么就需要选择一个保守的发型。

5. 淡妆

一般去正规中外企业面试，女性需要稍微化一些淡妆，显得更有朝气；如果素面朝天地去面试，很容易因为"面黄肌瘦""灰头土脸"的本色而丢分。通常女性至少应该在眉、唇、颊三个部位上稍下功夫。面色红润、朝气蓬勃才显得更有亲和力，更加干练，也更会受到同事及客户的尊敬。切忌浓妆艳抹，那不是职业女性尤其是年轻女性应该有的精神风貌。

【实践练习】

创设情景训练：学生以 3～5 人为一组，分组进行。学生从面试前收集资料了解情况开始准备，到简历制作、物品准备、心理准备等，直至模拟完成求职者到达某公司面试现场的全部过程。

第三节　求职面试的礼仪

【典型案例】

【指出失礼之处】

小黄去一家外企进行最后一轮总经理助理的面试。为确保万无一失，她做了精心的打扮：一身前卫的衣服、时尚的手环、造型独特的戒指、亮闪闪的项链、新潮的耳坠，身上每一处都是焦点。她的竞争对手只是一个相貌平平的女孩，学历也并不比她高，所以小黄觉得胜券在握。但结果却出乎意料，她并没有被这家外企所认可。主考官抱歉地说："你确实很漂亮，你的服装配饰无不令人赏心悦目，可我觉得你并不适合干助理这份工作，实在很抱歉。"

【分析提示】

小黄参加外企总经理助理面试，精心打扮却未被录用，原因在于装扮过于前卫，被认为不适合助理工作。提示：面试需要注重专业形象，避免过度装饰，要理解并适应企业文化。

一、求职举止礼仪

(一)准时赴约

守时是一种美德，也是一个人良好素质修养的表现。因此，面试时一定要准时守信。迟到，既是一个人随随便便、马马虎虎、缺乏责任心的表现，同时也是一种不礼貌、对面试官不尊重的行为。面试时，一般最好提前 5～10 分钟到达，这样既可以熟悉一下面试场地周围的环境，也有时间让自己调整心态，稳定情绪，以避免仓促上阵。

(二)进场敲门

有些单位是由工作人员直接把求职者领进面试考场，有些单位则需要求职者自己敲门进场。在敲门的时候不宜过于急促，节奏应稍慢一些。敲门声不能太小，以免面试官听不见，或者显得求职者没有自信，做事畏首畏尾；敲门声也不要太大，太大的声响会显得没有礼貌。当面试官允许进门后，求职者进场的时候要双手扶门，反手将门轻轻关上。整个过程要自然流畅，不要弄出大的声音，以显示个人良好的习惯。

(三)走姿与打招呼

进场时应不急不慢，手臂摆放自然。走路时不要东张西望，眼神要自然。走到面试官面前，要站稳之后再鞠躬，鞠躬的时候幅度要稍微大一点，动作要慢点，头要低下去，表示诚意和尊重。不要在鞠躬的时候又抬头看面试官，这样的姿势很不雅观，鞠躬完毕后可向面试官问好，但要注意，不要一边鞠躬一边问好。

(四)入座姿势

(1) 坐姿包括入座姿势和坐定的姿势。当面试官让你坐下时，先说声"谢谢"，然后神态保持大方得体，轻而缓地入座即可。坐下后不要发出任何嘈杂的声音，身体也不要随意扭动，双手不应有多余动作，双腿不可反复抖动，这些都是缺乏礼貌的表现。有些人因为紧张，会无意识摆弄头发、摸耳朵甚至捂嘴说话，虽然你是无意的，但面试官可能会因此认为你没有用心交流，甚至会怀疑你话语的真实性。

(2) 男性在面试入座时，双脚踏地，两腿应稍稍分开，至少要有一拳的距离，但不超过肩宽，双手可分别放在左右膝盖之上。若是面试穿着较正式的西装，应解开上衣纽扣。

(3) 女性在面试入座时，入座前应收拢裙边再坐下。坐椅子时最好坐满三分之二，上身挺直，这样显得精神抖擞；保持轻松自如的姿势，身体要略向前倾。不要弓着腰，也不要把腰挺得很直，应该很自然地将腰伸直，并拢双膝，把手自然地放在腿上。

(五)礼貌起身，离开有礼

面试交谈完后，要礼貌起身。入座通常由左边进入座位，起立时可由左边退出，起立的动作最重要的是稳重、安静、自然。一般我们坐椅子时，有上座的礼仪规定，进入房间可由左边开始坐，站立时也要站在椅子的左边。无论是就座还是起身都不要发出太大声音。

二、求职交谈礼仪

(一)恰当的称呼

正确、适当的称呼，反映着自身的教养和对对方尊重的程度。在求职面试中，称呼要合乎常规。一般来说，刚刚进去面试的时候，可能还不知道面对的是谁，所以进去以后，如果面试官是一个人，那么就称呼"您好""老师好"或"领导好"。在面试的过程中，面试官会自我介绍，所以在面试过程中可以称呼对方"姓+职务"，如"陈经理"。如果面试官有多个人，就称呼"各位老师好"。面试结束的时候，如果面试官只有两三个人，并且你也记得他们各自的信息，那就和从前一样，称呼"姓+职务"，道谢并且说再见。

(二)面试交谈，距离礼仪

交谈的目的是与别人沟通思想，要做到愉快的交谈，除了要注意说话的内容外，还应注意与面试官保持一定的距离，这样才能让对方听得清楚、明白。西欧一些国家从卫生角度研究出，人说话时，可产生大约 170 个飞沫，可飘扬 1 米远，最远达 1.2 米，咳嗽时能排出大约 460 个飞沫，最远可喷出 9 米远，就更别说打喷嚏会产生多少病菌了。也就是说，保持适当距离交谈，既卫生，也是对别人的礼貌。

1. 保持距离合乎礼仪

从礼仪上说，说话时与对方离得太远，会使对方误认为你不愿向他表示友好和亲近，这显然是失礼的。但是如果离得太近交谈，一不小心就会把口沫溅在别人脸上，这是非常尴尬的。因此，从礼仪角度来讲，一般与主考官保持一两个人的距离最为适宜。这样做，既让对方感到亲切，同时又保持一定的社交距离，在人们的主观感受上，这也是最舒服的。

2. 保持距离交谈更有效

在求职面试中，个人的整体形象，双方交谈所传递的信息，不仅凭借语言，而且还要依赖身体语言来发挥魅力，如手部动作、表情变化等。保持适当的距离对交谈能起到一定的促进作用。面试时选择一个最佳位置和最佳距离，才能够更好地发挥。

面试交谈时，无论是从卫生角度还是从文明礼貌角度来考虑，都应该与人保持一定的距离，这样有利于大家的身体健康，对双方都是有利的。倘若交谈时忽然想打喷嚏、清喉咙，要转过身"行事"，最好是取出手帕或餐巾纸捂住口，之后要表示歉意。

(三)语言的技巧性

面试过程中不仅要表达流利，用词得当，还要注意说话方式。语言技巧的运用，不仅能够帮助你清晰地传达自己的想法，还能提升面试成功率。

(1) 发音清晰。有些人个别音素发音不准，为了不影响讲话整体质量，应少用或不用含有这个音素的字或词。

(2) 语调得体。得体的语调应该是起伏而不夸张，自然而不做作。

(3) 口型正确，不要夸大口型，更不要张不开嘴。

(4) 音量适中。音量以听者能听清为宜。

(5) 语速适宜。要根据内容的重要程度、难易度，以及对方注意力情况来调节语速和节奏。

此外，还要警惕容易破坏语言意境的语言习惯，如过分使用语气词、口头禅等，这不仅使人们不容易连贯理解，还容易让人生厌。

(四)适度恰当的手势

交谈很投机时，可适当地配合一些手势进行讲解，但不要频繁耸肩，手舞足蹈。有些求职者由于紧张，双手不知道该放哪儿；而有些人过于兴奋，在侃侃而谈时舞动双手，这些都不可取。不要有太多小动作，这是不成熟的表现，更切忌抓耳挠腮、用手捂嘴说话，这样显得紧张，不专心。

(五)礼貌地聆听礼仪

1. 注视对方

和对方谈话的时候，要正视对方的眼睛和眉毛之间的部位，和对方进行目光接触。要与对方进行眼神交流，表示你在关注他们。避免目光游离或者低头，这可能给人留下不自信的印象。

2. 学会聆听

好的交谈是建立在"聆听"基础上的。聆听是一种很重要的礼节，全神贯注是对面试官最大的尊重。不会听，也就无法回答好主考官的问题。聆听就是要将注意力集中在面试官身上，身体微微前倾，表明你准备好聆听对方的话。一面听，一面点头、微笑，或者在需要澄清的时候问一个相关的问题。这样，你向对方表达了一个非语言信息——你在聆听。在面试过程中，主考官的每句话都可以说是非常重要的，你要集中精力，认真地去听，记住说话人讲话的内容重点，要自然流露出敬意。

面试经典问题

☐ 描述一下你自己。

☐ 你期望在这个职位中找到什么？

☐ 为什么你是这份工作的最佳人选？

☐ 你对我们公司了解多少？

☐ 你能不能在压力下工作？

☐ 你能不能加夜班？

☐ 你的短期目标是什么？

☐ 你对薪水的要求是什么？

☐ 你认为自己有哪些优缺点？

☐ 最能概括你自己的三个词是什么？

☐ 你的业余爱好是什么？

☐ 你参加过什么业余活动？

☐ 你参加过义务活动吗？

【实践练习】

1. 预设场景练习：学生以 5～10 人为一组，完成以下实践活动。某公司需要招聘 3 名销售人员，学生分为求职者组与考官组，假如你是一名携带简历的求职者，请展示面试全过程的礼仪，观察员收集求职者在面试中的礼仪动作，进行点评。

2. 创设情景练习：设定一个面试情景，请你做一个一分钟的自我介绍。

第四节　求职后的礼仪

【典型案例】

【指出失礼之处】

程某去某对外贸易公司应聘，招聘主管是位女主管，因为事先看过程某的简历，面试女主管觉得程某很有实力，认为他是个人才。面试进行得很顺利，程某给女主管留下了很好的印象。面试结束后，招聘主管通知程某，需等待三个工作日，会电话通知面试结果。可是程某认为自己表现优秀，一定能够录取，为了表现自己的积极，面试后第二天，程某便打电话询问结果，并直接询问什么时候上班。招聘主管很诧异，心想这小伙子太傲了，程某就这样被女主管从新员工名单中划掉了。

【分析提示】

程某之所以被招聘主管从新员工名单中划掉，首先，小程在面试后的询问中表现得过于自傲，而且没有把握询问的要点、时间、方法；其次，小程表现得过于自信，有失礼仪。

一、致谢

(一)打电话致谢

求职者可以在面试后的一两天之内给主考官打个电话表示感谢。电话感谢要简短，最好不要超过 3 分钟，电话里不要询问面试结果。因为这个电话仅仅是为了表现你的礼貌和让对方加深对你的印象而已。打电话的时候，要考虑在什么时间内打电话"合适"。在电话里，同样的一句话，问候的方式不同，虽不至于有不同的结果，至少会给人不同的印象：或有礼貌，或显唐突。因此在通话的过程中，自始至终都要尊重自己的通话对象，待人以礼，表现得有礼、有节。

(二)写面试感谢信

感谢信要简洁，最好不超过一页。感谢信的开头应提及你的姓名及简单情况。然后提及面试时间，并对招聘人员表示感谢。感谢信的中间部分要表达你对该公司、该职位的兴趣，增加一些对求职成功有用的事实内容，尽量修正你可能留给招聘人员的不良印象。感谢信的结尾可以表示你对自己的素质能符合公司要求的信心，主动提供更多的材料，或表示希望能有机会为公司的发展壮大做出贡献。

面试后表示感谢是十分重要的，因为这不仅是礼貌之举，也会使面试官在做决定之时对你有印象。据调查，10 个求职者往往有 9 个人不回感谢信，你如果没有忽略这个环节，就会显得"鹤立鸡群"，格外突出，说不定会使对方改变初衷。

求职感谢信模板

尊敬的××领导：

　　您好！

　　感谢贵公司给了我一个面试的机会。这次面试，从各方面开阔了我的视野，增长了我的见识，给予了我一次很好的锻炼机会，相信您对我各方面综合能力的肯定，让我在求职的路上更加坚定自己的信心。感谢公司对我的关爱，感谢公司给我的这次难忘的经历！

　　无论这次我是否能被公司录用，我更坚信选择贵公司是明智之举。无论今后我在哪个单位上班，我都将尽心尽责做一位具有强烈责任感、与单位荣辱与共的员工，一位扎根于单位、立志为社会创造最大价值的攀登者，一位积极进取、脚踏实地而又极具创新意识的新型人才。

　　大千世界，芸芸众生，如我者甚众，胜我者恒多。虽然我现在还很平凡，但勤奋进取永不服输。如蒙不弃，惠予录用，必将竭尽才智，为公司鞠躬尽瘁！

　　感谢的同时，祝贵单位事业蒸蒸日上，一帆风顺！

　　此致

　　　　敬礼

　　　　　　　　　　　　　　　　　　　　　　　×××

　　　　　　　　　　　　　　　　　　　　　　　××××年×月×日

二、询问

面试结束之后的两星期左右，如果还没有得到任何回音，就需要给负责招聘人员打电话询问面试结果。打电话询问面试结果，有两个礼仪细节必须注意：什么时候问？怎么问？

(一)把握打电话的时间

从礼仪角度来说，打电话最恰当的时间应该是对方方便的时间。什么是方便的时间？以下时间之外的时间，都可以认为是方便的时间：工作繁忙时间、休息时间、用餐时间、身体疲劳时间。因为询问面试结果是公事，所以应当在正常工作日的时间段内打这个电话。

注意避开工作繁忙时间。一般是周一上午和周五下午，因为这两个时间段很多单位都有开例会的习惯。即使不开例会，因为周一早上是新的一周的开始，往往还处于适应期，而且还有工作上的事宜需要安排。周五下午又要面临着周末，所以从心理上自然会"排斥"给他添麻烦的事情。每天刚上班的一小时和下班前的一小时也是繁忙时间，这个时间段内不是要忙着安排一天的工作，就是没法再集中精力处理公事。

注意避开休息时间。一般是指工作日的中午一小时左右的时间和其他私人时间，特别是节假日时间。

用餐时间。在用餐的时间给人打电话是不礼貌的，而且往往在这个时间打电话会找不到人。

生理疲倦时间。这个时间段一般都是每天下班前的一小时左右，中午下班前的半小时的时间。

(二)注意询问的方式和内容

1. 礼貌问候

在通话的过程中，自始至终都要尊重通话对象，待人以礼，表现得有礼、有节。接通电话后，首先说一声："您好！"接下来要自报家门，让对方知道自己是谁。自报家门的内容应该包括自己的全名、何时去面试的何职位。这样，以便对方能及时知道你是谁。在电话中要表明自己对贵公司的向往和愿意为公司的发展做贡献。如果碰上要找的人不在，需要接听电话的人代找，态度同样要文明而有礼貌，并且还要用上"请""麻烦""劳驾""谢谢"之类的词。留言或转告，都不是询问面试结果的首选方式，可以打听要找的人什么时间在，然后到时候再打。

2. 姿势正确

打电话的时候，最好用手拿好话筒，尽量不要在通话时把话筒夹在脖子下，抱着电话机随意走动，或是趴着、仰着、坐在桌角上，或是高架双腿和人通话。如果边打电话边吃东西，对方会感觉到你是不用心和他通话，对你的印象自然不佳。

3. 控制音量

通话时要注意控制音量，不管是打电话还是接电话，话筒与嘴巴都要保持 3 厘米左右的距离，声音宁小勿大。用电话谈话，完全依靠声音，电话声音就是唯一的使者，你必须通过它给对方一个良好的印象。因此，传到电话那端的必须是一个清晰、生动、中肯，让人感兴趣的声音。打电话询问的时间长度要有所控制，基本的要求是宁短勿长。就询问本身来说，两三分钟的时间足能解决。因此，除直接询问结果之外，"表白"的内容长度也要有所控制，不要没完没了地说。

4. 认真倾听

打电话时要认真倾听对方讲话，重要内容要边听边记。同时，还要礼貌地响应对方，适度附和、重复对方话中的要点，不能只说"是"或"好"，要让对方感到你在认真听他讲话，但也不要轻易打断对方的谈话。

5. 对方先挂

作为打电话的一方，本着尊重对方的原则，结束通话的时候，可以让对方先挂电话。

6. 主动补救

当通话因故暂时中断后，你就要立刻主动给对方拨过去，不能不了了之，或干等对方打来。当知道自己没被录用时要保持情绪稳定，同时，冷静地、仍然热情地请教一下未被录用的原因，可以说："对不起，我想请教一下我没有被录用的原因，我好再努力。"谦虚有可能赢得对方的同情，同时可能给你下一次的面试机会。需要说明的是，打电话询问面试结果，最多打三次电话询问也就可以了。因为即使再研究，经过前后三个电话询问的周期，再复杂的研究程序也早该最后确定了，而且三次的电话询问，也会对你有足够的印象了。如果想聘用你就会直接告诉你或及时和你联系。再多的电话，反而会适得其反，甚至会给人"骚扰""无聊"的感觉。感谢信也是如此。

三、做好再次面试的心理准备

面试回来后，你已经完成一次面试，但这只是完成一个阶段。如果你向几家公司求职，则必须收拾心情，全身心投入应付第二家的面试，因为未有聘书之前，仍未算成功，你不应放弃其他机会。

应聘中不可能个个都是成功者，万一你在竞争中失败了，也不要气馁。这一次失败了，还有下一次，就业机会不止一个，关键是总结经验教训，找出失败的原因，并针对这些不足重新做准备，"吃一堑，长一智"，谋求"东山再起"。

【实践练习】

学生以 5～10 人为一组，完成以下实践活动。以面试礼仪为例，学生分组共同模拟一个面试场景。扮演场景：扮演正在房间外等候的面试者，前一位面试者刚从面试官的房间出来，你开始进入面试房间，递交材料，直至面试结束，并完成打电话致谢或撰写一份求职感谢信的任务。

本 章 小 结

本章主要介绍了求职礼仪及其特点、求职面试的礼仪、求职后的礼仪。通过本章的学习，使学生能够认识求职礼仪的重要性及作用；掌握求职前的心理设定以及资料准备；了解面试流程中的礼仪；掌握多种求职方式和求职渠道；掌握面试过程中交谈礼仪的要求；帮助自己找到合适的工作，实现自己的理想和抱负。

关 键 概 念

求职礼仪　求职目标　个性特征　　内在素质　　自我设计

课 堂 讨 论

1. 你如何看待当前大学生的就业问题？
2. 求职者为什么要进行职场形象设计？
3. 在求职面试的过程中，如何做到诚实而不失智慧？
4. 你给自己的自信心打几分？请说明理由。

复习思考题

1. 简述求职前应做哪些准备。
2. 简述求职者的职业形象设计要点。
3. 简述面试交谈礼仪的要求。
4. 请撰写一份个人求职简历。
5. 论述面试着装应该注意的要点。

第九章　主要贸易国习俗礼仪

本章内容请扫下面二维码进行学习。

参 考 文 献

[1] 鲁琳雯. 现代礼仪实用教程[M]. 银川：宁夏人民出版社，2018.

[2] 李荣建，宋和平. 现代社交礼仪[M]. 武汉：武汉大学出版社，2013.

[3] 吕彦云. 国际商务礼仪[M]. 2 版. 北京：清华大学出版社，2020.

[4] 端木自在. 社交与礼仪[M]. 南昌：江西美术出版社，2017.

[5] 达夫，黄敏. 社交礼仪常识[M]. 长春：吉林文史出版社，2022.

[6] 金正昆. 社交礼仪[M]. 北京：北京联合出版公司，2013.

[7] 金正昆. 商务礼仪教程[M]. 5 版. 北京：中国人民大学出版社，2016.

[8] 理想. 职场礼仪细节[M]. 北京：中国纺织出版社，2019.

[9] 郑务广，陈静和. 社交礼仪与服务礼宾艺术[M]. 厦门：厦门大学出版社，2002.

[10] 闻君，金波. 现代礼仪实用全书[M]. 北京：时事出版社，2011.

[11] 韦宏. 社交礼仪与沟通艺术[M]. 南昌：江西人民出版社，2013.

[12] 刘江，张华，陈兴廷. 职场礼仪训练教程[M]. 北京：化学工业出版社，2021.

[13] 王敏. 女人优雅一生的社交礼仪课[M]. 北京：中国纺织出版社，2021.